Pimp your Brain

Zukunft neu denken

Innovationsmanagement als Erfolgsprinzip

Robert Griesbeck ist Autor und Herausgeber. Seit 30 Jahren schreibt er Kinderbücher, Romane und Sachbücher. Er lebt in München und am Staffelsee und knobelt für sein Leben gern.

Maximilian Teicher ist Diplompsychologe und Psychotherapeut. In seine Arbeit integriert er unterschiedliche Verfahren wie Biofeedback, Neurofeedback, Brain-Mapping und Peak-Performance-Training. Er lebt und arbeitet in Zürich.

Robert Griesbeck, Maximilian Teicher

Pimp your Brain

Spielerisches Gehirntraining für mehr
beruflichen Erfolg

Mit Illustrationen von Birte Schlund

Campus Verlag
Frankfurt/New York

Die Sonderedition *Zukunft neu denken* ist eine Gemeinschaftsaktion des Campus Verlags und der Handelsblatt GmbH.

Für Emanuel und Benjamin

Bibliografische Information der Deutschen Nationalbibliothek:
Die Deutsche Nationalbibliothek verzeichnet diese Publikation in der Deutschen Nationalbibliografie. Detaillierte bibliografische Daten sind im Internet unter http://dnb.d-nb.de abrufbar.
ISBN 978-3-593-39085-7
ISBN 978-3-593-39087-1 (Gesamtedition)

Limitierte Sonderausgabe 2009

Das Werk einschließlich aller seiner Teile ist urheberrechtlich geschützt. Jede Verwertung ist ohne Zustimmung des Verlags unzulässig. Das gilt insbesondere für Vervielfältigungen, Übersetzungen, Mikroverfilmungen und die Einspeicherung und Verarbeitung in elektronischen Systemen.
Copyright © 2008/2009 Campus Verlag GmbH, Frankfurt/Main
Umschlaggestaltung: ZAMCOM GmbH, Köln
Satz: Publikations Atelier, Dreieich
Druck und Bindung: CPI – Ebner & Spiegel, Ulm
Gedruckt auf säurefreiem und chlorfrei gebleichtem Papier.
Printed in Germany

Besuchen Sie uns im Internet: www.campus.de

Inhalt

Vorwort: Gute Nachrichten aus dem Oberstübchen 9

Unser Gehirn: Aufbau und Erforschung 11

Eine kurze Geschichte der Hirnforschung 11
Die Antike: Das Gehirn als Sitz der Intelligenz? 11
Die Neuzeit: Aufbau und Struktur des Gehirns 12
Einblicke ins Gehirn 15

Die Architektur des Gehirns 16
Das Stammhirn: das Reptil im Menschen 17
Das Kleinhirn: die Steuerungseinheit des Körpers 18
Das limbische System: das Tor zum Bewusstsein 19
Der Neocortex: die Schaltzentrale des Gehirns 21
»Links, rechts, links, rechts ...« – Das Gehirn denkt im Takt 22
Stress, Angst, Erwartungen: was das Denken stört 25
Alles bedacht? 26
Die Gedanken sind frei 27
Wie sehen Gedanken aus? 28
Spiegelneuronen 31
Das Bauchgehirn 32
Die technischen Daten: Computer gegen Gehirn 32

Informationen aufnehmen	34
Wie wir lernen zu lernen	34
Das Gehirn ist unser erster Lehrer	36
Ohne Greifen kein Begreifen	39
Lernphasen – man lernt immer, nur immer anders	41
Wie wir Informationen aufnehmen	43
Wichtiges bewahren und speichern, Unwichtiges löschen	46
Ganzheitliches Lernen mit dem Erinnerungsspeicher	48
Wanderkarten für das Gehirn	49
Üben Sie freies Assoziieren	51
Richtiges und falsches Lernen	52
Lernen bedeutet Bewegung	53
Lerntypen und Lerntricks	55
Wir wissen mehr, als wir ahnen	55
Den Gedanken auf der Spur	61
Lernen mit Mozart	62
Lernen macht uns glücklich	63
Erinnern und Vergessen	65
Das emotionale Gedächtnis – keine Erinnerung ist »wahr«	65
Vergessen Sie das Gedächtnis: Falsche Erinnerungen sind die Normalität	70
Manchmal ist Vergessen besser als Erinnern	71
Assoziationen – der elegante Blick ins Gehirn	72
Unbekanntes kennen lernen, Bekanntes wiedererkennen	73
Anforderung und Überforderung	76
Braingames – Gedächtnisspiele für mehr Aufmerksamkeit und Konzentration	77
Knoten im Taschentuch oder GPS?	79
Bequemlichkeit ist kontraproduktiv	82

Warum ein POLERAD so gerne FRANFEIG frisst 84
Wortspiele regen das Gehirn an 86

Gymnastik für das Gehirn: Bewegung hält das Hirn fit 87
Fitnesscenter für die Neuronen 89
Herzraten-Variabilitätstraining 92
Was das Denken stört 92

Denken 94

Die Klassiker – die antike Begeisterung am Denken 94
Rätsel oder Einweihungsritual – Sagen und Märchen 98
Denksport in der Literatur 101
Rätsel als naturwissenschaftlicher Unterricht 103
Klassiker zum Warmwerden 108
Heureka! – angewandter Denksport 111

Denkfehler 115
Das engstirnige Gehirn oder: der gesunde Menschenverstand 115
Optische Täuschungen 118
Wissen ist göttlich – sich zu verschätzen ist menschlich 121
Der gesunde Menschenverstand ist ein Trickbetrüger 124
Spiegelfechtereien und Scheingefechte 125
Drei blendende Spiegelfechtereien 127
Spieltheorie: die Logik der Unvernunft 127
Nicht gewinnbare Spiele 130
Was ist schon ein 10-Euro-Schein – nehmen Sie doch lieber
  eine Million! 131
Das Gefangenendilemma 132
Looogisch! 133
Pyramidensysteme: Die Gewinner werfen die Schneebälle –
  die Opfer liegen unter der Lawine 135
Gier setzt das Gehirn matt 137

Was kein Computer kann: paradox denken 138
Dieser Satz ist nicht wahr 141

Henne oder Ei? Widersprüche regen das Gehirn an 142
Scheingefechte – Nicht jeder Widerspruch ist echt 144
Kreatives Denken braucht Freiräume 146
Wer rasiert den Barbier, wenn er sich nicht selbst rasiert? 149
Das heitere Paradoxon oder die Lust am Widerspruch 150
Paradoxe Fragen: Wann ist ein Haufen ein Haufen? 151
Paradoxes und laterales Denken 152
Laterale Lieblingsrätsel 154

Logisches Denken 156
Die Logik – der Gedanken fester Boden 157
Logik für Lügner: das Prinzip Lüge und Wahrheit 158
Logisches Folgern – Hanteltraining für das Frontalhirn 159
Zahlen und Daten – die Symbole der Logik 162
Vom Besonderen zum Allgemeinen: Regeln finden und brechen 164
Logik und Humor schließen sich nicht aus 166

Anhang 169

Lösungen 169

Glossar 185

Literaturverzeichnis 187

Register 188

Vorwort: Gute Nachrichten aus dem Oberstübchen

Keine Wissenschaftsdisziplin steht in den letzten Jahren stärker im Mittelpunkt des öffentlichen Interesses als die Hirnforschung. Menschen, die an Hirnerkrankungen leiden, schöpfen neue Hoffnung, aber auch Gesunde sind von den Entdeckungen fasziniert, die Forscher weltweit machen. Wir verstehen inzwischen immer besser, wie unser Gehirn funktioniert, wie es Informationen aufnimmt, katalogisiert und speichert. Wir wissen, welche Hirnareale für welche Aktivitäten zuständig sind, wir können mit immer feineren Messmethoden dem Gehirn quasi bei der Arbeit zusehen und erkennen, wo Störungen und Schwachstellen vorliegen. Und auch die Technik der Neurochirurgen ist immer eleganter und ausgefeilter geworden. Eine Nachricht jedoch sollte uns alle besonders freuen: Das Gehirn altert nicht – jedenfalls nicht so, wie man es sich früher vorgestellt hat, als man Vergesslichkeit, sogar Demenz fast als normale Entwicklung im Alter ansah. Man weiß heute mehr über die Alzheimerkrankheit und über Demenz; vor allem aber weiß man auch, dass Training bei einem nicht krankhaft veränderten Gehirn die Denkfähigkeit bis ins hohe Alter erhalten kann. Die Plastizität des menschlichen Gehirns bedeutet, dass es lebenslang formbar und ausbaufähig ist und neuen Gegebenheiten angepasst werden kann.

Wichtig dabei ist es jedoch, wie wir unser Gehirn nutzen, wie wir mit ihm umgehen und es trainieren. Die innere Struktur und Organisation des Gehirns passt sich seiner Benutzung an. Es ist zwar eine

> »Das Gehirn ist ein Organ, mit dem wir denken, dass wir denken.«
> **Ambrose Bierce**

sehr vereinfachte, aber grundsätzlich richtige Feststellung: Das Gehirn gleicht einem Muskel, den man trainieren kann. Und wie bei allen anderen Muskeln heißt es auch hier: Use it or lose it!

Die großen »philosophischen« Themen wollen wir in diesem Buch beiseitelassen; wir wollen also nicht über das »Ich« spekulieren, über unser Bewusstsein oder gar den Sitz der Seele, wir wollen ganz pragmatisch an die durchschnittlich 1 300 Gramm Gehirnmasse herangehen, eine klare und verständliche Betriebsanleitung für unser oberstes Steuerungsorgan geben und Techniken vermitteln, wie man mit seinem Hirn noch besser leben kann.

Nehmen Sie dieses Buch als Angebot, lustvoll in den eigenen Kopf einzutauchen und die seltsamen Wege und Irrwege der eigenen Gedanken mitzuerleben, lassen Sie sich auf neue Anregungen ein, wie man anders und oft auch besser denken kann. Mithilfe von über 100 Denksportaufgaben aus den verschiedensten Richtungen wollen wir ebenso kreatives und laterales Denken anregen wie das klassische, streng logische Vorgehen üben. Auch wenn Sie glauben, sich schon genug Gedanken über das Denken gemacht zu haben, lassen Sie sich zeigen, dass Denken überraschend neu sein kann – und obendrein viel Spaß macht!

Nutzen Sie den E-Mail-Coach!
Der E-Mail-Coach hilft Ihnen am Ball zu bleiben. Über einen Zeitraum von zwölf Wochen bekommen Sie von uns jede Woche eine E-Mail mit einer Denksportaufgabe oder nützlichen Informationen zugesandt, die Sie daran erinnert, Ihre grauen Zellen zu trainieren. So holen Sie sich Woche für Woche Ihren privaten Coach ins Büro oder nach Hause – denn wie bei jedem Sport gilt auch hier: Regelmäßiges Training ist der Schlüssel zum Erfolg!
Unter www.campus.de/isbn/9783593385242 können Sie sich kostenlos registrieren!

Unser Gehirn:
Aufbau und Erforschung

Eine kurze Geschichte der Hirnforschung

Wir können nur darüber spekulieren, ob sich Menschen schon immer – oder jedenfalls seit wir sie als Menschen ansehen – Gedanken gemacht haben. Das Werkzeug dazu hatten sie jedenfalls. Der Homo sapiens neanderthalensis war schon vor 300 000 Jahren mit einem Denkorgan ausgestattet, das dem unseren grundsätzlich ähnelte. Ob sich der Neandertaler sogar Gedanken über das eigene Denken gemacht hat, werden wir nie erfahren. Auch nicht, ob er den Sitz seines Geistes im Kopf vermutete.

»Das Denken für sich allein bewegt nichts, sondern nur das auf einen Zweck gerichtete und praktische Denken.«
Aristoteles

Die Antike: Das Gehirn als Sitz der Intelligenz?
Schon prähistorische Schädelfunde zeigen Bohrlöcher mit Spuren einer später erfolgten Heilung. Die »Operationen« waren also am lebenden Menschen durchgeführt worden und keine an Toten vorgenommenen Rituale. Was genau unsere Urahnen mit diesen Bohrungen bezweckt hatten, entzieht sich unserer Kenntnis. Vor etwa 5 000 Jahren kannten die Ärzte in Ägypten bereits Symptome von Hirnschäden. Sie hielten jedoch, wie später auch Aristoteles, das Herz für den Sitz der Seele und der Gefühle und schrieben dem Gehirn eine Kühlfunktion für die Aufwallungen des Herzen zu. Dagegen vermutete Hippokrates, der berühmteste Arzt der Antike, etwa 400 vor Christus, das Gehirn könne

der Sitz der Intelligenz und der Verarbeitung von Sinneswahrnehmungen sein. Bereits hundert Jahre zuvor hatte der griechische Arzt und Philosoph Alkmaion durch Tiersektionen erkannt, dass die Sinnesorgane mit dem Gehirn verbunden sind. Als Rationalisten gingen die griechischen Philosophen davon aus, dass sich das Universum nach Naturgesetzen richtet, die man durch Beobachten und Schlussfolgern entschlüsseln könne. Sie identifizierten das Gehirn als Sitz menschlichen Denkens und die Gedanken als Ausprägung der Arbeit dieses Organs. Sie waren sogar ungemein modern, denn sie ließen in diesem System keine übernatürlichen Kräfte zu. Träume bezeichnete Heraklit als nächtliche Gedanken eines Menschen ohne mystische oder weissagende Bedeutung. Träumen war nächtliche Ordnungsarbeit der Gedanken – ein äußerst moderner Ansatz, der erst nach einem langen dunklen Mittelalter wieder zu Ehren kam.

Etwa 300 vor Christus führten Wissenschaftler in Alexandria wichtige anatomische Untersuchungen durch, bei denen die Nerven in sensorische (Impulse empfangende) und motorische (Impulse gebende) unterteilt wurden. Außerdem unterschied man schon damals Großhirn und Kleinhirn, fand heraus, dass der Mensch mehr Gehirnwindungen besitzt als alle anderen Lebewesen, und vermutete hierin die höhere Intelligenz des Menschen. Doch nach diesem vielversprechenden Anfang endete die erste Phase der rationalen Wissenschaft abrupt: Die Religionen – und darin waren sich alle einig – verbaten das Sezieren von Leichen. Für ein Leben nach dem Tod musste der Körper unversehrt bleiben. Mehr als eineinhalb Jahrtausende lang waren anatomische Studien und Hirnforschung ein riskantes, weil geächtetes Feld.

Die Neuzeit: Aufbau und Struktur des Gehirns

Erst in der Renaissance forschte man wieder über die Hirnstrukturen; die Ergebnisse wurden immer detaillierter und mündeten im 17. Jahrhundert im Zusammenhang mit der Entwicklung der Ingenieurwissenschaften in ein maschinenähnliches Verständnis des Gehirns.

Im 18. Jahrhundert richtete sich die Aufmerksamkeit der Forscher (auch dank verbesserter Hilfsmittel) stärker auf die Hirnsubstanz, und man unterschied zwischen grauer und weißer Materie. Seit dem Altertum hatte sich die Ansicht gehalten, dass Nervenbahnen dünne Röhren seien, in denen eine bisher unbekannte Flüssigkeit transportiert würde. Erst Mitte des 18. Jahrhunderts wies der Schweizer Physiologe Albrecht von Haller nach, dass Nerven aus Fasern bestehen, über die Reize übermittelt werden. Haller stellte auch fest, dass alle Nerven ins Rückenmark oder direkt ins Hirn führen, und erkannte das Gehirn damit eindeutig als Zentrum der Wahrnehmung und Steuerung des Menschen. Er gilt als Begründer der modernen Neurologie.

Anfang des 19. Jahrhunderts wies der deutsche Arzt Franz Joseph Gall einzelnen Bereichen des Gehirns bestimmte Funktionen zu und sah in ihnen den Sitz individueller Charakterzüge. Völlig falsch lag er damit nicht, aber seiner Theorie zufolge konnte man sogar aus der Schädelform auf das Hirn schließen und daraus Temperament und Charakter ablesen. Mit dieser Annahme begründete Gall die Pseudowissenschaft der Phrenologie, deren Anhänger schließlich im Dritten Reich Schädel abtasteten und vermaßen, um so »Rassenzugehörigkeit« sowie geistige und seelische Veranlagungen festzustellen.

Das Fortschreiten der Hirnforschung vollzog sich eine Zeit lang zweigleisig – esoterisch und wissenschaftlich. Ende des 19. Jahrhunderts entdeckte man die Nervenzellen und erkannte sie als die komplexesten Zellen im Körper. Dachte man anfangs noch, das Nervensystem bestehe aus einem fest miteinander verbundenen Geflecht von Nervenzellen, erkannte man nun, dass die einzelnen Zellen (Neuronen) die Reize über nah aneinanderliegende Kontakte – die Synapsen – übertragen. Diese Neuronentheorie brachte ihren beiden Entdeckern Camillo Golgi und Santiago Ramón y Cajal 1906 den Nobelpreis ein.

In den 20er Jahren des letzten Jahrhunderts entstanden die ersten Landkarten des Gehirns. Nachdem man wusste, dass das Gehirn selbst völlig schmerzunempfindlich ist, experimentierte man mit hauchdünnen Sonden, mit denen verschiedene Regionen des Gehirns mittels schwacher Impulse gereizt wurden. So konnte man feststellen, wo Beziehungen zwischen bestimmten Körperteilen und Hirnregionen bestehen. Empfängt ein Tastkörperchen an einer Fingerspitze eine Information, wird ein zuständiges Neuron gereizt – reizt man dieses Neuron, reagiert auch die Fingerspitze. Schon die ersten Karten zeigten: Je mehr Impulse aus einem Körperteil kommen, desto mehr Platz nimmt der ihn repräsentierende Raum im Gehirn ein. So sind die Hirnregionen für Hände, Lippen und Mund deutlich größer als etwa für den Rücken. Je komplexer die Aufgaben der Körperteile, je feiner das Tastgefühl – umso größer der entsprechende Raum im Gehirn. Und selbst diese Räume können von Mensch zu Mensch verschieden sein. Bei Geigern sind etwa die Verbindungen der Nervenzellen der linken Hand stärker und feiner ausgebildet als »normal«, bei Menschen mit einer amputierten linken Hand dagegen organisieren sich diese Nervenzellen um und kümmern sich um benachbarte Regionen.

Abbildung 1: Größe der Körperteile eines Menschen in Relation zu ihrer Repräsentanz im Gehirn.

Aber noch immer konnte man dem lebenden Gehirn nicht bei der Arbeit zusehen. Das schaffte erstmals der deutsche Psychiater Hans Berger, der in den 20er Jahren des 20. Jahrhunderts ein System von Elektroden entwickelte, die man am Schädel anbrachte und über die man eine Ableitung der rhythmischen Veränderungen des elektrischen Potenzials erhielt, gemeinhin Gehirnwellen genannt. So entstand die Elektroenzephalografie (kurz EEG), mit deren Hilfe sich unter anderem Tumore und Epilepsie diagnostizieren lassen. Das war damals bahnbrechend und hat sich bis heute noch einen wichtigen Platz bei Diagnostik und Therapie bewahrt. Nach dem Zweiten Weltkrieg begann ein rasanter Spurt der Hirnforschung, die heute fast täglich neue, aufsehenerregende Ergebnisse veröffentlicht. Wir kommen dem Geheimnis des Denkens immer näher, nehmen Operationen am Gehirn vor und haben seine Biochemie entschlüsselt. Und inzwischen können wir ihm beim Arbeiten zusehen. Mehrere hoch technisierte Verfahren erlauben diesen Einblick. Die meisten davon machen sich auf unterschiedliche Weise die Tatsache zunutze, dass das Gehirn keine eigenen Energiereserven hat. Werden einzelne Areale aktiviert, steigt ihr Bedarf an Sauerstoff und Energie, die beide durch Blut an den Ort des Geschehens gebracht werden, und diese Stoffwechselsteigerung kann sichtbar gemacht werden.

Einblicke ins Gehirn

Bei einem PET-Scan (Positronen-Emissions-Tomografie) wird eine spezielle, radioaktive Glukose – das Gehirn deckt seinen Energiebedarf hauptsächlich durch Glukoseverbrennung – intravenös gespritzt. Anders als beim üblichen Zucker werden die Stoffwechselprodukte dieser Glukose nicht ausgeschieden, sondern bleiben an der Stelle, an der sie verbraucht wurden. Diese spezielle radioaktive Anreicherung kann man messen und als Bild darstellen.

In ähnlicher Weise erlaubt die SPECT (Single Photon Emission Computed Tomography) nach der Verabreichung einer radioaktiv markierten Substanz eine Darstellung der Stoffwechselabläufe im Gehirn. Die MEG (Magnetoenzephalografie) misst mit hochempfindlichen Apparaturen die bei der elektrischen Aktivität im Gehirn entstehenden magnetischen Felder.

Mit der funktionellen Magnetresonanztomografie (fMRT) schließlich kann man Funktionsabläufe des Gehirns beobachten, sogar Ortsbestimmungen von kognitiven und emotionalen Vorgängen vornehmen. Dabei macht man sich die unterschiedlichen magnetischen Eigenschaften des Blutes als Signalgeber zunutze. Je nachdem, ob das Blut mit mehr oder weniger Sauerstoff angereichert ist, entstehen unterschiedliche Signalechos. Das Blut wird quasi als sein eigenes Kontrastmittel verwendet. So können in einem Zeitfenster von wenigen Sekunden Nervenzellaktivitäten millimetergenau lokalisiert werden.

Das quantitative EEG, auch qEEG oder Brain-Mapping genannt, basiert auf einer statistischen und numerischen Analyse des digitalen EEG. Gewöhnlich wird ein EEG durch Ableitungen der elektrischen Aktivität des Gehirns von 16 bis 32 Stellen am Kopf erstellt. Eine spezielle Software führt eine digitale Analyse des EEG durch und vergleicht die statistischen Resultate mit einer großen Datenbank, die Kinder- und Erwachsenen-EEGs beinhaltet, um alle möglichen Abweichungen festzustellen. Die Resultate werden numerisch und in Form von topografischen EEG-Diagrammen angezeigt und ermöglichen das Erkennen signifikanter Abweichungen von der Norm.

Jede dieser Methoden hat ihre Stärken und Schwächen. Um ihre Vorteile zu steigern und ihre Nachteile zu minimieren, können die in den Einzelverfahren gewonnenen Bilder mithilfe von Computerberechnungen übereinandergelegt und so miteinander verschmolzen werden.

Immer öfter kommen Hirnforscher zu der Erkenntnis, dass unser Gehirn deshalb so wunderbar ist, weil es sich selbst perfekt regulieren kann. Wir können kaum etwas falsch machen mit unserem Gehirn – wir sollten es nur ausgiebig benutzen! Und es kann außerdem nicht schaden, zu verstehen, wie es funktioniert. Das wollen wir Ihnen im nächsten Kapitel erklären.

Die Architektur des Gehirns

Unser Gehirn ist nicht nur ein Think-Tank, es ist auch unsere Steuer- und Regelzentrale. Hier laufen die Informationen aus sämtlichen Körperteilen zusammen und werden zu entsprechenden Reaktionen verarbeitet. Von hier gehen auch all die Impulse aus – wieder bis in die entlegensten Winkel des Körpers –, die uns auf jeden neuen Zustand reagieren lassen. Diese Zentrale des Nervensystems ist eine Kontrollinstanz aus über zehn Milliarden Nervenzellen, von denen jede einzelne wiederum mit bis zu 10 000 anderen Nervenzellen verbunden ist. Das Gehirn ist für sämtliche unserer Aktivitäten verantwortlich, sowohl bewusste als auch unbewusste. Es kann als »Sitz der Persönlichkeit« eines Menschen bezeichnet werden – mit all seinen Gefühlen, Gedanken und Fähigkeiten.

»manche meinen
lechts und rinks
kann man nicht
velwechsern
werch ein illtum!«
Ernst Jandl

Das Gehirn ist eines der aktivsten Organe des Körpers und arbeitet ohne Pause. Diese Dauerbelastung benötigt enorm viel Energie: Obwohl unser Gehirn nur etwa 2 Prozent des Körpergewichts ausmacht, verbraucht es doch allein 20 Prozent unseres aufgenommenen Sauerstoffs. Es ist auf eine ständige Zufuhr von Sauerstoff und Glukose angewiesen, da es nur geringe Energiereserven bildet. Seine Durchblutung sichern mehrere Arterien, deren Blutmenge sich nach dem Sauerstoffbedarf des Gehirns richtet. Wird diese Versorgung mit sauerstoffreichem Blut auch nur für zehn Sekunden unterbrochen, werden wir ohnmächtig. Dauert der Sauerstoffmangel länger an, muss mit schweren Hirnschädigungen gerechnet werden.

Das Stammhirn: das Reptil im Menschen

Der Aufbau des menschlichen Gehirns lässt sich entwicklungsgeschichtlich gut mit dem eines mehrstöckigen Gebäudes vergleichen. Das »Erdgeschoss« ist der Sitz einer sehr einfachen, aber äußerst effektiven Einheit, die wir mit vielen Tieren, unter anderem den Reptilien, gemeinsam haben. Die Wissenschaftler nennen es deshalb auch Reptiliengehirn oder Stammhirn. Wer lieber das Bild vom Baum bemühen möchte, kann es auch als Hirnstamm verstehen, dessen Wurzeln die Nervenbahnen sind, die durch das Rückenmark in alle Regionen des Körpers reichen. Hier laufen alle Informationen zusammen und überkreuzen sich im unteren Teil. Wegen dieser Überkreuzung wird die rechte Körperhälfte von der linken Gehirnhälfte wahrgenommen und gesteuert – und umgekehrt.

Das Stammhirn regelt grundsätzliche Dinge wie die Atmung und die Frequenz des Herzschlages, es steuert unseren Blutdruck und reguliert die Körperwärme. Auch das Schlaf-Wach-Zentrum befindet sich hier. Alles, was wir nicht bewusst selbst steuern können, wird von dieser Einheit geleistet, und zwar blitzschnell und ausgesprochen zuverlässig, quasi wie ein Autopilot – und genau weil das so ist, haben wir mit dem Stammhirn auch die meisten Probleme. Doch dazu erzählen wir Ihnen später mehr.

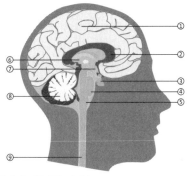

1. Cortex (Großhirnrinde)
2. Corpus callosum (Balken)
3. Hypophyse (Hirnanhangsdrüse)
4. Pons (Brücke)
5. Medulla oblongata (bildet mit Pons und Zwischenhirn das Stammhirn)
6. Thalamus
7. Hypothalamus
8. Cerebellum (Kleinhirn)
9. Medulla (Rückenmark)

Abbildung 2: Der Aufbau des menschlichen Gehirns.

In dieser Hirnregion befinden sich Reflexeinheiten, die dafür sorgen, dass wir husten, wenn wir uns verschluckt haben, oder dass wir die Hand schnell von der heißen Herdplatte nehmen. Die Aufgaben dieses Gehirnteils werden unbewusst erledigt, was im Krisenfall wertvolle Sekunden spart. Das Reptiliengehirn ist ständig in höchster Alarmbereitschaft und kennt nur einen einzigen Zweck: Es will unser elementares Überleben sichern.

Man kann diesen scheinbar so robusten Hirnstamm jedoch schnell in Stress versetzen, zum Beispiel durch Schlafentzug, Schreck, Schmerz oder extreme Temperaturen. Dieser Stress löst Panik aus, und das Reptilienhirn meldet wie eine Alarmsirene »Bedrohung des Systems!«. Diese Meldung kann natürlich auch auf einem Missverständnis beruhen – etwa bei einer turbulenten Achterbahnfahrt, einer besonders drastischen Szene aus einem Horrorfilm oder dem Knall einer Fehlzündung –, aber diese Reaktion kann man bewusst nicht kontrollieren. Die Panik muss dann erst abebben, bevor andere Hirnregionen wieder das Kommando übernehmen können. Kampfflieger und Formel-1-Fahrer trainieren bestimmte Reflexe in Standardsituationen, um das Reptil im Menschen zu bändigen. Immer klappt das jedoch nicht. Also muss jeder Mensch in Panik erst einmal daran arbeiten, dass ihn das Stammhirn wieder freigibt. Meist genügt es, einfach abzuwarten.

Wenn man aber weiß, wie das Reptilienhirn beschaffen ist, kann man auch in gewissen Grenzen mit ihm arbeiten. Auf jeden Fall kann man ihm optimale Bedingungen schaffen. Gerade Kopfarbeiter sollten darauf achten, dass die Grundbedürfnisse ihres Stammhirns befriedigt sind, denn nur dann können die höheren Hirnregionen optimal arbeiten. Sorgen Sie also dafür, dass Sie in angenehmer Raumtemperatur arbeiten, dass es nicht zu laut ist, dass Sie genügend Frischluft bekommen und sich körperlich fit fühlen.

Das Kleinhirn: die Steuerungseinheit des Körpers

Das Kleinhirn (Cerebellum) sitzt hinten auf dem Stammhirn und steuert in erster Linie die Sicherheit und die Eleganz unserer Bewegungen. Mithilfe sensibler Nerven werden ständig die Körperbewegungen kontrolliert und Impulse ausgesandt, die zu Muskelkontraktionen führen. Diese unbewussten Vorgänge bilden die Voraussetzung für das Körpergleichgewicht und unsere Motorik. Zum Kleinhirn gelangen auch alle Informationen, die unsere Sinnesorgane weiterleiten. Ebenso wird dem Kleinhirn bei Lernvorgängen eine wichtige Rolle zugeschrieben. Zudem werden seit einiger Zeit Thesen über die Rolle des Kleinhirns bei kognitiven Prozessen diskutiert.

Das limbische System: das Tor zum Bewusstsein
Die nächste Abteilung in der Hierarchie des menschlichen Gehirns ist das limbische System. Es stellt eine Übergangszone zwischen der Großhirnrinde und dem Hirnstamm dar. Seine Aufgaben sind neben der vegetativen Steuerung und der Beteiligung an Denk- und Gedächtnisprozessen vor allem die Regelung von Emotionen und der eigenen Motivation. Hier geht es um unsere Gefühle, hier empfinden wir Ärger und Freude, Lust und Abscheu. Man nennt es auch das Säugetierhirn, denn bis hierhin sind wir den anderen Säugetieren im Wesentlichen noch sehr ähnlich.

Das limbische System registriert Hunger, Schmerz und Affekte, die nicht an bestimmte Reize gebunden sind, sondern Gefühle wie Aggression, Freude, Trauer und Fürsorge auslösen, und das daraus resultierende Verhalten. Das limbische System besitzt zwar eine »emotionale Intelligenz«, aber es ist nicht mit rationalen Beschwichtigungen zu beruhigen. Wenn es überreizt wird und außer Kontrolle gerät, kann es den ganzen Organismus in Panik versetzen.

Man könnte den Einfluss des limbischen Systems auf das logische Denken leicht unterschätzen, dabei hebelt emotionale Energie rationale Klarheit ganz schnell aus. Jeder kennt den Effekt der rosaroten Brille, durch die frisch Verliebte die Welt wahrnehmen. Aber auch wer gerade nicht verliebt ist, sieht seine Umgebung nicht nur kühl und rational, sondern gefiltert durch seine Emotionen. Sympathie und Antipathie beeinflussen täglich jede unserer Entscheidungen, und sie tun das ebenso bei Lehrern und Schülern wie bei Wirtschaftsbossen und Politikern.

Wer sich etwa bei einer Verhandlung von einem Gesprächspartner brüskiert fühlt, wird sein ganzes Denken fortan mit diesem negativen Gefühl einfärben und nur noch die negativen Aspekte der Situation wahrnehmen. Im Gegensatz zur rosaroten Brille der Verliebten wäre das die schwarze Brille der Todfeinde.

Wer Kopfarbeit zu leisten hat, sollte also nicht nur sein Reptiliengehirn ruhigstellen, er sollte auch sein limbisches System nicht zu sehr aktivieren. Man denkt besser, wenn man emotional ausgeglichen ist. Gefühle, die zu weit im positiven Bereich – wie überschwängliche Freude – oder zu weit im negativen Bereich – wie eine Depression – liegen, stören die Arbeit des intelligenten Großhirns. Gefühle wie Zuneigung, Wertschätzung und Sympathie liegen in dem für das limbische System optimalen Bereich und beeinflussen über die Verbesserung der Herzraten-Variabilität (siehe Seite 92) unsere Fähigkeit zu denken.

Nachdem unsere Gefühle stark mit dem Antrieb, etwas zu lernen oder zu leisten, verbunden sind, kann man Lernbereitschaft und Aktivität durch die richtige emotionale Umgebung verstärken. Das gilt im Büro wie im Klassenzimmer und zuhause – die Gefühle von Ausgeglichenheit und Sicherheit befördern den Eifer und die Konzentration, und mit der richtigen Musik, angenehmen Farben und Gerüchen kann man die Lernbereitschaft zusätzlich verstärken.

Ein besonders wichtiger Teil des limbischen Systems ist der Mandelkern oder die Amygdala. Sie ist in erster Linie für die Wahrnehmung und grobe Bewertung jeglicher Form von Erregung zuständig, also aller affekt- und lustbetonter Empfindungen. Sie bewertet Signale – hauptsächlich gefährliche und Angst einflößende – und schützt uns mittels mitunter lebenswichtiger Warnungen und Abwehrreaktionen, indem sie Flucht oder Angriff einleitet. Fehlfunktionen der Amygdala können zu Gedächtnisstörungen führen und zu einer Vielzahl anderer Krankheiten: emotionale Fehleinschätzungen, Phobien, Depressionen, sogar Autismus. In der Amygdala werden Ereignisse mit den dabei erlebten Emotionen verknüpft und so abgelegt, dass ähnliche Situationen leicht Abwehrbewegungen wie Panik oder Flucht auslösen können. Man spricht in diesem Zusammenhang auch vom »Körpergedächtnis«, das starke Reaktionen hervorrufen kann, auch wenn objektiv keine Gefahr besteht.

Der Thalamus ist ein weiterer wichtiger Bereich des limbischen Systems. Er setzt sich aus vielen Kerngebieten (Nuclei) zusammen und wirkt als Filter für eingehende Nachrichten auf dem Weg zum Großhirn. Der benachbarte Hypothalamus ist eine der wichtigsten Steuereinheiten des vegetativen Nervensystems, das für die Aufrechterhaltung grundlegender Vitalfunktionen zuständig ist. Es regelt den Schlaf ebenso wie Körpertemperatur und Blutdruck und unser Sexualverhalten, und es signalisiert Hunger und Durst.

Der Hippocampus (»Seepferdchen«) ist eine unter der Hirnrinde liegende Struktur, die besonders wichtig für die Bildung und Speicherung von Erinnerungen ist. Londoner Taxifahrer (auch das ist ein spannendes Ergebnis der Hirnforschung) haben einen deutlich größeren Hippocampus als der Durchschnittsengländer, denn das Londoner Straßennetz gehört weltweit zu den kompliziertesten. Im Hippocampus gibt es Ortszellen, mit denen man sich orientiert, aber es werden dort auch grundsätzlich Neuigkeiten eingespeist, die man als Einzelteile oder unzusammenhängende Informationshäppchen bezeichnen könnte. Der Hippocampus lernt sehr rasch und ist unser Schnellspeicher, vielleicht das, was man früher das Kurzzeitgedächtnis nannte. In diesem Areal sterben Nervenzellen ständig ab, aber hier entstehen auch immer wieder neue – und das ist eine der besten Nachrichten der Hirnforschung.

Alle Bereiche, Bauteile, Module und Verarbeitungseinheiten im Gehirn sind paarweise vorhanden – bis auf die Zirbeldrüse. Wahrscheinlich vermutete der Philosoph und Erkenntnistheoretiker René Descartes deshalb in dieser kleinen Drüse den Sitz der Seele. Die Zirbeldrüse sitzt zentral und tief mitten im Gehirn und produziert das Hormon Melatonin, über das der menschliche Schlaf-Wach-Rhythmus gesteuert wird.

Der Neocortex: die Schaltzentrale des Gehirns

Das Großhirn oder der Neocortex macht ungefähr 80 Prozent der gesamten Hirnmasse aus. Hier finden alle Prozesse statt, von denen wir stolz annehmen, dass sie den Menschen zum Menschen machen: logisches Denken, Sprache, Planen und Entscheiden, Kreativität und vieles mehr.

Die Großhirnrinde bildet die äußere Nervenzellschicht des Gehirns. Durch viele Furchen und Krümmungen ist die Oberfläche der Großhirnhemisphären stark vergrößert. Sie unterteilt sich in vier sogenannte Lappen. Obwohl die Verarbeitung von bestimmten

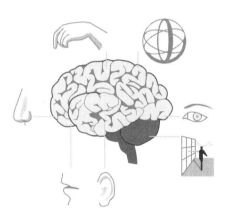

Abbildung 3: Zuordnung der Sinnesfunktionen zu den Hirnlappen

Sinneseindrücken kaum konkret zu lokalisieren ist, denn erst im komplexen Zusammenspiel der verschiedenen Regionen werden Informationen verarbeitet und bewertet, spricht man dem Schläfenlappen die Zuständigkeit für Geruch, Gehör und Sprache zu, dem Scheitellappen die für Tastsinn und Geschmack, dem Hinterhauptlappen die für das Sehen und dem Stirnlappen die für Bewegung, Sprache und Denkvorgänge.

Für unser Denken und unsere Wahrnehmung ist das Großhirn verantwortlich; hier vermutet man den Ursprung von Intelligenz und Urteilsvermögen des Menschen. Eine Längsfurche unterteilt es in zwei spiegelgleiche Hemisphären, die in der Lage sind, zur selben Zeit unterschiedliche Funktionen wahrzunehmen. Unterhalb dieser Furche, im Zentrum des Großhirns, befinden sich sogenannte Basalganglien, die die Ausführung unserer willentlichen Bewegungen leisten.

»Links, rechts, links, rechts ...« – Das Gehirn denkt im Takt

Für unser Brain-Training ist es besonders wichtig, dass sich das Großhirn in zwei Hemisphären teilt, von denen die linke für analytisches, rationales und logisches Denken und die Sprache zuständig ist, die rechte dagegen für räumliches, ganzheitliches, kreatives und gefühlsmäßiges Erfassen und Sichausdrücken.

Aber glauben Sie nun nicht, dass in unserem Kopf zwei selbstständige Gehirne existieren. Die beiden Hirnhälften haben zwar deutliche Schwerpunkte, sind aber über den sogenannten Balken (Corpus callosum) miteinander verbunden und tauschen ständig Informationen aus. Dabei arbeiten sie zusammen und ergänzen sich. Und obwohl sie ihre Schwerpunkte bewahren, ist eine spezifische Funktion nicht nur auf eine Hemisphäre beschränkt. Vor allem erhöht dieser ständige Dialog zweier »Blickwinkel« die Kapazität des Gehirns gewaltig. Erst das Zusammenfügen verschiedener Aspekte zu einem Thema bringt Klarheit und einen scharfen Gedanken hervor.

Das Zusammenspiel der beiden Hemisphären kann man sich folgendermaßen verdeutlichen: Bei der Musik nimmt die linke Gehirnhälfte die Töne wahr, die rechte die Melodie, bei der Sprache weiß die linke Hälfte den Namen des Objekts, während in der rechten Hälfte das dazu passende Bild auftaucht.

Nach diesen neuen Entdeckungen wurde in den letzten Jahrzehnten eine Vorstellung wissenschaftlich untermauert, die zwar schon so alt wie unser bewusstes Denken ist, die aber – gerade in den Zeiten der absoluten Ratioverliebtheit, etwa in der Aufklärung – nie ganz den Geruch romantischer Denkverbildung loswerden konnte. Daran änderten auch Geistesriesen von Sokrates bis Einstein nichts, die zu allen Zeiten auf die Wichtigkeit eben dieses »Gleichklangs« hingewiesen hatten; Letzterer sogar in einer Überbetonung der rechten Hemisphäre in dem Satz »Fantasie ist wichtiger als Wissen«.

Um gut und effektiv zu denken, ist es also völlig falsch, nur die rationale Seite des Geistes zu betonen und zu trainieren. Mindestens ebenso wichtig ist die andere und am wichtigsten wohl die kreative Verknüpfung beider. Durch eine stabile Brücke zwischen beiden Gehirnhälften verbessern sich nachweislich Lernqualität, Aufnahmebereitschaft und Merkfähigkeit. Man kann diese Verknüpfung durch ganz einfache Übungen verstärken. So wird die geistige Beweglichkeit bei Rechtshändern verbessert, wenn sie ab und zu mit der linken Hand schreiben. Das soll wohlgemerkt keine Aufforderung dazu sein, seine Rechtshändigkeit aufzugeben. Aber ein zeitweises Umschalten der eingefahrenen Richtung wirkt sehr stimulierend auf das Gehirn. Versuchen Sie deshalb bei allen möglichen Anlässen, einmal Ihre spezielle »Händigkeit« umzupolen. Auch wenn es nur für ein paar Minuten ist. Fangen Sie Bälle mit der linken statt wie üblich mit der rechten Hand, vertauschen Sie das Besteck beim Mittagessen, und wechseln Sie den Schläger beim Tennis oder Badminton einmal in die andere Hand. Frauen sollten einmal mit der »falschen« Hand Lippenstift auftragen, und Männer sollten sich einmal andersherum rasieren. Sie werden merken, dass Ihr Gehirn dabei Schwerstarbeit leisten muss, denn die Koordination muss auf einmal wieder neu erarbeitet werden – man kann sich nicht mehr auf die gute alte Routine verlassen.

Eine Therapie, die Menschen mit schweren seelischen Belastungen erstaunlich gut hilft, basiert auf dieser Links-rechts-Verschaltung: das »Eye Movement Desensitization and Reprocessing«, kurz EMDR. Die Psychologin Francine Shapiro entwickelte diese Methode zur Behandlung schwer traumatisierter Patienten. Sie geht davon aus, dass Opfer von Misshandlungen oder Kampfeinsätzen im Moment ihres

Schocks eine Reizüberflutung im Gehirn erleben. Dr. Shapiro führt diese Patienten zur Erinnerung ihres Traumas und lässt sie dabei die Augen schnell und rhythmisch bewegen. Die verstärkte Kommunikation der beiden Gehirnhälften scheint zu bewirken, dass sich die seelischen Belastungen deutlich verringern.

Doch diese Erkenntnisse sind auch für Menschen ohne Traumata hilfreich. Andrew Parker, ein Hirnforscher aus Manchester, wies in einem Experiment nach, dass eine bessere Koordination der rechten mit der linken Hemisphäre das Lösen von Logik-Aufgaben erleichtert. Er ließ seine Testpersonen eine halbe Minute lang im Sekundentakt von links nach rechts und wieder zurück schauen, dann stellte er ihnen Denksportaufgaben. Sie schnitten dabei um etwa 10 Prozent besser ab als eine Vergleichsgruppe, die vorher keine Links-rechts-Koordination geübt hatte.

Versuchen Sie doch einmal, dieses Links-rechts-Gefühl zu erspüren. Dazu gibt es ein paar einfache Experimente, etwa das mit dem verkehrten Geschlecht. Wenn Sie mit dem Auto durch die Stadt fahren, sagen Sie laut »Mann«, wenn Sie eine Frau sehen, und »Frau«, wenn Sie einen Mann sehen. Sie meinen, das sei ganz einfach? Versuchen Sie es einmal, Sie werden sich über den seltsamen Effekt wundern, der dabei entsteht.

Die verschiedenen Möglichkeiten, die Köpfe der Menschen auszuloten und ihren »Inhalt« zu klassifizieren, hat die Wissenschaft gerade in den letzten hundert Jahren immer stärker fasziniert. Aber die Vorstellung von Intelligenz änderte sich nicht wesentlich, je mehr man vom Gehirn und seiner Arbeitsweise erfuhr, und das erweist sich als hinderlich – hinderlich bei ihrer Klassifizierung. Man weiß inzwischen, dass es die schlichte, messbare Intelligenz nicht gibt (trotzdem beruft man sich noch auf IQ-Tests), man weiß, dass nur eine sehr komplexe Mischung aus Anlage, Umwelteinfluss und Eigeninitiative das System formt, das unsere Gedanken weiterentwickelt – und man weiß, dass das Gehirn in zwei Hemisphären unterteilt ist, die Intelligenz gerade durch ihr gutes Zusammenspiel hervorbringen. Die »klassische« Intelligenz gehört in die linke Gehirnhälfte, denn diese ist für Lesen, Schreiben, Sprechen, Analysieren und logisches Ordnen zuständig. Das klingt zwar sehr nach den richtigen Zutaten für einen

Intelligenzkuchen, aber ohne die Ingredienzen der rechten Hälfte würde sich dieser Teig nie vergrößern, geschweige denn eine Form annehmen. Die rechte Hemisphäre birgt die schnelle und spontane Komplettsicht von Problemen (im Gegensatz zur sorgfältigen Analyse aller Einzelteile), Dynamik, Gefühl und Intuition.

Inzwischen weiß man, dass die Lösung darin liegt, beide Systeme als gleichwertig zu akzeptieren, sich ihrer Vernetzung nicht entgegenzustellen und bewusst so zu arbeiten, wie es das Gehirn in einem perfekt eingespielten Programm tut. Mit anderen Worten, dass man ein Problem spontan betrachtet, zunächst ein »Gefühl« dafür bekommt, seine Einzelteile logisch zergliedert, diese wiederum intuitiv verknüpft, in immer neuen (eben auch »unlogischen«) Kombinationen, und die Lösung am Ende logisch überprüft.

Stress, Angst, Erwartungen: was das Denken stört

Gute und erfahrene Personalchefs testen beim Einstellungsgespräch ganz nebenher einige Faktoren, etwa Durchsetzungsvermögen, Konzentration, Vorstellungsvermögen und psychische Stabilität. Und sie testen mehr und mehr das »Stressdenken«, denn es hat sich herumgesprochen, dass gerade heutzutage Lösungen und Entscheidungen immer öfter unter Druck zustande kommen. Viele intelligente Menschen mit hohem Bildungsgrad und ansonsten sauberer logischer Gedankenführung brechen unter Stress ein, verlieren den Faden oder lähmen sich selbst, ihr Denken dreht sich im Kreis. Manche vergessen darüber sogar das Problem, das sie so fertigmacht. Stressdenken kann man lernen, und man sollte es wenigstens in den Grundzügen verstehen, wenn man an einen entsprechenden Tester gerät.

Beim Stressdenken treten immer die gleichen Mechanismen auf, die Sie blockieren. Meist ist es die Zeit, die den Druck aufbaut. Wenn Sie etwa den Namen für ein bestimmtes Werkzeug suchen und er Ihnen nicht gleich einfällt, grübeln Sie nicht weiter – nennen Sie das Werkzeug einfach »Groff«.

Was muss ein Groff können? Holz schleifen – auswechselbare Schleifplatten haben – handlich sein – flexible Ränder haben – zur Bearbeitung von geraden und strukturierten Flächen geeignet sein ...

spätestens jetzt fällt Ihnen der Exzenterschleifer ein. Das geht natürlich genauso mit externen Festplatten, Durchschreibesätzen und Thermoverglasung. Es geht mit jeder Frage, zu der Sie sich eine Lösung zutrauen. Geben Sie ihr schon mal einen Namen, und beschreiben Sie sie ausgiebig.

Gerade bei Tests mit offensichtlichem Zeitfaktor lähmt das Stressdenken gewaltig – das ist auch der Sinn der Sache. Erkennen Sie den Sinn, und ärgern Sie sich nicht. Stellen Sie einfach neue Regeln auf:

- Es gilt Ihre Zeit, nicht die des Testers.
- Es gilt Ihre Reihenfolge, nicht die der Aufgaben.
- Sie wollen nicht einfach gut abschneiden, sondern genau so gut sein, wie Sie sind.

Um Stress und unnötigen Zeitdruck während eines Tests gar nicht erst aufkommen zu lassen, hat sich folgende Vorgehensweise bewährt: Lesen Sie zunächst alle Aufgaben in Ruhe hintereinander durch, noch ganz ohne den Versuch, sich in Lösungen zu verstricken. Bei manchen werden Sie die Lösung schon riechen (wenn Ihnen Antworten spontan kommen, schreiben Sie sie natürlich gleich auf). Bearbeiten Sie die »leichten«, und brechen Sie ruhig solche ab, in denen Sie sich zu verwirren befürchten. Das war der Durchlauf der rechten Hirnhälfte, jetzt kommt der der linken. Nehmen Sie sich die »schweren« Aufgaben vor, und kämmen Sie sie logisch durch: Was ist überhaupt die Fragestellung? Haben Sie sie verstanden? Welches System verbirgt sich hinter dem Problem? Schreiben Sie sich bei Stockungen des Gehirns eine kleine Zusammenfassung Ihrer Überlegungen auf und gehen Sie zur nächsten Frage. Am Schluss überprüfen Sie alle Ergebnisse noch einmal – vor allem die spontanen Lösungen der »leichten« Fragen –, und Sie werden am Ende sehen, dass »Ihre« Zeit völlig gereicht hat.

Alles bedacht?

Alles zu bedenken, jede mögliche Eventualität mit einzubeziehen und für jeden Notfall eine Strategie parat zu haben – das ist der Alltag für

Mütter und Manager. Aber wo ist die Grenze? Kann man alle Eventualitäten bedenken? Sicher nicht. Man sucht sich die wahrscheinlichsten aus und entwirft für sie Lösungen, und so packt man auch seinen Koffer und seine Aktentasche. Besprechung beim neuen Justiziar der Firma: Verträge, EU-Förderungsrichtlinien, Terminkalender mit Block und Telefonverzeichnis, Taschenrechner und Stift. Mehr kann doch nicht sein. Aber im Auto fällt uns ein, dass wir die Adresse des neuen Rechtsbeistands noch nicht im Adressbuch haben und völlig unwissend einfach losgefahren sind. Die »Headlines« übersieht man leichter als das Kleingedruckte. Das weiß jeder Lektor: Wenn er auf 500 Seiten Manuskript noch den letzten Kommafehler getilgt hat, ist es leicht möglich, dass er auf dem Buchtitel übersehen hat, dass »Kriminalronam« üblicherweise etwas anders geschrieben wird. Aber mit schnellem Blick nimmt man eben nicht an, dass ausgerechnet da ein Fehler stecken kann.

Kann er aber doch. Und tut er auch meist.

Die Gedanken sind frei ...
... und schwirren völlig unbeeindruckt von unseren Sammelbemühungen im Kopf herum, oft umso hektischer, je dringender wir Ruhe und Konzentration bräuchten. »Dagegen sollten Sie aber dringend etwas unternehmen«, raten dann gute Freunde oder esoterisch angehauchte Sekretärinnen und empfehlen uns einen Meditationslehrer. Die meisten Menschen sind erstaunt, wenn sie sich zum ersten Mal im autogenen Training oder in einer Yoga-Stunde zu entspannen versuchen und dabei feststellen, dass sie über ihre Gedankentätigkeit eigentlich keine Kontrolle haben. Sie halten sich für intelligent, diszipliniert und zuverlässig. Das sind sie sicher auch, aber ihre Gedanken spielen trotzdem mit ihnen Katz-und-Maus.

Gedanken kommen ungefragt, ob wir konzentriert bei der Arbeit sind oder uns mit anderen unterhalten – sie tauchen einfach auf, und meist nicht gerade die hilfreichsten. Der schöne chinesische Ausspruch, dass »unsere Gedanken uns reiten«, nicht wir unsere Gedanken, bewahrheitet sich jedes Mal aufs Neue, wenn man den Kopf frei haben will.

Wissenschaftler haben berechnet, dass wir pro Tag etwa 50 000 Gedanken haben. Davon ist ein verschwindend geringer Prozentsatz »neu«, also unverbraucht und originär. Tatsächlich kreisen fast alle Gedanken in destruktiver Weise um uns und unsere Umgebung: Urteile, Wünsche, Ängste, Konflikte und Begierden. So hanebüchen stellt sich die Mehrzahl der Gedanken dar, und darauf sollte man doch leichten Herzens verzichten können. Könnte man auch – kann man aber nicht. Tag für Tag werden durch den gewaltigen, ungezügelten Gedankenstrom große Energiemengen gebunden. Energie, die wir besser und wirkungsvoller einsetzen könnten, die uns manchmal spürbar fehlt. So ist es schon sehr erholsam, wenn wir den Strom der Gedanken nur etwas verlangsamen.

Gedanken völlig auszuschließen gehört zu den schwierigsten Vorhaben überhaupt, und in allen Kulturen dieser Erde wurde nach Techniken dazu geforscht. Die Ergebnisse ähneln sich auf erstaunliche Weise. Ob nun bei den islamischen Sufis, den christlichen Mystikern des Mittelalters oder den indischen Yogis – den geschwätzigen Kopf zum Schweigen zu bringen, geht nur auf eine Weise: Man muss ihm ein Bein stellen. Der stetige und störende Gedankenregen hört auf, wenn wir von bekannten, monotonen Verrichtungen auf neue, chaotische umsteigen.

Wie sehen Gedanken aus?

In welcher Form halten sich im menschlichen Gehirn Gedanken auf? Vor hundert Jahren nahm man noch an, man könne einzelne Erinnerungen in sogenannten »Gedächtnismolekülen« lokalisieren – und sogar durch Verfüttern von einer Ratte zur anderen weitergeben. Inzwischen weiß man, dass Erinnerungen nicht an bestimmten Orten im Gehirn abgespeichert werden. Das Gehirn funktioniert wie ein gigantisches Netzwerk, das als Kernspeicher lebendes Gewebe zur Verfügung hat. Die wichtigsten Zellen im Gehirn sind die Nervenzellen, Neuronen genannt. Von ihnen gibt es etwa 100 Milliarden. Jedes Neuron besitzt mehrere Dendriten, das sind Verästelungen, mit denen ankommende Signale empfangen werden, und ein Axon, sozusagen der »Ausgang« der Zelle. In- und Output werden über elektrochemische Ströme gesteuert. Zwischen den Eingängen des Neurons und seinem Ausgang befindet sich der eigentliche Zellkörper (Soma). In diesem wird darüber entschieden, ob die Zelle erregt wird oder nicht. Das geschieht auf sehr einfache Art: Wird eine Zelle durch ankommende Reize stimuliert, sendet sie chemische Botenstoffe an den richtigen Nachbarn. Elektronische Impulse werden weitergegeben, im Normalzustand etwa hundert pro Sekunde, im Extremfall sogar bis zu tausend. Wenn die Summe aller Inputs einen gewissen Schwellenwert überschreitet, wird ein Aktionspotenzial ausgelöst. Das mag simpel klingen, aber diese Neuronen sind keine Speicher, sondern eher Schaltzentralen. Jedes einzelne Neuron kann sich über seine Synapsen – das sind die Kontaktstellen mit anderen Nerven- oder Muskelzellen – mit bis zu 30 000 anderen Neuronen verbinden. Es gibt mehr Verknüpfungsmöglichkeiten im Gehirn, als es Atome im Universum gibt.

Im Gegensatz zu allen anderen Körperzellen ist eine einzelne Nervenzelle nicht nur ein Baustein – sie repräsentiert etwas. Ein bestimmtes Neuron ist etwa für die Spitze unseres linken kleinen Fingers zuständig. Wenn der Sinneskörper an der Fingerspitze gereizt wird, arbeitet er blitzschnell als Analog-Digital-Wandler und erzeugt einen Impuls, der als Aktionspotenzial das entsprechende Neuron in unserem Gehirn anregt.

Nun sind natürlich nicht alle Neuronen nur bestimmten Körperteilen zugeordnet – das sind tatsächlich nur die wenigsten –, sondern bilden im Verbund unsere Sprache, unsere Fähigkeit zu denken, zu abstrahieren, Musik und Formen zu verstehen. Wichtig jedoch ist die Stärke der Verbindungen zwischen den Neuronen, und über die entscheidet jeder von uns selbst – das ist nicht festgelegt, sondern unsere Lebenserfahrung. Was wir aufnehmen und gelernt haben, prägt die Verbindungen stark oder schwach, und je öfter wir diese Verbindungen eingehen, umso stärker wird die Gesamtverbindung. Die Synapse wächst, weil viele Impulse über sie gelaufen sind; es werden sogar zusätzliche Dendritendornen gebildet. Einzelne Erfahrungen haben nur einen geringen Effekt, Wiederholungen stärken die Verbindungen. Je mehr Verbindungen eine Nervenzelle eingeht, umso flexibler und assoziativer ist unser Denken, und je öfter eine einmal erstellte

Verbindung im Gehirn benutzt wird, umso sicherer kann diese Verbindung immer wieder hergestellt werden. Man könnte also Wissen als eine gut funktionierende Verbindung von Gehirnzellen beschreiben.

Das Gehirn verändert sich ständig durch seine Beziehung zur Umwelt. Beim Erlernen bestimmter Fähigkeiten weiten sich die entsprechenden Hirnareale aus. Es bilden sich neue Synapsen, die später – bei Nichtgebrauch – wieder entfernt werden. Dagegen festigen sich häufig genutzte Verbindungen. Ein wichtiger Teil des Lernens bedeutet also: üben.

Am Max-Planck-Institut für Neurobiologie bei München haben Wissenschaftler die Impulse hörbar gemacht, indem sie bei Mäusen über Elektroden in einzelnen Nervenzellen die Impulse ableiteten. Das Ergebnis war erstaunlich: Nervenzellen geben die Botenstoffe in ganz unterschiedlichen Takten weiter, jedoch feuern alle an einem bestimmten Gedanken beteiligten Zellen im selben Takt, so die Vermutung der Forscher. Man ist an das Bild erinnert, dass der Neurologe Korbinian Brodmann schon vor 100 Jahren entwickelt hatte. Er verglich das Zusammenspiel der Hirnregionen und der einzelnen »Nervenstimmen« mit einem großen Orchester, in dem ein Gedanke gespielt wird wie ein Takt aus einer Symphonie. Die Idee des Takts ist beim Denken übrigens durchaus plausibel, denn man hat inzwischen herausgefunden, dass unser Gehirn einer zeitlichen Organisation unterworfen

> Wir sprechen von einem »Drei-Sekunden-Fenster«, denn das bedeutet für uns die Gegenwart.
> In solchen Häppchen nehmen wir unsere Umwelt wahr und Informationen auf.
> Alles, was länger dauert, macht es uns schwer, es spontan zu behalten.
> Wenn Sie also vom Stand der aktuellen Hirnforschung profitieren wollen, teilen Sie Informationen in Drei-Sekunden-Pakete auf. Wenn Sie einen komplizierten Text lernen müssen, lesen Sie ihn laut, Halbzeile für Halbzeile, denn das entspricht etwa den drei Sekunden.

ist. Wir sprechen von einem »Drei-Sekunden-Fenster«, denn das bedeutet für uns die Gegenwart. In solchen Häppchen nehmen wir unsere Umwelt wahr und Informationen auf – alles, was länger dauert, macht es uns schwer, es spontan zu behalten. Wenn Sie also vom Stand der aktuellen Hirnforschung profitieren wollen, teilen Sie Informationen in solche Drei-Sekunden-Pakete auf. Wenn Sie einen komplizierten Text lernen müssen, lesen Sie ihn laut – Halbzeile für Halbzeile, denn das entspricht etwa den drei Sekunden. Sie können es hier und jetzt im Kasten auf Seite 30 ausprobieren.

Spiegelneuronen
Spiegelneuronen lösen bei der bloßen Betrachtung eines Vorganges im Gehirn dieselbe Erregung aus, wie sie bei seinem tatsächlichen Erleben auftreten würde. Diese Nervenzellen reagieren nicht nur automatisch auf bestimmte Signale, sie regen auch zur Nachahmung an, deshalb geht man davon aus, dass sie eine wichtige Rolle beim Lernen spielen, hauptsächlich beim Erlernen der Sprache. Deshalb ist es auch kein Zufall, dass etwa Babys beim Zuhören auf den Mund der sprechenden Person schauen.

Wir lernen meist durch Nachahmung, jedenfalls in jungen Jahren. Wenn ein Kind etwa die Hand seines Klavierlehrers bei einem Lauf beobachtet, feuern dieselben Neuronen, wenn das Kind anschließend selbst diesen Lauf spielt. Dieses Lernen durch Imitation funktioniert aber nur, wenn wir uns auch in andere Menschen hineinversetzen können, wenn wir fähig zur Empathie sind. Dieses Einfühlungsvermögen ist eine der wichtigsten menschlichen Fähigkeiten, ohne die man sich zwar Wissen aneignen kann, aber kein echtes Verständnis. Sie können die Wirkung von Spiegelneuronen – man könnte sie auch Empathieneuronen nennen – im Alltag beobachten, etwa wenn Sie eine spontane Resonanz auf andere zeigen: Wenn jemand gähnt, gähnen Sie mit, wenn Sie jemand anlächelt, schicken Sie automatisch ein Lächeln zurück, Sie spiegeln die Haltung einer sympathischen Person und vieles andere mehr. Bei solchen spontanen Reaktionen stimmen Sie sich auf den anderen ein, und diese Empathie hebt die Stimmung, bringt Sie dem Partner näher, lässt Nähe zu. Aber wie so oft können

Emotionen auch ins Gegenteil umschlagen. Bei den Themen Schadenfreude und böse Spiele werden wir noch auf diese speziellen Neuronen zu sprechen kommen.

Das Bauchgehirn

Nach den Erkenntnissen der Neurowissenschaft lassen sich Denken und Fühlen nicht vollständig trennen, denn die entsprechenden Systeme beeinflussen sich gegenseitig.

Man spricht inzwischen auch von einem »Bauchgehirn«, denn in unserem Bauch befindet sich ein Netzwerk von geschätzten 100 Millionen Nervenzellen, die den Neuronen im Gehirn äußerst ähnlich sind – dort haben wir allerdings 100 Milliarden! Und ebenso ungleich wie die quantitative Verteilung stellt sich auch der Informationsaustausch zwischen oben und unten dar: Neun Zehntel des gesamten Kontakts besteht aus Impulsen vom Bauch zum Gehirn, das restliche Zehntel besteht aus Meldungen des Gehirns an den Bauch. Das Gehirn bekommt in dieser Art Wechselsprechanlage also gewaltige Mengen an Informationen von den inneren Organen, spart aber mit Rückmeldungen. Nur bei extremen Gefühlen, die die Amygdala anregen, wird der Bauch vom Hirn in Aufruhr versetzt. Wir kennen diese plötzlichen körperlichen Effekte – die Wut im Bauch, der kalte Schrecken, die heiße Lust.

Die technischen Daten: Computer gegen Gehirn

Gehirn wie Computer können Informationen speichern und wieder abrufen. Die Speicherkapazität des Computers ist dem Gehirn weit überlegen, trotzdem leistet das Gehirn mehr. Der Computer braucht feste Adressen, um Informationen zu finden, das Gehirn arbeitet mit Assoziationen. Das Gehirn verarbeitet Informationen parallel, und seine Strukturen passen sich immer neuen Anforderungen an. Es ist plastisch.

Die Geschwindigkeit der Grundoperationen eines Computers hat sich bis auf 250 Trillionen pro Sekunde gesteigert. Die des Gehirns liegt etwa bei 10 Billionen.

Die Leistung von Computern misst man in Gigahertz, die des Gehirns in Kilohertz, wobei Hertz die Schwingung pro Sekunde, die Frequenz, bedeutet (Kilohertz = 1 000 Schwingungen/Vorgänge pro Sekunde, Gigahertz = eine Milliarde Schwingungen/Vorgänge pro Sekunde).

Der Computer nimmt Daten nur auf, das Gehirn bewertet sie gleichzeitig und verleiht ihnen Bedeutung, unterteilt sie in »gut« und »schlecht« und ordnet sie unter einer Vielzahl von »Adressen« ein, dazu noch abhängig von individuellen Erfahrungen und genetischen Anlagen.

Informationen aufnehmen

Gehirn, Körper und Umwelt stehen in einem ständigen Wechselspiel und bilden ein vernetztes System. Das sollten wir bedenken, wenn wir etwas lernen wollen. Denn es sind daran nicht nur ein paar Nervenzellen auf der Hirnrinde beteiligt, wir lernen mit dem ganzen Körper, mit unseren Organen, Nerven und Hormonen. Vor allem lernen wir mit unseren fünf Sinnen, von denen sich die meisten im Kopf befinden. Nur die Haut, unser größtes Sinnesorgan, umspannt den gesamten Körper. Wir nehmen Informationen nie nur mit einem Sinn auf, es sind immer mehrere daran beteiligt. Deshalb wird auch keine Wahrnehmung nur als »Augenbild« abgespeichert, es wird mit Geschmack, Geruch, Klang und Gefühl verbunden. Dazu können Sie einen einfachen Test machen: Merken Sie sich doch einmal das Wort »Schwarzmeerküste«.

»Wir sehen die Dinge nicht so, wie sie sind, sondern wie wir sind.«
Immanuel Kant

Wie wir lernen zu lernen

Jedes Organ in unserem Körper hat eine ganz spezielle Aufgabe. Die Leber könnte man als Filter und Reinigungssystem bezeichnen und das Herz als Umwälzpumpe, und beide arbeiten sofort drauflos, kaum dass sie im Fötus ausgebildet sind. Das Gehirn kann nicht sofort loslegen. Es muss erst belehrt werden. Denn seine Aufgabe ist ungleichlich schwieriger als die anderer Organe. Es bemüht sich um eine Orientierung in einer komplexen Welt. Wir machen uns die Welt im

Kopf zu Eigen, damit wir darin leben können, und unsere Weltsicht ist eine ganz individuelle. Keine zwei Menschen haben exakt dieselbe Ansicht von der Welt – so wie sie nicht dieselbe DNA haben. Denn unsere Wahrnehmung ist immer Rekonstruktion – eine subjektive Darstellung der Welt. Wie wir die Welt erkennen, Zusammenhänge herstellen, Dinge kennen lernen und sie benennen, all das hat mit unserer individuellen Geschichte zu tun, mit der Zeit, in der wir leben, der geografischen Lage und unseren Genen. Eine Menge Faktoren also, und trotzdem nehmen wir an, alle anderen Menschen müssten die Welt so sehen wie wir.

Die Entwicklung des Gehirns geschieht – parallel zur Entwicklung des gesamten Körpers – bereits im Mutterleib. Schon in der vierten Woche nach der Empfängnis teilt sich das Gehirn in die zwei Hemisphären, und in der zwölften Woche sind im Hypothalamus schon geschlechtsspezifische Unterschiede nachweisbar. Die Nervenzellen bilden sich rasend schnell, und die ersten, noch spärlichen Kontakte zwischen Nervenzellen entwickeln sich. Es treten Zungen-, Schluck- und Saugbewegungen auf, ab der 20. Woche auch schon Augenbewegungen und Reaktionen auf Geräusche. Schon zu dieser Zeit beginnt das erste Lernen: Auf Reize, die als nicht bedrohlich erkannt werden, reagiert das Kind immer weniger. Der kleine Mensch erinnert sich ab dem sechsten Monat an Musikstücke, die er im Mutterleib gehört hat. Der Geschmackssinn bildet sich.

Bei der Geburt sind alle 100 Milliarden Nervenzellen, die wir später auch beim Erwachsenen finden, bereits komplett vorhanden. Nach der Geburt beginnt die Hauptphase der Synapsenbildung, das heißt, die Menge der Verbindungen zwischen den einzelnen Neuronen nimmt rasant zu, gefördert durch die Vielfalt der neuen Sinnesreize, die das Baby erfährt. Das Kleinkind erkennt Farben und Formen, nimmt Geräusche wahr und lernt sie unterscheiden, bewegt sich, tastet und spürt. Man sieht die Entwicklung der meisten Synapsen zuerst dort, wo die Bereiche aktiviert sind, die mit der Regulierung von Körperfunktionen, Wahrnehmung und Motorik in Zusammenhang stehen. Diese extreme und schnelle Entwicklung bezeichnet man als »Blühen«. Wie in einem exotischen Garten nach einem Regenguss die Knospen aufbrechen, erblühen und wachsen die neuronalen Verbindungen im Kindergehirn. Am Höhepunkt der Hirnblüte, im Alter von zwei bis drei Jahren, ist die Dichte der Synapsen doppelt so groß wie zu jedem anderen Zeitpunkt des Lebens. Um bei dem Bild des Gartens zu bleiben, folgt nach dieser Phase des Wachsens die des Stutzens, in der ungebrauchte Synapsen abgebaut werden. Im Stirnhirn, dem präfrontalen Cortex, erfolgt die Blühphase erst später und ist erst mit etwa 20 Jahren beendet.

Das Gehirn ist unser erster Lehrer

Es sind tatsächlich weder Mutter noch Vater, die uns Denken lehren, so erstaunlich das auch klingt. Neugeborene müssen nicht unbedingt belehrt werden, um die Welt zu erfassen, das besorgt das Gehirn ganz alleine. Natürlich benötigt es Außenreize, aber es braucht (noch) keinen Lehrer. Das Gehirn lernt selbstständig und verknüpft einfache Denkspuren zu komplizierteren Spuren, entwickelt daraus Spuren von Spuren, bis es Zusammenhänge darstellen und komplexe Gebilde begreifen kann. Während Erwachsene noch versuchen, dem Kind alle möglichen Zusammenhänge auf einfachste Weise zu veranschaulichen, arbeitet das kleine Gehirn schon mit Volldampf daran, es auf eigene Art und Weise in den Griff zu bekommen. Was dabei »wirklich« ist, kümmert das kindliche Gehirn wenig. Wenn draußen jeden Morgen ein Licht zu leuchten beginnt und jeden Abend eins an der Decke des Schlafzimmers, dann kann das ein Gehirn leicht in Zusammenhang bringen, jedenfalls ein Gehirn in einem Kind, das die Welt erst für sich zusammensetzen muss. Wenn ein Erwachsener dann erklärt, dass das eine Licht »Sonne« heißt und das andere »Glühbirne«, und beide nichts miteinander zu tun haben, hat er zwar Recht – aber das Gehirn hätte sich ohne ihn und »die Wirklichkeit« genauso zurechtgefunden. Außerdem wissen wir alle, wie zerbrechlich die »Wirklichkeit« ist. Die drei »Ws«, die heute meist nur noch als World Wide Web wahrgenommen werden, bilden aber beim Denken die Basis: Wahrnehmung – Wissen – Wirklichkeit. Und alle drei Ws sind relativ.

Säuglinge nehmen grundsätzlich schon mit allen Sinnen die Außenreize auf – aber sie können noch fast nichts verarbeiten und geben nur wenig nach außen ab. Man kann sagen: Zwischen Input und Output gähnt ein tiefes Loch. Sie strampeln und schreien, aber sie können nicht planen und nicht vorausdenken, sie können nur mit Reflexen auf Reize reagieren – das allerdings können sie besser als jeder Erwachsene! Ihre Reflexe sind schneller und sicherer. Und genau damit testet der Kinderarzt die Entwicklung des Kindes. Je eher sich die Reflexe zurückentwickeln, umso besser ist die geistige Entwicklung, die nach einer strengen Abfolge geschieht: Zunächst werden einfache Areale, die für den direkten Außenkontakt zuständig sind (Bewegen, Tasten, Hören und Sehen) mit den schnellen Nervenleitungen verbunden. Erst geht es nur um Sensorik und Motorik, das heißt, auf einen bestimmten Reiz erfolgt eine Reaktion, auf einen Input erfolgt ein passender Output. Die Verarbeitung dazwischen ist noch sehr schlicht. Nach und nach werden andere Bereiche angeschlossen, die kontrollieren und abwägen, bevor ein Output-Signal gegeben wird. Je mehr sich das Gehirn entwickelt, umso mehr reifen höherstufige Bereiche heran, die komplexere Antworten auf Fragen geben. Die Anzahl der Verschaltungen zwischen Input und Output wächst ständig, man kann sogar sagen, dass das Gehirn – speziell das Frontalhirn – etwa 20 Jahre braucht, bis es voll entwickelt und verschaltet ist. Man merkt das gerade bei Pubertierenden sehr gut, denen man manchmal ein Schild »Under Construction« auf die Stirn kleben möchte. Jetzt ist der Schädelknochen einfach die Begrenzung für das Wachstum des sich »ausbreitenden« Gehirns geworden, und die weitere Entwicklung zwingt das Hirn, sich nach innen zu orientieren – sich zu falten und tiefere Furchen anzulegen. Tiefere Schichten unseres Gehirns bekommen erst dann Input (das heißt, sie werden erst dann angeschlossen), wenn sie die Nachrichten auch verstehen und verarbeiten können. Später sind nicht nur einzelne Nervenzellen erregt, sondern ein ganzes Geflecht, das zu einem Begriff gehört. Das Gehirn entwickelt sich also von außen nach innen.

Bei der Gehirnentwicklung des Kindes wachsen keine Neuronen (sie sind ja alle schon vorhanden), es wächst die Leistung. Und dazu braucht unser Gehirn Fett. Ausgerechnet. Mit Fett werden die Nervenfasern ummantelt, damit sie besser abgeschirmt sind. Eine noch nicht mit einem Fettmantel umgebene Nervenfaser leitet Impulse mit einer Geschwindigkeit von 3 Metern in der Sekunde weiter. Bei einer gut mit Fett gepolsterten Faser sind es dagegen schon 100 Meter pro Sekunde, immerhin ein knappes Drittel der Schallgeschwindigkeit. Diese Leitgeschwindigkeit verbessert nicht nur die Kommunikation zwischen einzelnen Neuronen, sie erhöht die gesamte Rechenleistung im Gehirn enorm.

Im Vergleich zu allen anderen Säugetieren lernen wir Menschen sehr langsam: Ein neugeborenes Füllen steht nach ein paar Stunden auf den Beinen und saugt an den Zitzen seiner Mutter, ein Menschenkind zieht sich noch als Einjähriges an Tischbeinen hoch und fällt wieder um. Es zieht sich wieder in die Höhe und fällt wieder um. Aber jedes Mal lernt es dabei. Ein Pferd wäre längst verhungert. Und trotzdem ist es genau diese Langsamkeit des Lernens, die das Wunderbare des menschlichen Gehirns ausmacht. Bei jedem Hochziehen bilden sich im Hirn komplexe Spuren, die anfangs tatsächlich nur Spuren sind und sich erst bei häufigerer Wiederholung verfestigen. Das Kind steht ja nicht nur auf, es nimmt mit allen Sinnen die Veränderung seiner Position wahr, es lernt die Gravitation kennen und die Hebelgesetze, es programmiert Hunderte von verschiedenen Muskelgruppen und stellt aus diesem Wust von Informationen eigene innere Regeln für das Stehen und Gehen zusammen. Es ist genetisch angelegt, dass ein Mensch aufrecht gehen kann, und er wird auch dann gehen lernen, wenn es ihm niemand vormacht. Anders beim Sprechen. Anfangs sind für das Baby alle Sprachlaute gleichwertig. Es wird also die Laute der indonesischen Geburtshelferin ebenso nachahmen wie die des italienischen Kindermädchens. Nach etwa einem halben Jahr aber wird es die Laute seiner Muttersprache (im Schnitt etwa 40 bis 50) deutlich besser verstehen als die anderen. Das heißt, Laute aus anderen Sprachen sagen ihm nichts mehr, sprechen es nicht mehr so stark an wie die der Muttersprache. Im sechsten bis zwölften Lebensmonat lernt das Baby, diese Laute selbst hervorzubringen und speichert sie im Gedächtnis ab.

Die Vernetzung in unseren Gehirnen bedeutet auch, dass eine rein verbale Vermittlung von Wissen, eine abstrakte Aneignung der Welt nicht möglich ist. »Begreifen« bedeutet buchstäblich, sich die Welt zu ertasten, zu erfühlen, zu schmecken, zu riechen. Wissen entsteht durch sinnliche Wahrnehmung – und je komplexer die Vernetzungen im Gehirn, umso »greifbarer« ist das Wissen. Es gibt keine Wahrnehmung ohne Gefühl oder Erinnerung, es gibt kein Gefühl ohne Gedächtnis, Erinnern und Bewerten.

Ohne Greifen kein Begreifen

Die ersten Eindrücke eines Menschen sind Töne und Licht, schon im Mutterleib. Nach der Geburt nimmt der Mensch mit allen fünf Sinnen seine Umwelt auf, aber wie begreift er sie? Erwachsene machen sich vielleicht Gedanken über die Riester-Rente, Babys eher über eine Plastiktasse. Auch wenn Sie glauben, sich keine Gedanken mehr über Plastiktassen machen zu müssen, sollten Sie auch solche Themen nicht unterschätzen. Für ein Baby ist dieses Gebilde zuerst einmal etwas völlig Fremdes. Das Kind wird die Tasse nicht beiläufig betrachten, nein, es wird sie fixieren, mustern, mit den Augen verschlingen. Und wenn es mittels seines Greifreflexes die Tasse endlich fest in der Hand hat, wird es sie herumschwenken, gegen den Tisch und den eigenen Kopf schlagen, die verschiedenen Geräusche aufnehmen, es wird an ihr riechen, hineinbeißen, daran lutschen und lecken und sie von sich schleudern – es wird die Tasse einer genauen Untersuchung unterziehen, ausgiebiger als es die Leute vom TÜV mit Ihrem Wagen tun. Irgendwann wird das Kind diese Tasse kennen, es wird grundsätzlich Plastiktassen kennen, und es wird auch grundsätzlich das Wesen von Tassen erkennen.

Babys bringen Inputs aller Sinne zu einem bestimmten Gegenstand miteinander in Verbindung und stellen es im Gehirn als Objekt neu zusammen. Alle Sinne können sich dabei gegenseitig ergänzen und belehren. Eine Tasse ist nicht einfach eine Abbildung in einer Fibel mit dem Wort »TASSE« daneben – eine Tasse ist erkannt und in vielfältigen Kategorien abgelegt worden. Schreiben und lesen kann das Kind »Tasse« noch nicht, auch das Wort kann es noch nicht aussprechen, aber im Gehirn sind deutliche »Tassenspuren« abgelegt worden.

Dieser Art der Aneignung von Neuem ist auch für Erwachsene noch immer der Königsweg, das heißt, neue Informationen müssen plastisch werden, dann mit möglichst vielen Sinnen aufgenommen und schließlich im Gehirn mit Vertrautem verknüpft werden. Sie können das gleich mit dem Wort versuchen, das Sie sich am Anfang dieses Kapitels merken sollten. Wie hieß es denn noch gleich? Ach ja, »Schwarzmeerküste«. Haben Sie es sich gemerkt? Falls doch nicht, können Sie es noch einmal versuchen.

Sagen Sie es laut ein paar Mal vor sich hin, dann teilen Sie es auf: »Schwarz-meer-küs-te«, und sagen Sie es im 4/4-Takt. Dann suchen Sie sich drei Gesten oder Bewegungen, die Ihnen zu »schwarz«, »Meer« und »Küste« passend erscheinen. Sie können sich etwa zu »schwarz« die Augen zuhalten, zu »Meer« Wellenbewegungen mit den Händen machen und zu »Küste« einen Ellenbogen nach vorne strecken. Machen Sie ein paar Mal diese Schwarzmeerküsten-Übung, und Sie können sicher sein, dass Sie dieses Wort so schnell nicht wieder vergessen. Sie haben es mit Auge, Ohr und Bewegungen abgelegt.

Trotzdem stellt sich eine Frage: Wer wird Sie danach fragen? In welchem Zusammenhang? Warum sollen Sie sich »Schwarzmeerküste« überhaupt merken? Es ist also wichtig, was und warum man sich etwas merkt. Das ist der grundsätzliche Unterschied zu Gedächtniskünstlern, die sich »alles« merken können. Nur, wieso sollte man sich alles merken? Als Hobby oder sportliche Leistung vielleicht. Aber wir gehen davon aus, dass Sie beides nicht interessiert. Sie haben genug damit zu tun, sich das zu merken, was Sie wirklich nicht vergessen sollten. Es kommt also noch ein gravierender Unterschied zwischen dem Denken eines Kleinkindes und dem eines Erwachsenen hinzu: Ein Kleinkind nimmt alles auf, weil alles fremd ist – ein Erwachsener beachtet Vertrautes nicht mehr sonderlich und selektiert neue Eindrücke danach, ob sie wichtig für ihn sein könnten oder nicht, ob er sie sich merken sollte oder nicht. Die Stärke unseres Gehirns liegt auch darin, dass es Vertrautes ausblenden kann und nur noch bei plötzlichen Veränderungen anspringt. Erwachsene haben einen Erkenntnislevel erreicht, der sie nicht mehr spontan lernen lässt. Sie müssen aktiv lernen und sich dazu motivieren.

Mit beiden Gehirnhälften lernen

Wenn Sie sich etwas merken wollen – nehmen wir als Beispiel die Schwarzmeerküste –, sollten Sie die neue Information mit möglichst vielen Aspekten verknüpfen und für beide Gehirnhälften »merkwürdig« aufbereiten. Und das geht zum Beispiel so:

Rechte Gehirnhälfte *(Bilder, Assoziationen Imaginationen)*	Linke Gehirnhälfte *(Struktur, Ordnung, System, Logik, Nummerierung, Wortbild)*
Bild einer steilen Küste	besteht aus drei Wörtern
An einem schwarzen Meer	
Assoziation mit Krim/Kaviar	Türkei, Russland, Georgien, Bulgarien, Rumänien, Ukraine
Kriminelle Küste	Stalin, Jalta, Churchill, Roosevelt

Finden Sie also nicht nur Fakten, sondern auch Fiktion zu einem Begriff, vernetzen Sie die Themen und Wörter, geben Sie der neuen Information eine Farbe, einen Geruch, einen Geschmack, vielleicht sogar ein Lied – und Sie werden das Wort Schwarzmeerküste nie wieder vergessen.

Lernphasen – man lernt immer, nur immer anders

Man kann zwar lebenslang lernen, trotzdem gibt es deutliche Lernphasen in der Entwicklung eines Menschen, Perioden, in denen man leichter lernt, in denen sich das Gehirn bestimmte Inhalte und Fähigkeiten »wie von selbst« aneignet. Die erste Phase ist die der frühkindlichen Erfahrungen, sicher eine der wichtigsten im Leben eines Menschen. In dieser Zeit lernt er seine Sinne kennen und schärft sie, er sammelt Erfahrungen und Eindrücke, er macht Erfahrungen über Sehen, Hören, Tasten, Riechen und Schmecken, er lernt sich zu bewegen und bildet seine Feinmotorik aus.

Aber die Entwicklung des Gehirns geschieht nicht gleichmäßig, sondern eher sprunghaft. Früher sprach man von kritischen Phasen, heute bezeichnet man sie lieber als »sensitive«. Diese Phasen der Entwicklung eignen sich besonders gut für die Aneignung spezieller Fähigkeiten.

Bis zum zwölften Lebensjahr bleibt die Bildung des Frontalhirns auf einem stabilen Plateau. Danach entwickelt sich diese zentrale Steuerungseinheit des Gehirns durch vermehrte Synapsenbildung bis etwa zum 20. Lebensjahr. Danach kommt durch die Vernetzung des Gehirns der Stirnhirnrinde eine besondere Bedeutung zu: Wie von einem Dirigenten werden bestimmte Areale aktiviert oder gehemmt, je nach den Erfordernissen einer Situation.

Die sogenannte Altersweisheit tritt etwa zwischen 50 und 60 Jahren ein und hat mit Weisheit meist wenig zu tun, eher mit Gelassenheit. Die Verbindungen über die Brücke zwischen linker und rechter Hemisphäre haben sich verstärkt, womit die kognitiven Areale stärker mit den emotionalen Zentren verbunden werden. Man kann sich das so vorstellen, dass in dieser Zeit Denken und Fühlen näher zusammenrücken. Außerdem treten weniger Datenverluste auf, was wiederum zu einer verbesserten Ausgewogenheit führt.

Lernen kann man natürlich in jeder Lebensphase, aber es bedeutet immer mehr Anstrengung, je älter wir werden. Das Gehirn ist ein dynamisches System, das sich lebenslang entwickelt und verändert, aber es gibt dabei ein paar wichtige Phasen. Die »Blühphase« etwa, die anschließende Ummantelung der langen Nervenbahnen und schließlich die Verstärkung des Balkens, der die beiden Gehirnhälften miteinander verbindet. In dieser Zeit erreichen auch bestimmte Nervenzellen ihre Höchstzahl, die für Lernen und Erinnern zuständig sind – und diese Zahl wird bis ins hohe Alter konstant bleiben, falls nicht eine Krankheit wie Alzheimer ausbricht.

Noch bis vor zehn Jahren waren sich die Wissenschaftler darüber einig, dass nach der Geburt keine neuen Nervenzellen mehr gebildet werden konnten. Das hat sich geändert. Man hat im Gehirn Vorläufer von

Neuronen nachgewiesen (die berühmten Stammzellen), die sich spontan oder durch Anregung zu funktionierenden Nervenzellen entwickeln können. Es stimmt zwar, dass Nervenzellen absterben, früher dachte man, im Lauf des Lebens etwa 30 Prozent. Heute hat man nachgewiesen, dass es weniger als 10 Prozent sind, und dafür sind höchstwahrscheinlich die »nachwachsenden Rohstoffe« im Gehirn verantwortlich. Man kann also – bei gesunder Lebensweise und pfleglichem Umgang mit dem Gehirn – seine intellektuellen Fähigkeiten bis ins hohe Alter bewahren.

Wie wir Informationen aufnehmen

Um lernen zu können, brauchen wir Informationen. Diese erhalten wir über unsere fünf Sinne – Gesichtssinn, Gehörsinn, Tastsinn, Geruchssinn und Geschmackssinn. Obwohl alle Sinne auf ihre Weise hoch kompliziert und wunderbar sind, wollen wir uns hier nur kurz mit dem Gesichtssinn beschäftigen. Die meisten von uns würden sagen, dass sie am wenigsten auf das Sehen verzichten könnten, und es ist nicht zu leugnen, dass dieser Sinn gerade in unserer modernen Medienwelt immer wichtiger geworden ist. Unser optisches System vermittelt uns Informationen über Form, Farbe, Tiefe, Richtung, Position und Bewegung unserer Umwelt. Das Bild, das wir über unseren optischen Apparat – das Auge – aufnehmen, wird zuerst durch die Pupille umgekehrt auf den Augenhintergrund projiziert und dort durch einen Analog-Digitalwandler in elektrische Impulse umgewandelt. Diese Impulse werden über zwei sich überkreuzende Nervenbahnen in den primären visuellen Cortex im linken und rechten Okzipitallappen weitergeleitet. Von dort gelangen sie zurück zum präfrontalen Cortex, dem Stirnhirn, wo anhand bereits existierender, durch Erfahrung gebildeter Kategorien eine bewusste Einschätzung des Gesehenen erfolgt. Teilweise werden auch Informationen über den Thalamus an die Amygdala weitergeleitet, um, mit emotionalem Gehalt ausgestattet, zum Stirnhirn zurückgegeben zu werden. Somit haben wir uns ein »Gesamtbild« vom Gesehenen gemacht, welches die unterschiedlichsten körperlichen und emotionalen Reaktionen auszulösen vermag. Am Beispiel Gesicht bedeutet das: Es wird als solches erkannt, es findet im Gedächtnis ein Abgleich mit Namenssuche statt, es wird als bekannt oder fremd eingeordnet, als freundlich oder bedrohlich. Ist das Gesicht fremd, beginnt ein Fragespiel: Wer ist das? In welche Kategorien passt dieses Gesicht? Ist der Gesichtsausdruck angenehm oder aggressiv? Ein Großteil dieser Prozesse läuft unbewusst ab, denn es liegt keine absichtliche Steuerung vor, wenn unser Herzschlag sich beim Anblick eines Freundes erhöht oder wenn wir kalte, schweißnasse Hände bekommen, wenn wir uns bedroht fühlen.

Anders sieht es bei dem Erkennen eines Wortes aus. Um das zu verstehen, muss man etwas zurückgreifen, nämlich auf den Erwerb der Sprache. Bis zum fünften Lebensjahr ist der Sprachcortex auf beide Hirnhälften verteilt, später befindet er sich bei fast allen Menschen im Schläfenlappen der linken Hirnhälfte in zwei spezifischen Arealen: dem Wernicke-Zentrum, wo die Wörter ankommen und wo Sprache verstanden wird, und dem Broca-Zentrum, das das aktive Sprechen steuert. Teile des Sprachcortex greifen auch auf den Parietal- und Frontallappen über und umschließen das Hörsystem, den auditiven Cortex. Hören und Sprechen sind somit auch räumlich eng verbunden. Lesen und Schreiben können erst dann gelernt werden, wenn die Sprache in uns gut verankert ist. Die Sprache lernen wir von selbst, Lesen und Schreiben dagegen muss Kindern erst beigebracht werden. Das erklärt sich wohl dadurch, dass die Fähigkeit des Lesens und Schreibens erst spät in der Entwicklungsgeschichte der Menschheit entstanden ist und wir kein spezifisches System dafür besitzen. Um zu lesen und das Gelesene auch zu verstehen (so wie Sie es gerade tun), wird das Abbild des Wortes zuerst im visuellen Cortex verarbeitet, danach im Sprachzentrum abgeglichen und die Wortbedeutung erkannt. Assoziationen, Bilder und Empfindungen, die sich mit diesem Wort verbunden haben, tauchen sofort auf, ebenso Bedeutungen, die zu der Kategorie des Wortes gehören.

Der Stroop-Test zeigt Ihnen, wie viel besser lesen »als nur sehen« Sie können. Lesen Sie zuerst einfach die verschiedenen Zeilen laut vor. Das dürfte Ihnen keine besonderen Schwierigkeiten machen, denn die verschiedenen Farb/Grautöne stören beim Lesen kaum. Aber dann versuchen Sie beim zweiten Durchlauf, nur den Farb/Grauton zu sprechen und nicht das Wort, das Sie lesen. Die erste

Reihe lautet also: WEISS SCHWARZ GRAU SCHWARZ und so weiter. Sie werden sehen, dass Sie sehr schnell ins Stocken kommen, denn Sie können so gut lesen, dass Sie nicht *nicht* lesen können. Sie stellen sich ständig selbst ein Bein, wenn Sie zwar das Wort GRAU sehen, aber seine Farbe WEISS ist. Zwei Anforderungen kommen durcheinander – Lesen und Farbenerkennen. Wenn Sie es noch einen Tick schwieriger machen wollen, dann lesen Sie doch möglichst schnell nur die Wörter ab, die auch im passenden Farb/Grauton gedruckt sind. Ein gutes Konzentrationstraining für kurze Denkpausen.

Abbildung 4: Der Stroop-Test.

Lesen oder Auslesen

Heutzutage lernen wir meist über das Lesen. Aber die Vorstellung, die Buchstaben würden sich über den Transportweg der Augen direkt im Gehirn ansammeln und dort geordnet absetzen, ist leider falsch. Wenn man einen Text liest, muss man ihn »auslesen«, also eine Zusammenfassung und eine Auslese aus der Informationsmenge treffen. Erst dann kann eine bestimmte Information im Gehirn abgelegt werden. Über das Lesen geistern noch viele Vor- und Fehlteile durch unsere Köpfe. Zum Beispiel ist es falsch, dass man besonders langsam und sorgfältig lesen muss, um einen Sachverhalt zu erfassen. Das Gegenteil ist wahr. Je schneller Sie lesen, umso mehr nimmt Ihre Aufmerksamkeit zu. Aber Lesen will gelernt sein:

- Sie sollten nicht Wort für Wort im Gleichtakt eines Metronoms lesen, sondern optisch Wortgruppen zusammenfassen, also den Text bereits beim Lesen in Pakete unterteilen.
- Unwichtige Pakete können Sie einfach ignorieren. Ist ein Text schon stark strukturiert, fällt uns das leichter.
- Bei nicht ausgeprägt strukturierten Texten müssen wir während des Lesens immer wieder nach inhaltlichen Ankern suchen, nach Schlüsselwörtern und heimlichen Überschriften.

Diese drei Grundregeln kann man üben, am besten bei der morgendlichen Zeitungslektüre. Überfliegen Sie einen kurzen Artikel von 20–30 Zeilen in drei Sekunden und referieren Sie die »gefühlte Zusammenfassung« Ihrem Gegenüber. Danach können Sie die Probe machen, inwieweit Ihr Text dem Sinn des Artikels entsprochen hat. So sparen Sie während Ihres Arbeitstages Unmengen von Zeit, denn diese Technik können Sie bei allen Dokumenten, Briefen und E-Mails, die im Laufe des Tages auf Ihrem Schreibtisch landen, anwenden.

Wichtiges bewahren und speichern, Unwichtiges löschen

Erinnerungen werden nur dann gespeichert, wenn entsprechende Schaltkreise gebildet und anschließend gefestigt werden. Verbindungen festigen sich durch häufigen Gebrauch – das ist so einfach, dass jeder Grundschüler das Phänomen kennt: Wer das kleine Einmaleins ständig übt, weiß sofort, was siebenmal neun ist. Wer nicht so oft geübt hat, rechnet vielleicht schnell sieben mal zehn minus sieben. Wer nicht einmal solche Schnellrechentricks zur Verfügung hat, muss tatsächlich noch hochzählen – 7, 14, 21, 28, 35, 42 ... und das merkt natürlich jeder Lehrer sofort. Bei solch einfachen Kenntnissen ist es sehr leicht feststellbar, ob etwas »sitzt« oder nicht.

Dass sich Schaltkreise bilden und festigen, darf man sich aber nicht so vorstellen wie bei einer Computerplatine, auf der neue Leiterbahnen aufgedampft werden – im Gehirn geht es subtiler zu. Es können sich zwar auch neue Synapsen bilden, aber vor allem bedeutet Erkenntniszuwachs eine strukturelle Änderung der beteiligten Nervenzellen. Die über unsere Sinne eingehenden Informationen werden erst zerlegt, um später wieder zu einer kompletten Wahrnehmung zusammengesetzt zu werden. Um diese zu erinnern, wird sie wieder in ihre Einzelteile zerlegt, um ins Gedächtnis zu gelangen. Dieser Umbau geht nicht allzu schnell vonstatten. Er muss oft genug angeregt werden, bis das Gehirn die Änderung als relevant ansieht und sich an die Arbeit macht. Die Festigung schließlich findet meist im Schlaf statt, denn dann empfängt das Gehirn weniger Sinneseindrücke und kann sich an das Verarbeiten und Speichern machen, neuronale Netze umbauen und alte Gedächtnisinhalte mit neuen Informationen verknüpfen. Während der nächtlichen Ruhe werden die Teile aus unserer immensen inneren Bibliothek, die zu einer bestimmten Information gehören, wieder vereinigt und noch einmal abgespielt. Und jedes Abspielen vertieft die Erinnerung und verstärkt die Verbindungen in den neuronalen Strukturen. Je mehr Neuronen gleichzeitig feuern, umso stärker ist der Gedanke, das Bild, die Information, wie sie einmal abgespeichert wurde. Es können allerdings bei dieser nächtlichen Aufräumaktion auch als unwesentlich erachtete Gedächtnisfragmente gelöscht werden. Es ist noch Spekulation, aber es erscheint logisch, dass uns manche Erkenntnis »im Schlaf« kommt, weil in dieser Zeit im Gehirn altes und neues Wissen kombiniert werden.

Stellen Sie sich eine Erinnerung nicht als ein Bild vor, sondern eher als einen Weg. Nehmen Sie als Metapher für das Gehirn einen großen Wald mit kleinen, kaum sichtbaren Schnürpfaden, wie sie kleine Tiere anlegen, und großen Wanderwegen, mit Straßen und Lichtungen. Je öfter man einen Weg benutzt, umso sichtbarer wird er, umso schneller und leichter lassen sich auch solche Wege im Gehirn begehen – in unserem Fall bedenken. Aber man kann Wege auch wieder dem Verwildern übergeben. Natürlich ist das nur ein Bild, denn im Gehirn geht es etwas komplizierter zu als in einem Wald.

Ganzheitliches Lernen mit dem Erinnerungsspeicher
Gespeichert werden nicht nur abstrakte Begriffe, Namen und Zahlen, sondern auch Bilder, Bewegungen, Gerüche, Geschmäcker und Gefühle. Das Erinnern ist eine komplexe, vielfältige Leistung des Gehirns und daher schwer genau zu lokalisieren. Gemeinsam ist der Erinnerung, dass eine Vielzahl von Neuronen miteinander verbunden ist. Wenn eine Nervenzelle aktiviert wird, beginnen die anderen aus dieser Gruppe gleichzeitig zu feuern und erzeugen damit ein bestimmtes Muster. Das ist die eine, ganz spezifische Erinnerung. Eine andere würde ein anderes Muster ergeben. Jedes Mal, wenn ein paar Neuronen gemeinsam feuern, verstärkt sich die Tendenz, dass sie das in dieser Kombination wieder tun werden.

Ob ein Gedanke oder eine Wahrnehmung zu einer Erinnerung werden, hängt von vielen Dingen ab. Nehmen wir als Beispiel den Zimtgeschmack. Beim ersten Mal registrieren wir ihn nur vage, die Verbindungen zwischen Neuronen, die sich vorübergehend zusammengetan haben, um diese spezielle Geschmackswahrnehmung hervorzurufen, sind noch schwach und können mit der Zeit wieder komplett verschwinden. Dann haben wir den Geschmack auch schon wieder vergessen, und beim nächsten Mal, wenn die Papillen der Zunge mit Zimt in Kontakt kommen, erscheint uns der Geschmack wieder völlig unvertraut. Trotzdem haben die Neuronen, die sich beim ersten Mal für den Zimteindruck zusammengefunden haben, immer noch eine schwache Sympathie zueinander, und wenn der Geschmack ein zweites Mal erlebt wird, löst das ein undeutliches Gefühl aus, den Hauch einer Erinnerung.

Ganz anders, wenn man den Geschmack beim ersten Mal bewusst aufnimmt, etwa im Rahmen einer Verkostung von Weihnachtsplätzchen. Wir testen verschiedene Zimtsterne, und jedes Mal werden die vom Zimtgeschmack ausgelösten neuronalen Muster erneut aktiviert. Außerdem jedes Mal stärker. Schließlich sind die Verbindungen zwischen den Nervenzellen so ausgeprägt, dass sie bei der leichtesten Anregung feuern, beim kleinsten Zimthauch. Der Geschmack ist uns nun vertraut und wird jederzeit wiedererkannt. Das erleichtert es uns auch, ihn zu mögen, denn es macht einen großen Teil des Vergnügens aus, bestimmte Stimulierungen wiederzuerkennen. Deshalb spricht man auch von einem erworbenen oder anerzogenen Geschmack. Wenn man während des Schmeckens dem Geschmack auch noch einen Namen gibt, hat er auch ein Etikett und wird noch stärker als Erinnerung abgelegt.

Wenn nun jemand sagt, dieses Eis schmeckt nach Zimt, können Sie sich eine Vorstellung davon machen, wie es schmecken wird, auch wenn Sie nicht davon kosten. Je mehr Aspekte eine Erinnerung umfasst, umso mehr Griffe hat sie damit bekommen, und an jedem dieser Griffe können Sie sie später – wenn Sie sie einmal suchen – aus dem Speicher hervorheben. Die Zimterinnerung umfasst zum Beispiel den Ort, an dem damals diese Plätzchenverkostung stattfand, das Gesicht der Frau, die die Zimtsterne angeboten hat, das Gefühl der harten Zimtrinde zwischen den Fingern, den Geruch, den Namen, Töne und Emotionen.

Wanderkarten für das Gehirn
Wer sich geistig organisieren will, sollte das am besten so tun, wie es sein Gehirn ihm vormacht. Die Vorstellung, in unserem Kopf stehe ein riesiger Karteikasten, in dem man jede Information finden könne, wenn man nur das richtige Fach öffnet, ist falsch. Denn dafür bräuchten wir – jeder Bibliotheksbenutzer weiß das – ein Schlagwortverzeichnis, das so ziemlich jede Frage und jedes Thema abdeckt und obendrein ständig aktualisiert wird. Das Gehirn geht viel geschickter vor. Es legt eine neue Information, etwa das Wort »Artischocke«, nicht einfach unter »A« ab, sondern verbindet es mit vielen Wörtern, Gefühlen, Gerüchen, Bildern und Ereignissen. Und wenn wir das Wort suchen, denken wir nicht an das Fach »A«, sondern an diesen neuen Begriff, an irgendetwas Grünes, Blumenähnliches, Essbares, an einen leicht bitteren Geschmack, an eine Frankreichreise, an Tante Erna

Abbildung 5: Assoziationsfeld für den Begriff »Artischocke«

mit ihrer Artischockenallergie ... Das Gehirn legt eine Wanderkarte für diesen Begriff an, ein Assoziationsgeflecht.

Wie das Gehirn den Begriff findet, entzieht sich unserer bewussten Wahrnehmung, aber es aktiviert viele der Stationen auf der Karte, die wir für »Artischocke« angelegt haben und die in etwa so wie auf dieser Abbildung aussehen könnte:

Wie sind wir das erste Mal mit einer Artischocke in Berührung gekommen? Jean-Pierre hat uns das französische Wort dafür erklärt, die Eselsbrücke, die wir uns gemacht haben, damit wir es nicht mit Aubergine verwechseln: ein »artiger Schock«, der leicht muffige Kochgeruch, das Gefühl der Blätter, wenn wir sie zwischen den Zähne durchziehen, das Glas mit den eingelegten Artischockenböden, dazu die Ziehharmonikamusik, die Vinaigrette, die Verbindung zur Anregung der Nieren ... Wenn einige dieser Stationen auf unserem Assoziationsgeflecht für dieses Wort Zustimmung signalisieren, wird die Karte schnell komplettiert – und am Ende erscheint auch das gesuchte Wort. Informationen sind in Netzen abgelegt, und je mehr Knoten in diesem Netz aktiviert werden, umso schneller finden wir die gesuchte Information. Wobei oft verwendete Informationen schneller gefunden werden als selten gebrauchte.

Ausgehend von dieser Kartografierung eines Worts hat sich in den letzten Jahren der Begriff »Mind-Map« entwickelt. Mind-Maps sind inzwischen eine feste Größe im Organisationsschema von Managern, Lehrern und Hausfrauen. Die einen visualisieren damit auf Flipcharts den Zustand der Firma und mögliche Strategien für neue Absatzmärkte, die anderen entwickeln Schautafeln zum Mittelalter, Letztere strukturieren den stressigen Alltag zwischen Küche, Kindern und Kultur.

Ob Sie der Typ für Mind-Maps sind, müssen Sie selbst herausfinden, wir können Ihnen nur einen kleinen Grundkurs geben: Es gibt Mind-Maps als Gedächtnisstützen, solche als Lernhilfen, als Kreativitätsschübe, als Planungsraster, als Konzentrationsverstärker, als Problementschlüssler und als Ordnungssysteme. Allen gemeinsam ist, dass man auf ein großes, weißes Blatt Papier mit verschiedenen Farben malt. Im Zentrum sollte das zentrale Thema der Mind-Map stehen: ICH, Geburtstag, lateinische Verben, abnehmen, neuer Buchtitel, Umzug oder Hochzeitsmenü. Davon gehen in alle Richtungen Äste ab, deren Verzweigungen thematisch zueinander passen sollten.

Solche Mind-Maps bringen Ordnung ins Chaos, können neue Sichtweisen und Lösungen bei Problemen aufzeigen, sie strukturieren und sparen Zeit, sind gute Planungsgrundlagen und Gedächtnisstützen. Sie können damit Ihr Leben ebenso planen wie die nächste Urlaubsreise, Sie können sich damit auf Besprechungen und Präsentationen vorbereiten, Sie werden Interviews und Gespräche leichter führen und neue Perspektiven gewinnen. Aber die Karten sind immer nur so gut wie der Kartograf. Die Mind-Map hat man nämlich eigentlich schon im Kopf, bevor man den Stift zur Hand nimmt. Der wesentliche Schritt ist, sie vom Unterbewusstsein ins Bewusstsein zu befördern. Man zeichnet sie nur mehr oder weniger sauber und exakt ab.

Abbildung 6: Beispiel für eine Mind-Map

Üben Sie freies Assoziieren

Am spannendsten sind die Landkarten im Gehirn. Ihnen auf die Spur zu kommen, ist eine ebenso lustvolle wie spannende Unternehmung. Versuchen Sie einmal, vor einem leeren Blatt Papier mit dem ersten Wort, das Ihnen in den Sinn kommt (wenn Ihnen keines einfällt, nehmen Sie einfach »Milch«), eine Brain-Map zu erstellen. Das Zielwort kommt eingekreist in die Mitte, dann schreiben Sie schnell und ohne lange nachzudenken alles auf, was Ihnen dazu in den Kopf kommt. Sie sollten dabei frei assoziieren und noch keine Ordnung oder Reihenfolge ins Auge fassen. Es werden nicht nur Wörter sein, die Ihnen einfallen, sondern auch Situationen (von Geschmack oder Geruch gar nicht zu reden) und Erinnerungen. Machen Sie kurze Statements, mit denen Sie sich an die Szenen wiedererinnern können, oder zeichnen Sie alle Bilder dazu, die Ihnen einfallen. Lassen Sie diese Landkarte immer weiter nach außen wuchern, denn an jeden Begriff werden weitere andocken. Das eine führt zum anderen, und wenn das Blatt Papier voll ist, werden Sie eine zarte Vorstellung davon haben, wie das Wort »Milch« in Ihrem Gehirn abgelegt ist. In Wirklichkeit ist es noch ein bisschen komplizierter und weitläufiger, aber grundsätzlich haben Sie gerade einen Blick in Ihr inneres Archiv geworfen. Ein Netzwerk von Assoziationen (von denen jeden Tag ein paar schwächer werden und neue hinzukommen können) ist eben keine geordnete Bibliothek, es ist eher die höchste Stufe eines kreativen Chaos, einer strukturierten Unordnung – die aber besser funktioniert als der schnellste Computer. Das ist das Wunder. Und je öfter Sie dieses Assoziieren praktizieren und einüben, umso leichter tun Sie sich auch beim Ablegen und Wiederfinden von Informationen.

Richtiges und falsches Lernen

Komplizierte Zusammenhänge dem Gehirn zur Aufbewahrung anzuvertrauen, ist harte Arbeit. In der Schule und im Studium werden oft abstrakte und wenig anschauliche Informationen vermittelt, die sich dem Gehirn nur sehr schwer zuführen lassen – und ebenso schlecht im Gedächtnis abgelegt werden. Nehmen Sie zum Beispiel den Satz: »Gegeben sei eine stabile Lage bezogen auf eine Zentralachse, die aus der symmetrischen Anordnung zweier massegleicher Personen resultiert.« Man kann sich solche Sätze eigentlich nur einpauken, aber wenn man sie nicht versteht, scheint auch das nicht sehr hilfreich zu sein. Natürlich gibt es jede Menge Tricks und Lernhilfen, mit denen man komplizierte Sachverhalte auswendig lernen kann, etwa mit der Stückelung (am besten mit Betonung oder Hervorhebung) in den bekannten Drei-Sekunden-Stückchen:

> »Gegeben sei eine stabile Lage
> bezogen auf eine Zentralachse,
> die aus der symmetrischen Anordnung
> zweier massegleicher Personen resultiert.«

Das kann man sich schon besser merken, aber wichtiger wäre eine plausible und plastische Wissensvermittlung. Wenn Lernen zum bloßen Auswendiglernen und Informationsabrufen degradiert wird, kann man auch nicht von Wissen sprechen. Wissenschaftliche Texte sind meist deswegen so blutleer und wenig anschaulich, weil sie eben nur für ein Fachpublikum geschrieben sind, das für ein spezielles Gebiet das Gehirn aufgerüstet hat, sich manchmal sogar durch solche Verklausulierungen die eigene Wichtigkeit bestätigt.

Abbildung 7: Die Umsetzung von Informationen in ein Bild am Beispiel des Begriffs »stabile Lage«.

Dass ein theoretischer Text jedoch übersetzt werden kann, trotzdem richtig bleibt und anschaulich wird, kann man ganz einfach demonstrieren: Wir nehmen einfach die »stabile Lage bezogen auf eine Zentralachse, die aus der symmetrischen Anordnung zweier massegleicher Personen resultiert« und machen daraus den Satz »Wenn sich zwei Menschen mit dem gleichen Gewicht auf eine Wippe setzen, wird diese im Gleichgewicht sein«. Dazu taucht sofort ein Bild auf, das wir uns gut merken können.

Wir müssen also Aussagen für das Gehirn ins Anschauliche übersetzen, sonst meldet es schnell »Unsicherheit« und lässt die Nebennierenrinde Stresshormone ausschütten. Diese wiederum blockieren Synapsen und unterbrechen wichtige Verbindungen zwischen den Gehirnzellen. Die Folge sind Assoziationssperren und Denkblockaden, der Text kann nirgendwo ordentlich verankert werden, der Lerneffekt ist gleich null.

Lernen bedeutet Bewegung

Lernen ist ein weitaus vielschichtigerer Prozess, als oft angenommen wird. Lernen findet nicht nur im Kopf statt, vielmehr ist unser gesamter Organismus daran beteiligt. Die Neurophysiologin und Pädagogin Carla Hannaford widmet sich seit 20 Jahren der Thematik des

Lernens. Sie spricht in ihrem Buch *Bewegung – das Tor zum Lernen* in diesem Zusammenhang vom Geist-Körper-System und zeigt, dass Bewegung eine wesentliche Rolle beim Lernen spielt.

Ohne Bewegung bleibt das Lernen unvollständig und ineffektiv. Wir erwerben Kenntnisse, indem wir durch unseren Körper mit der Welt interagieren, und nehmen sensorische Reize über unsere fünf Sinne und über das Gleichgewichtsorgan auf. Dieses vestibuläre System sorgt dafür, dass wir uns aufrecht bewegen und im Raum orientieren können. Auch bei der Informationsaufnahme und -verarbeitung ist dieses Gleichgewichtssystem immer mit im Spiel, und alle Bewegungen, die wir dabei bewusst oder unbewusst machen, beeinflussen den Lernprozess nachhaltig.

Für eine optimale Entwicklung des Lernens ist Bewegung nötig. Indem ein Säugling lernt, seine Bewegungen nach und nach zu koordinieren, indem er zunächst zu krabbeln lernt und sich später den aufrechten Gang aneignet, werden immer wieder zentrale Teile des Gehirns stimuliert und weiterentwickelt. Fehlen diese Stimulationen, kann sich das Gehirn nur eingeschränkt entwickeln.

Am besten und eindringlichsten erforschen wir unsere Umgebung, indem wir sie über unseren Körper sinnlich erfahren und verstehen. Das ist der Grund, warum Kinder sehr oft körperlich nachspielen, was ihnen erzählt wurde. Bewegungen sind immer Teil des Programms, wenn Menschen lernen oder Informationen verarbeiten.

Neben Bewegungen sind auch Berührungen wesentlich für das Lernen. Es ist inzwischen bekannt, dass Säuglinge seelisch und geistig verkümmern, ja sogar sterben können, wenn sie keine körperlichen Berührungen erfahren. Und auch in den weiteren Jahren spielen Berührungen und körperliche Nähe eine große Rolle: Kinder lernen die Welt durch Anfassen, Riechen und Schmecken kennen. Und auch Erwachsene lernen durch aktives Tun und Nachmachen nachweisbar effektiver.

Wir sollten uns also bewegen, um etwas geistig verarbeiten zu können. Beim Lesen bewegen sich unsere Augen ständig, beim Hören bewegen wir den Kopf in Richtung Tonquelle, beim Schreiben bewegen wir die Hände und meist auch den Kopf, vor allem, wenn wir einem Gedanken hinterhergrübeln. So wie man beim Aufschreiben von Informationen den Körper unbewusst bewegt, kann man Bewegungen und Gesten benutzen, um sich an etwas erinnern zu können. Wie war noch gleich das Wort, das Sie sich merken sollten? Vergessen? Das ist nicht schlimm. Schließlich gab es für Sie keinen verständlichen Grund, sich ausgerechnet »Schwarzmeerküste« zu merken. Nun werden wir Ihnen diesen Grund liefern: Sie merken es sich, um das Prinzip des Merkens und Erinnerns nicht mehr zu vergessen. Sie schließen die Augen, stellen sich eine steile, dunkle Küste vor, hinter der das ewige Vergessen lauert. Aber Sie sind ja noch hier, im Hellen, auf der Seite des Erinnerns. Weil Sie die Augen geschlossen haben, können Sie sich »schwarz« besonders gut vorstellen; nun heben Sie die Hände in Augenhöhe und bewegen Sie die Finger langsam in Wellenbewegungen vor den Augen. Spielen Sie pantomimisch das Meer. Diese Verbindung sollte reichen, damit Ihnen am Ende des Buches »Schwarzmeerküste« wieder einfällt.

Lerntypen und Lerntricks

Auch wenn sich das Gehirn eines Neugeborenen von selbst organisiert und »erblüht«, hat das nichts mit bewusstem Lernen zu tun. Bewusstes Lernen benötigt als Basis Erfahrungen und Vergleichbares. Neue Eindrücke und Informationen werden immer mit alten verglichen und mit bereits Bestehendem verknüpft. Das Gehirn wächst nicht mit jeder neuen Information, es legt nur neue Verbindungen und Assoziationen an. Bedeutung entsteht über die Verbindung von Neuem mit Bekanntem.

Wir wissen mehr, als wir ahnen

Eigentlich sollte unser Gehirn nur mit solchen Informationen etwas anfangen können, mit denen wir es irgendwann einmal »gefüttert« haben, natürlich auch unbewusst. Es zeigt sich aber, dass dem Gehirn zu jeder Information etwas einfällt. Nehmen wir ein Wort, das wir noch nie gehört haben und das es in unserer Sprache nicht gibt, zum Beispiel das Wort »Groff«. Sicher haben auch Sie spontan eine Assoziation dazu. Den meisten Menschen fällt ein Bild dazu ein, etwa ein Tier, ein Gesichtsausdruck, ein Ton, ein Geruch – auch etwas, was ein »Groff« ganz bestimmt nicht sein kann, beispielsweise der Name einer guten Fee im Märchen.

Wie sehr wir tief in den Windungen unseres Gehirns festgelegt sind, kann dieser – Psychologen bestens bekannte – Test zeigen: Sie haben zwei Namen zur Auswahl: »Maluma« und »Takete«. Bitte ordnen Sie jedem der beiden Namen Attribute zu: männlich, weiblich, gemütlich, aggressiv, rundlich, mager, schnell, langsam. Sie werden spontan und assoziativ diese beiden formalen Archetypen erkennen und richtig zuordnen. Ende der 20er Jahre fand der Psychologe Wolfgang Köhler heraus, dass überall auf der Welt Menschen diesen Fantasiewörtern intuitiv immer dieselben grafischen Formen zuordnen. Fast jede Versuchsperson ordnete Maluma der runden und Takete der spitzen Form zu. Es besteht also kein Zweifel, dass es eine intuitive, gefühlsmäßige Verbindung zwischen der Sprache und optischen Darstellungen gibt. In der Werbebranche wird dieses Wissen genutzt, um den Produkten einen adäquaten Namen zu verpassen (also ein Schlafmittel nicht gerade »Pucki« taufen), die Psychologie erkennt mit diesem Test emotionale Störungen.

Grundsätzlich kann man sagen, dass die Stärke der Verbindungen ausschlaggebend ist für ein tiefes und schnell abrufbares Lernen. Die Verbindungen festigen wir umso mehr, je öfter wir sie aktivieren. Es sind unsere Lebenserfahrungen, unsere Eindrücke und Außenreize, die mehr oder weniger starke Ausprägung unserer Interessen, die Verbindungen stärker oder schwächer werden lassen. Durch den aktiven Gebrauch des Gehirns und immer neue Eindrücke, durch konzentriertes Aufnehmen von Informationen und Nachdenken über Zusammenhänge verbessern sich die Informationsnetze immer mehr. Trotzdem sollten wir – auch wenn das alles sehr mechanistisch klingt – unser Gehirn nie mit einem Computer verwechseln. Das Gehirn ist einem digitalen Rechner gleichzeitig unter- und überlegen. Unterlegen, weil es Übertragungsgeschwindigkeiten und Speicherkapazitäten modernster Computer nicht erreicht, aber deutlich überlegen, weil es ein komplexeres System der »Datenverarbeitung« benutzt. Unser Gehirn ist keine Computerhardware, es ist ein System, das seine eigene Software entwickelt, sie ständig neuen Gegebenheiten anpasst und sich äußerst flexibel selbst umbauen kann. Computer brauchen Programme und Befehle von außen – das Gehirn entwickelt seine eigenen Programme und gibt sich selbst Befehle. Und wenn Sie das Beste aus ihm herausholen wollen, müssen Sie sich ihm anpassen. (Sie haben natürlich Recht, das ist ein sprachlicher Ausrutscher, denn schließlich *sind* Sie ja Ihr Gehirn – aber Sie sollten sich dennoch an seine Denkweise anpassen.)

Wir alle lernen unterschiedlich – nicht gleich gut, nicht gleich schnell und vor allem nicht nach derselben Methode. Es gibt Menschen, die sich einen Lernstoff besser merken, wenn sie ihn lesen, andere, wenn sie ihn hören, andere, wenn sie abschreiben, wieder andere, die ihn sich im Gespräch erarbeiten. Wir lernen mit und über unsere Sinnesorgane, und nachdem diese bei jedem Menschen unterschiedlich stark ausgeprägt sind, haben sich auch unterschiedliche Lerntypen entwickelt, die man in auditive, visuelle, kommunikative und motorische einteilt.

Hilfreich ist, wenn Sie sich den Lernstoff über möglichst viele Sinneskanäle einprägen und verarbeiten. Denn je mehr Wahrnehmungsfelder im Gehirn beteiligt sind, desto mehr gedankliche Verknüpfungen können zu dem Lernstoff hergestellt werden. Deshalb steigt die Erinnerungsquote deutlich an, je mehr Sinne am Lernprozess beteiligt sind, wie an diesem Vergleich deutlich wird:

- Erinnerung nach nur Hören: 20 Prozent
- Erinnerung nach nur Sehen: 30 Prozent
- Erinnerung nach Sehen und Hören: 50 Prozent
- Erinnerung nach Sehen, Hören und Diskutieren: 70 Prozent
- Erinnerung nach Sehen, Hören, Diskutieren und Selbstbearbeiten: 90 Prozent

Es gibt kaum »reine« Lerntypen, also selten jemanden, der Informationen nur optisch aufnimmt. Aber bei jedem Menschen kann man eine bestimmte Präferenz feststellen. Optimal wäre es, möglichst alle Sinne zu nutzen.

Zu den Lerntypen kommen noch andere Unterscheidungen: Es gibt Menschen, die unter Zeitdruck gut lernen, und Menschen, die aus eigenem Antrieb heraus gut lernen. Manche mögen eine leichte Geräuschkulisse, andere brauchen Ruhe. Um optimal Informationen erfassen und abspeichern zu können, sollte man seine individuelle Methode herausfinden, indem man sich selbst beobachtet und erinnert, auf welche Weise man bisher die besten Lernerfolge erzielt hat.

Egal, ob Sie bei sich oder bei Ihren Kindern Fortschritte erzielen wollen: Finden Sie zuerst den besten Weg heraus, Informationen zu verankern. Nehmen Sie sich einen Text, und malen Sie dazu ein Bild oder eine Tabelle, lesen Sie ihn laut, reden Sie mit jemandem darüber, oder gehen Sie mit passenden Gesten im Zimmer auf und ab. Bei welcher Lernmethode haben Sie den Text nach Ihrem Gefühl am ehesten verinnerlicht? In dieser Richtung sollten Sie zukünftig mit unten angeführten Lernhilfen weiterarbeiten.

Der auditive Lerntyp kann gehörte Informationen leicht behalten und wiedergeben. Mündliche Erklärungen sind für ihn die angenehmste Art, Informationen aufzunehmen. Er lernt am besten, wenn er den Stoff von einem Tonträger hört, den Text laut liest oder einem anderen dabei zuhört. Grundsätzlich lernt er sehr gut auswendig und wird lieber mündlich geprüft als schriftlich. Auditive Lerntypen fühlen sich durch Umgebungsgeräusche schnell gestört und mögen meist keine Musik im Hintergrund. Optimale Lernhilfen sind für sie Lernkassetten und -CDs, Gespräche, Vorträge, leise klassische Musik und eine ruhige Umgebung.

Der visuelle Lerntyp lernt am besten durch das Lesen von Texten und das Beobachten von Handlungsabläufen. Er betrachtet – lange und ausgiebig – Grafiken, Tabellen und erklärende Zeichnungen. Wenn ihm ein Inhalt zu theoretisch ist, fertigt er sich eine einprägsame »Mind-Map« an, auch wenn er diesen Begriff gar nicht kennt. Er liest und schreibt gerne mit, und er erinnert sich besonders an das, was er selbst gelesen und gesehen hat. Akustische Ablenkung ist für ihn kein Problem, visuelle dagegen schon. Deshalb mag er keinen unaufgeräumten Arbeitsplatz. Lesen und Bilderschauen kann er inzwischen natürlich auch am Computer – eine perfekte Lernhilfe für den visuellen Typ. Optimale Lernhilfen sind für ihn Bücher, Mind-Maps, Bilder, Flipcharts, Lernposter, Videos und Lernkarteien.

Der kommunikative Lerntyp lernt am liebsten und am besten durch Diskussionen und Gespräche. Für ihn ist die sprachliche Auseinandersetzung das Wichtigste, und Verstehen bedeutet für ihn immer Dialog. Er ist der klassische Teamarbeiter, er braucht Gruppen, Diskussionsrunden und Informationsaustausch. Ein moderner Lerntyp, wahrscheinlich der Lerntyp der Zukunft. Er ist weder optisch noch akustisch leicht abzulenken, und seine optimalen Lernhilfen sind Dialoge, Diskussionen, Lerngruppen und Rollenspiele.

Der motorische Lerntyp hat das Prinzip »learning by doing« verinnerlicht. Er muss Handlungsabläufe selbst durchführen, um so am Lernprozess unmittelbar beteiligt zu sein. Er muss alles ausprobieren und anfassen. Bei abstrakten Themen fällt das natürlich schwer, aber zum Ausgleich kann er sich selbst bewegen. Der motorische Lerntyp sollte im Zimmer auf und ab gehen, dabei den Lernstoff wiederholen und ihn durch Gesten und Mimik verdeutlichen. Optimale Lernhilfen sind für ihn Experimente, rhythmische Bewegungen, Gruppenaktivitäten und Walkman-Lernen beim Joggen oder Radfahren.

Unterstützung für die verschiedenen Lerntypen

Der visuelle Lerntyp kann seine Fähigkeiten unterstützen, indem er seinen Arbeitsplatz, sein Büro, seinen Schreibtisch optisch ansprechend gestaltet. Sie leiden unter grellem Licht, flimmernden Mattscheiben, starken Farbkontrasten und optischer Unordnung. Sorgen Sie dafür, dass in Ihrem Gesichtsbereich ruhige, harmonische Farben dominieren. Stellen Sie Ihren Schreibtisch so, dass Sie einen Blick ins Freie haben. Verstärken Sie die Termine und Namen, die Sie auf Notizzettel notieren, durch kleine Zeichnungen und Symbole. Für Sie ist es wichtig, sich von jeder Information ein Bild zu machen.

Der auditive Lerntyp ist leicht zu irritieren, wenn der »Ton nicht stimmt«. Sie werden bei lauter Musik, Verkehrsgeräuschen und Unterhaltungen im Hintergrund leicht nervös, unkonzentriert und übellaunig. In Büros, wo sich für Sie ein stiller Platz findet, hat sich die Erfindung des Miniaturkopfhörers bewährt. Egal, ob Sie die Ohrstöpsel an einen MP3-Player anstecken und Mozart hören oder nur den Geräuschpegel im Ohr dämpfen, Sie werden danach konzentrierter und effektiver arbeiten. Wenn Sie etwas lernen müssen, sollten Sie es laut aufsagen, auf Band aufnehmen und sich wieder vorspielen. Hörbücher sind für Menschen wie Sie erfunden worden.

Der kommunikative Lerntyp kann nicht alleine sein. Er braucht den anderen, um zu verstehen, um sich selbst zu testen und im Dialog Dinge und Zusammenhänge zu erfahren. Sie sind für Großraumbüros geeignet, Sie lieben Teamwork und Besprechungen. Das ist äußerst zeitgemäß, denn kommunikative Teamplayer sind die modernen Chefs ebenso wie Angestellte.

Der motorische Lerntyp kann vieles, aber selten lange stillsitzen. Das ist gesund, vor allem im Büro. Legen Sie sich eine Auswahl verschiedener Sitzmöbel zu: vom Drehstuhl zum Sitzball, vom Swopper zum Kniehocker. Grundsätzlich führen motorische Typen ein gesundes Leben, sogar im Büro. Wenn Sie etwas lernen und verstehen wollen, müssen Sie es be-greifen. Informationen verarbeiten Sie am besten durch Tun, nicht durch Lesen oder Hören. Sie glauben nur, was Sie auch anfassen können. Um Ihr Gedächtnis zu unterstützen, sollten Sie jede Information mit einer geeigneten Bewegung verknüpfen und ein paar Mal ausführen.

Versuchen Sie – unabhängig davon, welche Lernmethoden Sie bevorzugen – möglichst viele **Sinne** in Ihren Lernprozess mit einzubeziehen. Denn je unterschiedlicher Sie sich Lernstoff aneignen, desto vielfältiger sind die Möglichkeiten des Erinnerns und Behaltens.

Den Gedanken auf der Spur
Die wunderbare Leistung, die das Gehirn ganz ohne didaktische Hilfestellung von außen vollbringt, besteht darin, dass es viele Einzelteile im Kopf zu einem Ganzen zusammenzufügen vermag. Nehmen wir als Beispiel die eigene Muttersprache: Das Gehirn entwickelt die Regeln der Sprache, die es nicht kennen kann, quasi neu. Allein vom Zuhören weiß ein durchschnittlicher Vierjähriger, dass er »dem Pferd Zucker gibt« und nicht »den Pferd« – obwohl er keine Ahnung von Grammatik hat, weder Dativ noch Akkusativ kennt. In der Schule lernen wir noch einmal theoretisch diese Regeln, die unser Gehirn schon vorher aus dem Vergleich vieler Einzelheiten abgeleitet und eingespeichert hat.

Kinder lernen leicht, Erwachsene lernen zäh. Warum ist das so? Wenn Erwachsene schlechter lernen, bedeutet das, dass sie schon viel kennen und wissen und sich nur noch selten etwas so konzentriert aneignen wie Kinder. Denn kleine Kinder wissen wenig und müssen deshalb alles aufnehmen, bewerten und einordnen, was neu für sie ist. Sie müssen schnell lernen und tun in den ersten Lebensjahren eigentlich nichts anderes, auch wenn Erwachsene vielleicht glauben, sie würden nur spielen. Aber Kinder erkennen beim Spielen Farben, Klänge, Oberflächen, verschiedene Gerüche und Geschmäcker, sogar physikalische Zusammenhänge. Ihr Kosmos baut sich in ihren neuronalen Netzen wie von selbst auf. Wenn wir dagegen etwas Neues lernen wollen, müssen wir die Dinge tiefer verarbeiten, das neue Wissen oft wiederholen, Zusammenhänge und Eselsbrücken herstellen, damit die neuen Informationen im Gehirn deutliche Spuren hinterlassen.

Man hat als Erwachsener aber auch Vorteile beim Lernen, denn oft kann man an bereits Gelerntes anknüpfen, etwa bei Sprachen. Wer zwei Sprachen gelernt hat, lernt die dritte leichter. Wer schon vier kann, tut sich mit der fünften deutlich leichter als mit der dritten. Wir kennen Sprachstrukturen und müssen nur noch neue Vokabeln einsetzen. Genauso lernen wir im Lauf des Lebens immer schwierigere und komplexere Dinge, und wenn wir ein System verstanden haben – etwa das eines Rasenmähermotors –, können wir auch kompliziertere Systeme darauf aufbauen – etwa die Technik eines Formel-1-Motors. Wenn wir eine Struktur kennen, sind wir schnell beim Erfassen von Neuem, und wenn wir in einem Bereich sogar spezialisiert sind, genügen ein paar Informationsbrocken, um daraus ein Ganzes zu machen. Denken Sie an eine schlechte Handyverbindung, bei der Sie nur jedes zweite Wort verstehen. Trotzdem können Sie den Inhalt erschließen, einfach weil Sie eine Struktur von Sprache und Satzbau im Kopf haben. Oder machen Sie doch den Versuch, diese verunglückte (weil, wie so oft, zu schnell geschriebene) SMS zu lesen: trtzdem knnen si dn inhlt ersclen, enfch wil se ene strktr vn sprche nd szbau m kpf hben.

Lernen mit Mozart

Vor Jahren begann klassische Musik für ein breites Publikum zu boomen, nicht nur wegen der »Best-of«-Kompilationen, den drei Tenören oder den unzähligen Classic-Open-Airs, sondern auch, weil viele vom sogenannten »Mozart-Effekt« gehört hatten und davon profitieren wollten. Um es gleich zu sagen: Der Mozart-Effekt war und ist eine Ente. Kühe geben nicht mehr Milch bei klassischer Musikberieselung, und Kinder lernen bei der »Kleinen Nachtmusik« nicht schneller. Trotzdem hat Musik – vor allem klassische – einen positiven Effekt auf unser Gehirn. Musik (wenn sie nicht zu aggressiv und atonal ist) dämpft unser Angstsystem, beruhigt also die Amygdala, und aktiviert gleichzeitig das Belohnungssystem, also den Nucleus accumbens. In diesem Zustand lernt man nicht zwangsläufig besser, aber man hat es leichter. Dass Musik, vor allem solche mit sehr einfachem Takt, beruhigend wirkt, machen sich Militärs schon seit Jahrtausenden zunutze: So wie wir im dunklen Wald pfeifen, singen Soldaten beim Marschieren, um ihre Amygdala zu beruhigen. Musik hat immer einen Takt und einen Rhythmus, und beide sind nichts anderes als hörbar gemachte Zeitstruktur. So werden auch Zeitstrukturen im Gehirn organisiert, ein innerer Takt entsteht also, ohne den wir uns keine einzige Melodie merken könnten. Der Taktstrich unterteilt die Melodie so in lern- und merkbare Einzelteile, wie es unser Gehirn mit den Drei-Sekunden-Bits macht, mit denen wir Informationen aufnehmen. Die Macht der Musik macht uns also nicht klüger, aber sie beruhigt und schärft unsere Aufmerksamkeit.

Die alte Frage, ob man nun beim Lernen Musik hören sollte, lässt sich allgemein so beantworten: lieber Mozart als Heavy Metal, lieber bei Zimmerlautstärke – und am allerliebsten Stücke, die wir schon kennen und die uns ebenso lieb wie vertraut sind. So lenken wir unser Aufnahmevermögen nicht ab, sondern strukturieren unsere Aufmerksamkeit und erzeugen psychisches Wohlbefinden.

Grundsätzlich gehört Musik zu den besten Wohlfühldrogen, die es offiziell gibt. Und wer noch mehr für sein Gehirn tun will, sollte Musik nicht nur konsumieren, sondern selbst machen. Ein Instrument zu erlernen, nach Noten zu spielen und jeden Tag zu musizieren, hält das Gehirn fit. Das Belohnungssystem wird ständig aktiviert, denn man wird immer besser beim Üben, Ängste werden gedämpft, die Zeitstrukturen im Gehirn reifen und das Gedächtnis wird trainiert. Deshalb ist Musizieren für Kinder auch so wichtig: Sie lernen damit zu lernen.

Spielt man obendrein noch mit anderen zusammen, lernt man weitere wesentliche Fähigkeiten: Sozialverhalten und die Kunst zu kooperieren, und man kann sich an einem geglückten Gruppenerlebnis freuen.

Wie effektiv Musik wirkt, uns manipuliert und unser Verhalten beeinflusst, haben zahlreiche Experimente gezeigt. Seitdem der Hamburger Hauptbahnhof rund um die Uhr mit klassischer Musik beschallt wird, ist er kein Treffpunkt von Obdachlosen mehr. Seitdem man in Supermärkten nach amerikanischem Vorbild eine Musikberieselung eingeführt hat, kaufen die Leute schneller ein – aber nicht weniger. Wie effektiv man unser Gehirn beeinflussen kann, ohne dass wir es bewusst wahrnehmen, lassen Betreiber von Restaurantketten ständig testen. Sie haben inzwischen herausgefunden, dass bei klassischer Musik mehr teurer Wein bestellt wird als bei amerikanischem Folk, dass die Gäste bei schneller Musik auch schneller essen – und bei Mozart öfter Nachspeisen bestellen.

Lernen macht uns glücklich
Es gibt zwei Arten, effektiv und schnell zu lernen. Zum einen das Lernen unter extremen Bedingungen – positiven wie negativen. Wer einmal auf eine heiße Herdplatte gefasst hat, tut es nie wieder, und wer sich jemals mit dem Kofferraumdeckel die Hand eingeklemmt hat, schließt ihn seitdem mit beiden Händen. Negative Erlebnisse lassen uns sehr intensiv und schnell lernen, wie übrigens auch ex-

trem gute Erlebnisse. Die Hirnforschung hat herausgefunden, dass starke Emotionen das Lernen enorm beflügeln können, wobei die schlechten Erfahrungen intensiver sind als die guten. Auch das lässt sich aus der Menschheitsentwicklung erklären: Wer nicht sofort gelernt hat, ein angreifendes Raubtier als Gefahr zu erkennen, der konnte diese Erfahrung nicht beliebig oft wiederholen. Daraus hat sich ergeben, dass »gut« und »schlecht« keine gleichwertigen Erfahrungen sind. Denn gute Erfahrungen *darf* man auch *einmal* verpassen, schlechte *sollte* man *immer* verpassen. Für unser Gedächtnis bedeutet das aber auch, dass Erfahrungen, die mit Angst verbunden sind, diese Angst in denselben Situationen immer wieder hervorbringen. In der Schule sind schlechte Erfahrungen in zweierlei Hinsicht kein guter Lehrmeister, zum einen lernt man unter Angst schlechter, zum Beispiel Mathematik –, zum anderen ist Mathematik nach einiger Zeit immer angstbesetzt.

»Learning by doing« meint meist, dass man Fehler macht, die man nie wieder machen will, und deshalb das Erlernte so sauber sitzt. Es ist natürlich ein gravierender Unterschied, ob man an einer Computersimulation zur ergonomischen Optimierung eines Tankstutzens arbeitet – oder ob man sich an einem realen den Fingernagel einreißt. Solche Fehler bedeuten negative Emotionen, und die wiederum verbindet unser Angstkern, die Amydala, sofort mit dem Lernstoff. Es geht aber auch anders. Wenn wir etwa eine sehr positive Erfahrung gemacht haben, wird unser Belohnungssystem aktiviert, und dieser Lerninhalt ist uns ebenfalls stets präsent – zusammen mit bester Laune.

Schocklernen funktioniert jedoch nur bei schlichten Erkenntnissen: Strom aus der Steckdose tut weh! Fahrräder bremst man nicht mit der Stirn! Bürostühle kippen leicht um! Für komplexere und ausgedehnte Lerninhalte braucht das Gehirn eine ausgeglichene Stimmung, keine extremen Gefühlszustände. Nur dann wird der Lernstoff plastisch und farbig, werden einzelne Informationen schnell vernetzt und sicher abgelegt. Bei einer entspannten Gemütslage lernen wir besser – und das Gefühl spiegelt sich wider: Geglücktes Lernen macht uns glücklich.

Erinnern und Vergessen

Sich zu erinnern, heißt nicht, eine akkurat niedergeschriebene Begebenheit immer wieder ablesen zu können. Unser Gehirn setzt im Gegenteil ein Ereignis aus ein paar Eckdaten jedes Mal wieder neu zusammen. Obwohl das menschliche Gehirn mit etwa 100 Milliarden Nervenzellen eine ganz ordentliche Speicherkapazität hat, reicht das nicht für lebenslange »komplette« Erinnerungen. Der Speicher wurde biologisch optimiert und nimmt nur noch die Basisdaten von Ereignissen auf. Daraus bildet das Gehirn möglichst einfache Kategorien, quasi Ablagefächer oder Ordner, in die jedes weitere Vorkommnis eingeordnet werden kann. Für dieses Schubladendenken ist vor allem die linke Hirnhälfte zuständig: Sie sieht die Welt präzise und analytisch, versucht Details zu erfassen und ihre Zusammenhänge. Die rechte Hirnhälfte hingegen liefert einen allgemeinen Überblick und bezieht auch Stimmungen und Emotionen mit ein. Am Beispiel eines Musikstücks könnte man sagen: Die linke Gehirnhälfte sieht die Reihe der Noten, die rechte erkennt das Musikstück als Ganzes.

»Der Vorteil des schlechten Gedächtnisses ist, dass man dieselben guten Dinge mehrere Male zum ersten Mal genießt.«
Friedrich Nietzsche

Das emotionale Gedächtnis – keine Erinnerung ist »wahr«

Sind unsere Gefühle einem Ereignis gegenüber dieselben geblieben, wird auch die Erinnerung daran ziemlich genau wiederhergestellt.

Haben sich die Emotionen jedoch geändert, überschreiben wir unsere Erinnerung mit Details, die es in Richtung der aktuellen Gefühle verzerren. Eine objektive Erinnerung gibt es also von Natur aus nicht, denn im Gehirn findet laufend ein Datenverlust statt. Immer wenn wir uns eine Erinnerung noch einmal vornehmen, ändern wir sie. Denn wir gehen die Gedächtnisspur noch einmal nach und trampeln dabei auf ihr herum. Wir müssen uns damit abfinden, dass eine Erinnerung kein Foto ist, sondern ein dynamischer Prozess.

Das Gehirn ist ständig in Bewegung, auch wenn wir kaum etwas davon mitbekommen. Wir nehmen es erst dann so richtig wahr, wenn es einmal nicht »funktioniert«. Wenn wir etwas vergessen haben, wenn wir angestrengt nach einem Wort suchen, nach einer Erinnerung, der Antwort auf eine Frage. Spüren können wir das Gehirn nicht, denn es hat – Ironie der Schöpfung – keine Nerven. Ausgerechnet die Zentralstelle der Nervenschaltungen, die aus Milliarden von Nervenzellen besteht, hat keine Nerven? Nein, jedenfalls nicht in diesem Sinne, dass es dort Verbindungen zum Schmerzzentrum gäbe. Das Gehirn kann sich nicht selbst spüren, deshalb sind chirurgische Eingriffe im Gehirn schmerzlos – und das ist auch gut so. Es genügt ja, ab und zu Kopfschmerzen zu haben, es müssen nicht auch noch Hirnschmerzen sein.

Wenn wir es ganz deutlich spüren, unser höchstes Regulierungsorgan, dann lässt es uns meist gerade im Stich. Oder es reagiert momentan nicht so, wie es soll. Wie wir wollen? Aber nachdem wir und dieses Gehirn ja eines sind, wird diese Frage immer verwirrender, je länger man sich damit auseinandersetzt.

Wir wollen aber zeigen, wie man sich aus der Selbstfesselung einer solchen Denkschleife befreien kann. Zuallererst: Entspannung. Kein Grund zur Panik, wenn uns der Name des Schauspielers gerade nicht einfällt oder das Datum, das wir nie vergessen wollten. Wenn es beim ersten Zugriff nicht klappt, darf man nur den einen Fehler nicht begehen, nämlich immer wieder auf dieselbe Weise zu versuchen, die Information abzufragen. Wie gibt man überhaupt eine Frage in den eigenen Zentralcomputer ein? Jedenfalls nicht so klar formuliert: »Wie lautet der Nachname des Schauspielers, der die männliche Hauptrolle in *12 Uhr mittags* spielt?« Wir fragen in Bildern, schnellen und wirren Assoziationen – wir schicken eine bunt gemischte Anforderung und einen Schemen der gewünschten Lösung gleich mit. Wir fragen nämlich keinen Fremden, wir wissen ja, dass die Antwort irgendwo in uns selbst schon wartet – wir müssen sie nur finden. Wenn wir nicht wüssten, wie der Schauspieler heißt, der die männliche Hauptrolle in *12 Uhr mittags* spielt, würden wir uns ja nicht fragen. Es ist auch sehr aussagekräftig, dass sich dieses Bild in unserer Umgangssprache niedergeschlagen hat: »Ich frage mich, wer wohl ...« Aber wir fragen uns eben nicht, wir suchen uns nur ab. So wie man sich mit den Händen auf alle möglichen Hosen- und Jackentaschen klopft, wenn man seinen Schlüsselbund sucht. Wenn's nicht gleich irgendwo klimpert, klopft man eben noch einmal. Anfragen an unser Gehirn laufen ähnlich ab.

Dieses ist aber ein seltsames Organ. Manchmal weigert es sich, etwa mitten in einer gepflegten Unterhaltung am Tresen, uns den Namen unseres Lieblingsfilms mitzuteilen. »Du weißt schon, dieses russische Schwarz-weiß-Revolutionsstück, der Matrosenaufstand, der Kinderwagen, der die Treppe runterholpert ... dieser Film von Einstein eben!« Und wenn die Unterhaltung von Lieblingsfilmen längst zu Tennis oder Billigflügen übergegangen ist, blinkt plötzlich das Wort »Eisenstein« riesengroß hinter der Stirn auf. Klar, das war's! Eisenstein, nicht Einstein – und jetzt ist auch der *Panzerkreuzer Potemkin* ganz leicht in seiner Schublade zu finden.

Jeder kennt dieses Phänomen, das zu den schlimmsten Störungen einer netten Unterhaltung gehört. Der Grübler präsentiert mit verkniffenem Gesicht seine enorme Denkanstrengung, sein Gegenüber versucht die lähmende Stille mit ein paar Hilfsangeboten zu durchbrechen – das Ergebnis bleibt immer traurig.

Stress und Gedächtnis passen tatsächlich überhaupt nicht zusammen. Wer sich beim Nachdenken stresst, arbeitet kontraproduktiv. Und wer sich für das eigene Versagen verurteilt oder schämt, macht es nur noch schlimmer. Der Profi lässt es bleiben, wenn er merkt, dass er sich in einer Denkschleife verstrickt hat. Tatsächlich meldet das Gehirn den gesuchten Begriff irgendwann später ganz automatisch. Wenn es also nicht gerade äußerst dringend ist, sollte man sich anderen Themen zuwenden und die Lösung schlicht abwarten. Wer es eilig hat, kann das »Hintergrundprogramm« bei seiner Suche unterstützen. Etwa indem er Zusatzbegriffe, Umschreibungen und Randworte sucht, bei unserem Beispiel »Eisenstein« zum Beispiel: »Film«, »Regisseur«, »Russe«, »Revolution« oder »Sergej«, falls uns sein Vorname einfällt.

Eine andere Möglichkeit, die sich gerade bei Eigennamen bewährt hat, ist der schnelle ABC-Suchdurchlauf. Fängt er mit »A« an? Ablamoff, Antimon, Attika, Arthrose ... nein. Mit »B«? Nein. »C«? »D«? Wir »spüren« tatsächlich, ob dieses Wort, dass uns auf der Zunge zu liegen scheint, mehr nach »B«, »P« oder »E« schmeckt. Und bei »E« spüren wir dann wie ein Rutengänger, dass wir in dieser Gegend fündig werden. Ewermann, Ehrlichmann, Eiderdaunen, Einstein ... ja, Einstein – nein, nicht Einstein – fast richtig, aber irgendetwas stört noch. So kann man sich immer näher herantasten, und wenn man die letzte Feinabstimmung der Buchstabenkombinationen noch auf dem Papier vornimmt, geht es noch schneller.

Aber ein schlechtes Gedächtnis ist meist kein Schicksal, sondern schlicht Trainingsmangel, Unterforderung des Hirnkastens. Und trainieren sollte man vor allem seine Ablage. Denn nur was richtig und deutlich eingespeist und abgelegt wurde, kann später auch wieder gefunden werden.

Wenn etwas im Gedächtnis haften bleiben soll, muss man sich hineinvertiefen; nur was tatsächlich bedacht und untersucht wurde, bleibt auch längerfristig präsent. »Worüber wir nicht ernsthaft nachgedacht haben, das vergessen wir bald«, formulierte Marcel Proust, und er hatte schon damals die Gefahr der Beliebigkeit von Informationen erkannt. Heute ist es noch schwerer, denn das Denken wird uns oft zu leicht gemacht oder ganz abgenommen. Wenn wir dagegen nicht »antrainieren«, nimmt unsere Gedächtnisleistung tatsächlich immer mehr ab.

Gerade zum perfekten Einordnen von Namen gibt es probate Mittel, auf die viele Ärzte, Vertreter und Lehrer zurückgreifen – alle eben, die viele Eigennamen ständig parat haben müssen. Wenn Sie eine Person neu kennen lernen, dann lassen Sie sich ihren Namen von ihr selbst sagen. Fragen Sie nach der Schreibweise. Stellen Sie sich den Namen in Großbuchstaben vor. Sprechen Sie die Person in der Unterhaltung möglichst oft mit ihrem Namen an. Assoziieren Sie frei zum Namen (Eisenstein – Meteorit, Stein aus Eisen) oder visualisieren Sie ihn (eisenharter Mann, wie aus Stein gemeißelt, ein Denkmal des politischen Films). Sie können Bilder und Szenen dazu erfinden, Sie können sich Wort- oder Sinnbrücken bauen oder reimen (»Stalin war ein übles Schwein, viel netter war da Eisenstein«) – Hauptsache, Sie setzen sich tatsächlich mit der neuen Information auseinander, damit ihr Gehirn eine Chance hat, sie auch richtig aufzunehmen und, mit mehreren Markierungen und Querverweisen versehen, auch leicht wiederzufinden.

Argumente sind nur gut, wenn man sie hat

Und wenn sie uns auch im richtigen Augenblick einfallen. Da Argumente meist dazu dienen, bei Konflikten oder Diskussionen die Oberhand zu behalten, sind sie oft mit Ängsten verknüpft – am allermeisten mit der Angst, sie im entscheidenden Moment zu vergessen. Das Gehirn hat bei nahenden »Kampfhandlungen« (auch wenn sie im Beruf harmloser erscheinen mögen als in einem mittelalterlichen Duell) keine Lust auf logische Auseinandersetzungen. Es schaltet auf ein altes Programm zurück, auf Flucht oder Angriff – dabei klar zu denken ist nahezu unmöglich. Also sollte man vor solchen Schlachten seine Argumente

- sammeln,
- notieren,
- thematisch unterteilen,
- nach Reihenfolge und Gewicht ordnen und
- möglichst mit anderen austauschen, also einen »Probekampf« ausfechten.

Besonders der letzte Punkt ist sehr wichtig, denn hier erkennt man, ob ein Argument tragfähig ist oder nicht, und wie man auf Gegenargumente reagieren kann. Vor allem sollte man mental

> einen solchen Konflikt durchspielen, sich jede mögliche Situation vorstellen und überlegen, wie man am besten damit umgeht. Wenn sich das Gehirn an einen Kampfplatz gewöhnt hat (und dafür kann die Vorstellung schon ausreichen), wird es nicht sofort auf das Stammhirn umschalten, wenn einmal Gefahr droht.

Vergessen Sie das Gedächtnis: Falsche Erinnerungen sind die Normalität

Wir ärgern uns über unser Gedächtnis, wenn es nicht funktioniert. Was wir allerdings nicht wissen, ist, dass es eigentlich ständig »nicht funktioniert«, oder zumindest viel ungenauer, als wir es uns vorstellen. Denn unser Gedächtnis ist wie unser Gehirn – äußerst plastisch. Es gibt keine unveränderliche Erinnerung, so wie es auch keine feststehende Realität gibt, denn sie verändert sich bei jeder Betrachtung in Abhängigkeit von der aktuellen emotionalen und sozialen Situation. Man erinnert sich zum Beispiel anders an die erste Liebe, wenn man seinem jetzigen Partner davon erzählt oder seinen Kindern oder einem guten Freund.

Die meisten Menschen haben ein falsches Bild von ihrem Gedächtnis. Vergessen Sie die Vorstellung eines Kurzzeit- und eines Langzeitgedächtnisses ebenso wie das Aufbewahren von Informationen in Gehirnarchiven. Wir haben unsere Erinnerungen in einem synaptischen Übertragungsspeicher abgelegt, in einem unglaublich komplexen Netz von Neuronenverbindungen. Und dieses Netz weist jeden Tag ein paar neue Knoten (und ein paar neue Risse) auf.

Angesichts dieser Tatsachen wundert man sich zum Beispiel nicht, warum so viele Menschen in Deutschland sich so schlecht an das Dritte Reich erinnern, obwohl sie damals keine Kleinkinder gewesen waren. Kollektives Vergessen? Eher kollektive Erinnerungsverschiebung plastischer Gehirne, denn böse Erinnerungen wollen eher flüchten als gute. Scham und schlechtes Gewissen verändern Erinnerungen ebenso. Bis zu 30 Prozent der Testpersonen bei einem »Erinnerungsexperiment«, das mit amerikanischen Studenten unternommen wurde, erinnerten sich an etwas, das sie nachweislich nie erlebt hatten. Manche erfanden sogar eigene Geschichten dazu. In einer anderen Studie betrachteten Studenten einen Film, der einen Unfall zeigte, bei dem ein Auto einen Fußgänger überfuhr. Nur eine Stunde danach einzeln befragt, gaben sie die ungefähre Geschwindigkeit des Autos sehr unterschiedlich an, jeweils passend zur Fragestellung des Prüfers, der von der einen Hälfte der Probanden wissen wollte, »wie schnell der Wagen war«, und von der anderen Hälfte, »mit welcher Geschwindigkeit der Wagen auf den Fußgänger zugerast war«. Der Unterschied der Erinnerungen lag im Schnitt bei 20 Meilen pro Stunde. Was kann man angesichts dieses Ergebnisses von Zeugenaussagen bei Gericht halten? Haben Sie sich jemals überlegt, was Sie wohl antworten würden, wenn Sie eines Tages mit der typischen Frage aller TV-Kommissare konfrontiert wären: »Was haben Sie letzten Donnerstag um 22.15 Uhr getan?« In Fernsehkrimis wissen das immer alle Befragten sofort. Und Sie?

Das Gedächtnis ist beeinflussbar, und eine Erinnerung ist keine feste Größe. Wer kann überhaupt noch etwas bezeugen, vor allem, wenn er von ausgefuchsten Anwälten befragt wird? In den USA sind über hundert zum Tode Verurteilte begnadigt worden, weil sie anhand von Zeugenaussagen schuldig gesprochen wurden, die man später durch objektive Fakten zu erhärten versuchte – allerdings erfolglos. Der Standardspruch der Staatsanwälte lautet nicht nur in den USA: Objektive Evidenz ist immer vertrauenswürdiger als die Erinnerung. Dabei wird bei Falschaussagen in der Regel nicht absichtlich gelogen, sondern die Zeugen können schlicht ihrem Gedächtnis nicht vertrauen.

Manchmal ist Vergessen besser als Erinnern

Vergessen Sie mal etwas mit Absicht! Und zwar jetzt gleich. Das geht nicht, ebenso wie man nicht nicht an weiße Elefanten denken kann, wenn man sich das ganz fest vornimmt. Erinnern ist eben nicht das positive Gegenteil von Vergessen, sondern etwas ganz anderes. Trotzdem hat die moderne Hirnforschung nachgewiesen, dass man Vergessen lernen kann. Es klappt, je öfter man den Gedanken an etwas willentlich unterdrückt. Im funktionellen Magnetresonanztomografen wurde diese Funktion beobachtet. Schreckliche Erinnerungen verschwanden mit der Zeit, nachdem der Proband sie bewusst unterdrückte. Der Hippocampus, über den Informationen und Einzelheiten immer zuerst laufen, bekam dabei vom Frontalhirn die Nachricht: Das musst du nicht speichern, vergiss es einfach.

Opfer von Katastrophen oder Soldaten mit traumatischen Erfahrungen, die an der sogenannten *Posttraumatischen Belastungsstörung* (PTBS) leiden, werden therapiert, um das plötzliche und unerwartete Auftreten der Erinnerungen zu dämpfen. Lernprozesse, die positiv zu beeinflussen sind, kann man auch in die andere Richtung lenken, um sie zu entschleunigen oder sogar zu löschen. Momentan nutzt man die Psychotherapie, aber irgendwann wird es biochemische Mittel geben, die eine bestimmte Einspeicherung lahmlegen oder die Lerneffekte enorm ankurbeln. Da stellt sich die ethische Frage: Sollen wir das tun? Eine amerikanische Bioethik-Kommission ist in ihrer Veröffentlichung *Beyond Therapy* zu dem Schluss gekommen, dass es unmoralisch sei, Erinnerungen zu löschen, selbst auf die Gefahr hin, dass Soldaten oder Katastrophenopfer unter einem bestimmten Erlebnis ein Leben lang leiden. Kann man mit Erinnerungen herumspielen? Sollen wir alles tun, was wir können? Nein, aber die Geschichte zeigt, dass wir es tun.

Assoziationen – der elegante Blick ins Gehirn

Das Gedächtnis und unser Erinnerungsspeicher lassen sich auch ohne technischen Aufwand anzapfen, etwa mit freien Assoziationen. Das Seltsame an diesen spontanen Begriffsnennungen ist, dass sie über Kulturen und Altersgrenzen hinweg eine erstaunlich hohe gemeinsame Trefferquote haben. Uns fällt allen eben das Gleiche ein, wenn jemand schnell zu »kalt« ein Wort haben will: heiß. Schwarz – weiß, hoch – tief und so weiter. Aber die Assoziationen deuten nicht nur auf Ähnliches und Gegensätzliches, sie legen auch Denkformationen frei, wenn man die Wörter spezieller wählt. Das persönliche Assoziationsnetzwerk gibt Aufschluss über Ängste und Vorurteile, Vorlieben und Abneigungen. Der unkontrollierte Geist denkt alleine, er denkt uns, oder wie Freud gesagt hätte: Es denkt uns.

Eine kleine Übung kann uns diesen Vorgang verdeutlichen: Denken Sie nicht lange nach, sondern schreiben Sie spontan zu jedem der folgenden Begriffe das Wort auf, das Ihnen als erstes einfällt.

- Werkzeug
- Jahreszeit
- Farbe
- Kopfbedeckung
- Sport

»Im Sommer der rote Fußball trifft wie ein Hammer den Hut« – so könnte man Ihr Ergebnis vermutlich zusammenfassen. Vielleicht haben einige von Ihnen auch Zange oder Winter geschrieben, aber im großen Durchschnitt fallen uns allen, jedenfalls zu diesen schlichten Fragen, dieselben Assoziationen ein. Führen Sie die Übung doch mal im Bekannten- oder Kollegenkreis durch! Die Psychologie verwendet diese Assoziationsspielchen, um anomale oder krankhafte Verknüpfungen im Gehirn zu finden.

Unbekanntes kennen lernen – Bekanntes wiedererkennen

Gesichter erkennen ist eine komplexe Fähigkeit, die wir sehr gut beherrschen müssen, um uns in unserem Umfeld zurechtzufinden. Stellen Sie sich vor, Sie kommen jeden Morgen in Ihr Büro und erkennen die Menschen nicht, mit denen Sie zusammenarbeiten. Stellen Sie sich vor, Sie erkennen Ihre Eltern nicht mehr, vielleicht sogar Ihren Partner. Es gibt Menschen, für die das der Alltag ist. Bekannt wurde ihre Krankheit, die Prosopagnosie, durch den Bestseller *Der Mann, der seine Frau mit einem Hut verwechselte* des amerikanischen Neurologen Oliver Sacks. Prosopagnostiker können keine Gesichter erkennen, nicht einmal die von Menschen, mit denen sie jeden Tag zusammen sind. Diese Gesichtsblindheit kann angeboren sein oder nach einem

Unfall oder einem Schlaganfall auftreten. Eine Therapie gegen die Gesichtsblindheit gibt es noch nicht.

Die Schwere der Krankheit hängt davon ab, wie viel Nervengewebe zerstört ist. Einige Patienten können Gesichter als solche erkennen, aber sie können sich nicht an Gesichter erinnern, manchmal nicht einmal an das eigene. Häuser oder Tiere dagegen erkennen sie mühelos. In besonders schweren Fällen können Betroffene nicht einmal ein Gesicht als solches erkennen. Es soll vorgekommen sein, dass ein Patient auf der Straße Parkuhren mit Kindern verwechselte. Es ist verständlich, dass eine solche, obwohl nur sehr geringfügige, teilweise Leistungsschwäche des Gehirns zu einer schrecklichen sozialen Isolation führen muss.

Wenn diese Gehirnfunktion nicht gestört ist, läuft das Gesichtererkennen so ab: Zuerst werden Gesichtszüge als solche erkannt, dann in einem Vergleichsprogramm entweder als bekannt oder als fremd erfasst, dann wird assoziiert, und es werden Bezüge zu den Gesichtern gesucht – in welcher Umgebung ist das Gesicht vertraut, wo hat man es das letzte Mal gesehen –, und zuletzt werden Details und der Name zu dem Gesicht gefunden. Es gibt ein bestimmtes Gehirnareal, das nur für die Gesichtserkennung zuständig ist. Ein Test mit Studenten ergab, dass zu jeweils zehn (den Teilnehmern völlig unbekannten) Gesichtern, zu denen jeweils Name, Beruf und Wohnort angegeben wurde, beim ersten Durchlauf am häufigsten der Beruf gemerkt wurde. Das heißt, nachdem ein Nachname zu abstrakt und nicht jede Stadt mit einer persönlichen Erfahrung belegt ist, sind Berufe die besten Anschlussstellen, an denen sich Erinnerungen festmachen können. Denn jeder hat irgendwelche Erfahrungen mit oder Bilder von allen möglichen Berufen, und in dieses Netz wird das neue Gesicht eingespeist. Wenn Sie deshalb das nächste Mal ein relativ bekanntes Gesicht sehen (natürlich keine engen Freunde oder Verwandte), zu dem Ihnen nichts einfällt, versuchen Sie zu ergründen, in welchem beruflichen Zusammenhang es Ihnen untergekommen sein könnte. Vielleicht ist es der Tankwart oder die Wurstverkäuferin – beides Gesichter, die Sie öfter sehen, die aber nicht unter Namen oder Begebenheiten abgespeichert sind.

Zu unser aller Beruhigung kam bei diesem Test übrigens auch heraus, dass keiner der geistig gesunden, etwa zwanzigjährigen Probanden sich nach dem ersten Durchgang auch nur an einen einzigen Namen erinnern konnte. Das bedeutet für uns: Es ist völlig normal, dass man auf einer Party einem Fremden vorgestellt wird, ihn aber eine Stunde später – wenn man ihn in der Küche erneut trifft – nicht mit seinem Namen ansprechen kann. Er uns aber auch nicht.
Aber man kann besser einspeichern, Versicherungsvertreter haben das gelernt. Bill Clinton ist ein Meister darin, auch wenn er diese Fähigkeit wohl nicht erst entwickeln musste. Wenn Sie etwas einspeichern wollen, müssen Sie das gleich mit passenden (und Ihnen vertrauten) Verbindungen und Verknüpfungen tun. Eselsbrücken nennt man so etwas gemeinhin. Aufnehmen und Erinnern bedeutet Bezüge herzustellen, diese Bezüge zu wiederholen und im Gehirn nachzubahnen. Schließlich kennen wir das alle aus der Schule: Es genügt eben nicht, sich einen Text einfach durchzulesen, man muss ihn zerlegen, durchdenken, verstehen und mit eigenen Worten wiedergeben. Und mit dieser Aktion wird er implantiert.

Frei sprechen

Es gibt geborene Redner und Menschen, die öffentliche Ansprachen hassen und fürchten. Trotzdem muss jeder von uns einmal vor anderen sprechen. Sei es bei Hochzeiten oder Geburtstagen, bei Firmenfeiern oder Präsentationen, bei der Vorstellung eines Projekts oder bei Konferenzen. Dabei ist es nicht wichtig, ob man ein begnadeter Redner ist oder nicht, es gilt vor allem, den Faden nicht zu verlieren. Und dafür gibt es ein paar Regeln:

- Erstellen Sie das Referat in der Fassung, in der Sie es sprechen würden.
- Highlighten Sie mit einem Marker die wichtigsten Gedanken: nie mehr als drei Wörter auf einmal und möglichst nicht mehr als zehn pro Seite.

- Schreiben Sie nun die markierten Wörter und Satzteile auf ein Blatt Papier, von oben nach unten, unterstreichen Sie zentrale Gedanken und lassen Sie davon abgehende als Verästelung erscheinen.
- Kontrollieren Sie, ob jeder Gedanke auch wirklich zielgerichtet zum nächsten führt – falls nicht, korrigieren Sie.
- Streichen Sie gnadenlos hübsche Formulierungen, die eigentlich nicht wichtig sind und nur von der zentralen Aussage ablenken, solange, bis Sie das Gerüst der Rede auf einem DIN-A4-Blatt unterbringen können.
- Dann schreiben Sie die zentralen Aussagen untereinander. Halten Sie die Rede probehalber nur mit diesem Spickzettel. Danach lesen Sie die ursprüngliche Rede vom Blatt ab.
- Am Tag X nehmen Sie die komplette Rede mit und legen sie verkehrt herum auf das Pult. Nehmen Sie aber nur Ihren Spickzettel zur Hand und fangen Sie an. Sie wissen, im Notfall brauchen Sie nur das Manuskript umdrehen, es liegt vor Ihnen und ist Ihr Reservefallschirm.

Allein das Wissen um diese Rückversicherung nimmt die Nervosität und hilft Ihnen, sich auf die Kernaussagen zu konzentrieren. Und die vorher gestrichenen eleganten Formulierungen fallen Ihnen so von ganz alleine wieder ein!

Anforderung und Überforderung
Bei Bewerbungsgesprächen kommt es manchmal zu folgender Szene. Der Personalchef sagt: »Ich werde Ihnen nun eine zehnstellige Zahl nennen und bitte Sie, sich diese bis zum Ende unserer Unterredung zu merken.« Die Anforderung ist klar, aber die Reaktionen sind verschieden. Es gibt Gedächtniskünstler, für die das kein Problem ist. Nur

sucht man in den seltensten Fällen Gedächtniskünstler. Die meisten sind mit dieser Aufgabe heillos überfordert und blockieren damit ihr restliches Wissen, ihre Spontaneität und Schlagfertigkeit. Auch die mag man nicht. Die optimale Reaktion wäre, ein Blatt Papier zur Hand zu nehmen und sich die Zahl zu notieren. So würden Sie es schließlich auch im normalen Büroalltag machen, oder? Niemand merkt sich eine zehnstellige Zahl. Heutzutage werden oft übertriebene Anforderungen als normal verstanden, vielleicht weil man Gedächtniskünstler aus dem Fernsehen kennt. Da treten Menschen auf, die sich 100 vierstellige Zahlen merken können, noch dazu in der richtigen Reihenfolge, und jederzeit die Zahl auf der 45. Stelle aufsagen können. Wollen Sie das? Glauben Sie, eine solche Fertigkeit könnte Sie im Beruf weiterbringen? Intelligenz besteht unter anderem darin, zu wissen, wo man etwas nachschlagen kann, wie man etwas findet (und wir meinen nicht nur die Fähigkeit zu googeln) und wie man sein Gehirn vor überflüssigem Ballast bewahrt. Weisen Sie übertriebene Anforderungen an Ihr Gehirn zurück, und bestehen Sie darauf, dass Vergessen Platz für Neues schafft.

Braingames – Gedächtnisspiele für mehr Aufmerksamkeit und Konzentration

Diese Spiele kann man alleine oder gemeinsam unternehmen – mit der Familie, mit Kindern, mit Freunden oder Kollegen. Sie sind unterhaltsam und ein ausgezeichnetes Training für das Gedächtnis. Zum Beispiel das kleine Einmaleins. Versuchen Sie es mal mit der Sieben. Man zählt reihum und beginnt bei eins. Bei jeder Zahl, die eine Sieben enthält, und allen Zahlen, die durch sieben teilbar sind, sagt man nicht die Zahl, sondern »Ratatouille«, oder man schnippt mit den Fingern. Sie glauben, das ist zu leicht? Dann ziehen Sie das Tempo eben an. Sie werden sich wundern, wie schnell man sich verstolpert, und vor allem machen immer wieder dieselben den Fehler, am Schluss erschöpft und glücklich »siebzig!« zu rufen. Dann dürfen sie gleich wieder von vorne anfangen!

Gedächtnis und Aufmerksamkeit

Aufmerksamkeit ist eine wichtige Voraussetzung für ein gutes Gedächtnis, denn nur wenn Informationen konzentriert aufgenommen werden, kann man sie später auch wieder abrufen. Sie können mit einfachen Techniken Ihre Aufmerksamkeit trainieren, und Sie werden sehr schnell eine Steigerung der Merkfähigkeit feststellen.

Memory ist ein Spiel, das einen Erwachsenen leicht zur Verzweiflung bringt, einfach weil jedes Kind ihm dabei überlegen ist. Warum? Die Antwort lautet: Aufmerksamkeit, Spielfreude und höchste Motivation. Kinder entwickeln diese Fähigkeiten, weil sie Spaß am Spiel haben. Sie können ebenso trainieren, und Sie brauchen nicht einmal Memorykarten dazu. Wenn Sie am Frühstückstisch sitzen, betrachten Sie den Tisch ganz genau, dann schließen Sie die Augen und bitten Ihren Partner (besser noch ein Kind) einen Gegenstand auf dem Tisch zu verrücken oder zu entfernen. Daraus kann sich schnell ein engagierter Wettbewerb entwickeln! Mit dem gleichen System können Sie bei der Mittagspause Ihre Kollegen unterhalten oder einer ermüdenden Konferenz einen mentalen Fitnessschub verabreichen.

Konzentrationsübungen, mit denen nicht nur Kinder ihre Fähigkeit, beim Denken »dabeizubleiben«, steigern können, sind die Abc-Reihen. Suchen Sie sich ein Thema, das Ihnen Spaß macht und in dem Sie sich gut auskennen – von der Formel 1 bis zu Weinmarken –, und sagen Sie mit Begriffen aus diesem Gebiet schnell das Abc auf. Etwa: Amarone, Brunello, Chianti, Dornfelder, Eiswein, Fendant ... Sie können diese Konzentrationsalphabetisierung alleine oder mit einem Partner spielen, wobei Sie sich mit den Wörtern abwechseln. Sie können sogar in einem Kollegenkreis, der sich zu einem bestimmten Thema zum Brainstorming versammelt hat, dieses Abc-Spiel vorschlagen. Denn oft verhindert ein Übermaß an Vorsicht und Zurückhaltung der Mitwirkenden den flüssigen Ablauf einer solchen freien Assoziation. Bei einem solchen Spiel kommt jeder reihum dran, und durch den roten Faden des Abcs werden neue Wörter und Themen ins Spiel gebracht.

Ein beliebtes Kinderspiel, das auch für Erwachsene empfehlenswert ist, heißt »Ich packe meinen Koffer«. Auch Manager packen ihren Aktenkoffer, und was packen sie hinein? Adressbuch, Beschwerdeformular, Checkliste, Drehbleistift, Eilanträge, Filofax, Geheimpapiere, Handy ... So können Sie Ihr Gedächtnis trainieren – und nebenbei kontrollieren, ob Sie tatsächlich alles dabei haben. Abc-Listen können für die Urlaubsvorbereitung ebenso praktisch sein wie für den Wochenendeinkauf. Sie werden natürlich nicht unbedingt für jeden Buchstaben einen Artikel finden, den Sie einkaufen wollen, aber mit etwas Kreativität kriegen Sie schon ein Abc hin. Etwa: Abfalltüten, bequeme Schuhe, Chinakohl, Datteln, ein Geschenk für Emma, Faulenzen, grünen Salat, Himbeeren ... Sie könnten natürlich auch einen Einkaufszettel schreiben – aber Einkaufszettel sind der Versuch, das Gedächtnis in den bequemen Lehnstuhl zu setzen. Belasten Sie Ihr Gehirn, und verzärteln Sie es nicht.

Knoten im Taschentuch oder GPS?

Der berühmte Knoten im Taschentuch ist nicht so lächerlich, wie man sich das heutzutage vorstellt. Früher, als es noch üblich war, Stofftaschentücher zu benutzen, merkte man natürlich sofort, wenn das Schneuztuch nicht sauber gefaltet, sondern verknotet in der Hosentasche steckte. Dieser Knoten erinnerte einen den Tag über an irgendetwas, das dringend zu erledigen war – wie heute ein digitaler Reminder, ein PC-Terminplaner oder das Handy. Man kann zwar in ein Taschentuch nicht eintippen, wann und wo zu erledigen ist, aber genau das war früher die Chance für das Gehirn. So blieb es ständig im Training. Im Moment des Verknotens konzentrierte man sich auf die Aufgabe, das heißt, man stellte sich ein Bild von dem zu Erinnernden vor Augen. Das Gehirn wurde mit Stofftaschentüchern besser trainiert als heute, wo es jede Menge digitale Ablage- und

Erinnerungsmöglichkeiten gibt. Im Gegensatz zu einem Knoten im Taschentuch können diese Daten jedoch ganz schnell verschwinden, wenn das System abstürzt. Haben Sie jemals einen Manager im Megastress erlebt? Dann ist seine Adressenverwaltung abgestürzt. Denn niemand von uns hat ein Backup im Gedächtnis gemacht. Einfach weil diese modernen Sicherungssysteme so perfekt zu funktionieren scheinen. Nicht anders sieht es mit dem Navigationssystem im Auto aus. Seitdem das GPS weiß, wo Sie sind und wohin Sie wollen, verlieren Sie die Notwendigkeit (und nach und nach auch die Fähigkeit), sich im Raum zu orientieren. Je mehr Aufgaben wir an die Technik abgeben und je mehr wir delegieren, umso »dümmer« werden wir; das fehlende Gedächtnistraining macht sich früher oder später bemerkbar.

Unsere Eltern hatten noch mindestens zwei Dutzend Telefonnummern im Kopf – von ihren Kindern, von allen Verwandten, vom Arbeitgeber, von Kollegen und Freunden. Überlegen Sie einmal, wie viele Telefonnummern Sie ohne nachzuschauen kennen. Wenn Sie dabei ein seltsames Gefühl beschleicht, dann schreiben sie einmal 20 der wichtigsten Nummern auf und lernen Sie sie auswendig. Die nächste Woche sollte dafür genügen.

Ein Klassiker beim fehlgehenden Erinnern ist, dass man dem Gedächtnis gleichzeitig das Gegenteil mitteilt: dass es sich die Information nicht merken muss, weil es sie sich ohnehin nicht merken kann. Typischerweise passiert so etwas, wenn man Fremde nach dem Weg fragt. Man sitzt im Auto und fragt einen Passanten nach einer bestimmten Adresse und merkt dabei, dass man mitten im Zuhören geistig aussteigt. Man nickt und lächelt freundlich, aber mehr als »an der nächsten Ampel rechts« bleibt nicht hängen. Besser wäre in einem solchen Fall, den anderen zu unterbrechen und ihn zu bitten, es noch einmal einfacher zu erklären, seine Anweisungen zu wiederholen und ihn grundsätzlich nach der Richtung zu fragen, nach typischen Merkmalen und Zeichen. Mit solchen Daten kann man sich im Kopf eine Landkarte zusammenstellen. Gewöhnen Sie sich an, immer nachzuhaken, wenn Sie nicht überzeugt sind, etwas komplett verstanden zu haben. Niemand wird Sie für einen Idioten halten, sondern für einen Menschen, der wirklich an einer Auskunft interessiert ist.

Wofür brauchen wir das Gedächtnis überhaupt? Um uns in einer Welt, die uns grundsätzlich fremd ist, zurechtzufinden. Claude Lévi-Strauss schreibt in seinem Buch *Das wilde Denken*, dass etwas nur existiere, wenn man ihm auch einen Namen geben könne. Das Gedächtnis fängt uns in einem Netz auf, das für uns die Welt repräsentiert. Wenn wir uns nicht mehr erinnern können, wie unser Französischlehrer heißt, der uns vor 30 Jahren unterrichtete, ist das nicht so schlimm – wenn wir aber plötzlich nicht mehr wissen, wie dieses weiße harte Ding mit dem Henkel daran heißt, in den man den Kaffee schüttet, bevor man ihn trinkt, ist das schrecklich. Ob das Demenz oder Alzheimer heißt, ist uns dann egal. Wir spüren nur, dass wir die Welt verlieren werden, wenn wir sie nicht mehr beschreiben können. Und wenn wir nur noch auf die Hilfe anderer angewiesen sind, leben wir in einem Zustand des geistigen Dämmerns, in einem Zwischenreich zwischen Leben und Tod. Nichtwissen und nicht mehr Teil dieses Lebens zu sein, ist die schlimmste Drohung unseres Gehirns. Physiologisch können wir durchaus noch existieren – aber wollen wir das dann noch?

Machen Sie es dem Gehirn also nie zu einfach. Es liebt die Herausforderung. Wenn sie etwa ein neues Nummernschild beantragen, lassen sie sich nicht von den Angeboten Ihrer Geburtstags- oder anderer leicht zu merkender Zahlen verlocken. Nehmen Sie, was Sie bekommen. Alles, was das Gehirn auswendig lernen muss, ist gut für es. Rufen sie ab und zu diese Informationen wieder ab, auch wenn Sie sie momentan nicht benötigen. Machen Sie es jetzt gleich! Denken Sie an Ihr Nummernschild, an Ihre Postleitzahl, an Ihr Geburtsdatum und an die Geburtsdaten Ihrer Eltern, Ihrer Kinder und Ihres Partners, an Ihre Kontonummer, an Ihre Bankleitzahl, an Ihre diversen Geheimnummern, an die Codes der Computerzugänge, an Ihre eBay-Identität und an alles, was Sie nicht vergessen sollten. Und wenn Ihnen etwas gerade nicht einfällt, machen Sie eine Pause, entspannen Sie sich, und versuchen Sie es nach einer Minute wieder. Schreiben Sie alle wichtigen Daten bei einem solchen Backup auf einen Zettel, lesen Sie ihn dreimal durch und werfen Sie ihn danach wieder weg. Verbrennen ist natürlich sicherer!

Bequemlichkeit ist kontraproduktiv
Das Gehirn hat es nicht gerne bequem. Es will gefordert werden. Ebenso wie unsere Gelenke, unsere Muskulatur, unser Kreislauf. Das digitale Zeitalter will dem Menschen vor allem geistige Bequemlichkeit schenken, dabei ist diese das Letzte, was er braucht. Ein großes Missverständnis lautet: Bequem geht alles leichter. Bequem geht es vordergründig zwar leichter – aber nach und nach wird auch das Gehirn bequem, und schließlich fällt jedes neue Lernen schwerer.

Gehirntraining können Sie überall und bei jeder Gelegenheit machen. Rechnen Sie doch beim Tanken aus, wie viel Sprit Sie auf 100 Kilometer verbraucht haben. Kopfrechnen ist nämlich reines Hirnfutter. Wenn Sie schon dabei sind, könnten Sie auch ausrechnen, wie viel Sie im Schnitt jährlich tanken, wie viel Sie sparen würden, wenn Sie statt Benzin Gas tanken würden, was so ein Wagen im Jahr an Unterhalt kostet – und das gleich auf die Tageskosten umrechnen.

Grundsätzlich liebt das Gehirn Spiele, denn Spiele haben Regeln, und das ist gut für das Gehirn. Ob Sie Skat spielen, Schafkopf, Schach oder Scrabble, ist unwichtig. Wichtig ist nur, dass Sie sich geistig in einem Regelsystem bewegen – und dabei die Gedanken und Strategien ihrer Mitspieler nachvollziehen müssen. Spielen Sie Brettspiele und Stadt-Land-Fluss, lösen Sie Kreuzworträtsel oder Sudokus, bosseln Sie an Zauberwürfeln oder digitalen Braintwistern herum – finden Sie das Spiel, das Ihnen am besten liegt. Und werden Sie besser darin!

Reimen Sie, lernen Sie Gedichte auswendig. Sehen Sie Fremdwörter, die Sie nicht kennen, im Lexikon nach, und versuchen Sie, sich die Wörter zu merken. Versuchen Sie, bei Reisen ins Ausland möglichst viel der fremden Sprache zu lernen und auch zu benutzen, bestellen Sie nicht aus der deutschsprachigen, sondern aus der einheimischen Speisekarte.

Was macht man, wenn man nicht denkt? Jeder kennt diese Zustände zwischen Wachen und Träumen, etwa bei einer Liftfahrt oder beim Warten an der Ampel. Keine Sorge, das Gehirn arbeitet trotzdem – aber gerade in solchen Situationen, in denen man sich quasi im Leerlauf befindet, kann man die Zeit nutzen, um das Gedächtnis zu durchstöbern. Man kann sich auf die Suche nach Geschichten machen, nach Namen und Gesichtern, nach Geburtstagen und Verabredungen, nach scheinbar Vergessenem.

Tagebuchschreiben ist ebenfalls eine gute Übung; nicht unbedingt, um sich später an Einzelheiten zu erinnern, sondern um den Tag noch einmal konzentriert Revue passieren zu lassen. Die Erlebnisse eines Tages aufzuschreiben, verleiht auch das Gefühl, den Tag abgeschlossen zu haben. Sie brauchen nicht unbedingt ein Buch dafür; legen Sie einfach eine kleine Datei auf dem Rechner an, und notieren Sie jeden Tag, bevor Sie den Computer ausschalten, ein paar Daten: das Wetter, Gesundheit, wen Sie getroffen haben, mit wem Sie essen waren, politische und private Neuigkeiten.

Machen Sie es Ihrem Gehirn nie zu bequem – platzieren Sie es nicht im Lehnstuhl! Haben Sie übrigens den Eindruck, den letzten Satz so ähnlich schon einmal in diesem Buch gelesen zu haben? Kommt er Ihnen vertraut vor? Dann haben Sie Recht. Redundanz ist das beste Training für ein gutes Gedächtnis. Nur durch häufige Wiederholung werden Inhalte und Informationen sicher eingespeichert.

Spitzenleistung durch Peak Performance:
Neue Möglichkeiten zur Verbesserung der Konzentration und Gedächtnisleistung

Das Peak-Performance-Training bewirkt einen Zustand von großer Konzentration, flexibler und fokussierter Aufmerksamkeit, geistiger Präsenz, schneller Reaktionsfähigkeit und präziser Entscheidungsfindung – bei gleichzeitiger Gelassenheit und innerer Ruhe. Dieser Zustand ist auch bekannt als »in the flow« oder »in the zone« sein, eine Art sich im Fluss befindlicher, konzentrierter Hingabe unter Ausschaltung aller Störfaktoren. Deshalb setzen nicht nur die NASA, der AC Mailand und verschiedene olympische Teams seit einigen Jahren diese Methode ein, auch bei Musikern, Managern und im Breitensport findet Peak-Performance-Training eine immer größere Akzeptanz und Anwendung.

Um diesen Zustand zu erreichen, werden mithilfe des Neuro-Feedbacktrainings (punktuelle Messung und Rückmeldung der Hirnströme) die als vorteilhaft erkannten Hirnfrequenzbereiche bei ihrem Auftreten signalisiert und belohnt. Das erhöht die Häufigkeit des Auftretens dieser Muster. Das Gehirn kann so »lernen«, diese Frequenzen bei Bedarf vermehrt aufzurufen und störende Muster zu vermindern.

Biofeedback und Methoden der kognitiven Verhaltenstherapie tragen zu einer Verankerung dieses Trainingseffekts bei: Unser Verhalten, wie wir (uns) fühlen und wie wir mit unserem Körper reagieren, ist durch die spezifische Art bestimmt, wie wir denken und Situationen einschätzen (Einstellungen, Gedanken, Bewertungen, und Überzeugungen). Das Aufspüren und Identifizieren dieses persönlichen Gedankenprogramms – oder dieser, uns eigenen Denkfehler – ist der erste Schritt bei der kognitiven Verhaltenstherapie. Im weiteren Verlauf werden diese Schemata verändert und führen über eine aktive Gestaltung des Wahrnehmungsprozesses zu einer veränderten Einstellung und somit zu einer kognitiven und effektiven Verhaltensänderung.

Warum ein POLERAD so gerne FRANFEIG frisst

Ganz einfach, weil sie besser schmecken als ein HARSONN – und sie sich nicht so wehren, wenn man sie fängt. Anagramme findet man auf jeder Rätselseite, zwischen Silben- und Kreuzworträtseln, und sie sind nicht jedermanns Sache. Sie fragen keine Allgemeinbildung ab, sondern sind schweres Hanteltraining fürs Gehirn. So alt wie unsere geschriebene Sprache ist die Tradition der Buchstabenumstellung, und sie entstand ebenso aus Lust am spielerischen Umgang mit dem Wort wie aus einem Drang, geheime Zusammenhänge und Daten in einem öffentlichen Text zu verschlüsseln. So bedienten sich die griechischen Sophisten ebenso dieser Technik wie die Alchimisten des Mittelalters, und manche Romanautoren treiben dieses Versteckspiel noch heute.

Schließlich will man sich selbst nicht ganz verleugnen, wenn man ein Pseudonym wählt. Und ebenso leicht kann man einen solchen Decknamen auflösen, wenn man ein wenig an den Buchstaben dreht. Was man etwa aus dem schlichten Herrn Mayer alles machen kann, haben gleich zwei prominente Schriftsteller vorgemacht: Carl Amery und Jean Améry, bürgerlich Christian beziehungsweise Hans Mayer. Kein besonders kompliziertes Anagramm, jedenfalls im Vergleich zu denen des Barockautors Hans Jakob Christoffel von Grimmelshausen, der auf dem Titel seines berühmtesten Romans, *Der abenteuerliche Simplicissimus*, als German Schleifheim von Sulsfort auftrat und ansonsten aus sieben weiteren Pseudonymen wählen konnte, die er alle durch Umstellung der Buchstaben seines richtigen Namens gebildet hatte. Der Verleger Anton Kippenberg nannte sich Benno Papentrigk, wenn er seine Schüttelreime (sic!) veröffentlichte, und Salomon Friedländer veröffentlichte seine Grotesken als Mynona. Was hat denn das mit einem Anagramm zu tun, werden Sie fragen. Ja, fragen Sie sich nur!

Zurück zum Anfang und zum Polerad, der so gerne Franfeig frisst. Wenn man weiß, aus welchem Bereich ein solches Anagramm kommt, hat man es schon etwas leichter. Sie werden sicher schnell dahinterkommen, was ZETAK, DREPF, FLANETE, ABTEU, LIKODORK und FOLGDICHS meint, wenn Sie das Stichwort »Tierwelt« hören. Aber was zum Teufel soll denn SUPMAC REHCEUB NEGER MUZ NEKNED NA in einem solchen Buch bedeuten?

Alle Ungeduldigen finden die Lösungen auf Seite 169.

Wir wollen Sie auch gar nicht erst damit langweilen, dass die Buchstabendrechsler als Hochform das beidseitig lesbare Anagramm, das Palindrom, entwickelt haben, und natürlich kennen Sie auch den – politisch unkorrekten – Klassiker »Ein Neger mit Gazelle zagt im Regen nie«, den man tatsächlich von vorne wie von hinten lesen kann. Solche Mega-Anagramme sind Edelsteine im Wortgeröll, die nicht jeder findet. Aber als Brain-Training können Sie das Jonglieren mit Buchstaben tatsächlich als gutes Aufwärmtraining verstehen. Etwa beim Autofahren, entweder als Beifahrer oder am Steuer, wenn Sie Ihre Aufmerksamkeit nicht zu sehr den vor Ihnen fahrenden Autos schenken. Ein schneller Blick auf das Nummernschild vor Ihnen, und schon geht es los: Gründen Sie einfach ein paar neue Parteien. M–VI: Mitteldeutscher Veterinär–Interessenverband, HH–FK: Hanseatischer Hort Freiheitlicher Kleriker, F–DP: Freischwebender Damokles-Proporz. Aber Sie können ebenso gut ein wenig Parteienwerbung machen. Schlimmer als in der Realität wird's sicher nicht. W–SD: »Wir setzen Duftmarken« oder FFB–KM: »Für Freiheit, Brüderlichkeit, Kilometergeld, Marktwirtschaft!«. Das regt nicht nur die Synapsen an, es macht auch Laune. Ein Klassiker ist natürlich der »Schnellverbinder«, sprich: aus jedem Nummernschild sofort ein Wort zu kreieren und das mit möglichst wenigen Hilfsbuchstaben. Dabei sind die Schilder unserer Millionenstädte nicht unbedingt hilfreich. Aus B–ID ein zeitungsähnliches deutsches Blättchen zu machen, ist nicht schwer – was aber mit TÖL–FP? Oder OAL–IP? CHA–ZT?? ZZ–HC??? Der Spaß steigt gewaltig, wenn man einen Beifahrer hat. Er kann natürlich auch gewaltig sinken, wenn der schneller ist und bessere Kombinationen findet. Aber Sie können ja schon mal heimlich üben.

Wortspiele regen das Gehirn an
Buchstabentraining gehört zu den besten Wachhaltern, im Straßenverkehr wie bei Marathonsitzungen. Da wäre zum Beispiel das »Reh«-Spiel. Was ist das: Ein Reh, dessen guter Ruf wiederhergestellt ist? Rehabilitation. Ein Reh, auf das alle Parteien ständig verweisen? Politikerehre. Ein Reh, um das man bei jeder Hoteltür kreist? Drehtür. Das Spiel funktioniert auch mit »Star« (Ein Star, der unehelich geboren wurde? Bastard) oder mit »Ente« (Fernsprecheinrichtung ohne Wählscheibe? Tastentelefon), eigentlich mit fast jedem kurzen Wort. Eigene Kreationen polieren den Brain-Status und dürfen gerne den Autoren mitgeteilt werden.

Eine andere Form des Brain-Trainings mittels Buchstaben ist das laute Buchstabieren. Zu simpel? Dann buchstabieren Sie doch einmal Rhythmusgruppe – ach nein, nicht ins Buch schauen dabei! Sie können Worte rückwärts sprechen, Sie können Sätze bilden, die nur den Vokal »o« enthalten, Sie können »t« und »r« vertauschen oder im Gespräch immer den ersten und den letzten Buchstaben weglassen.

Ling ielleich infac, be rstma achmache!

Und wenn das auch nicht ausreicht, um professionell geheime Botschaften zu verschlüsseln, sollten Sie vielleicht doch wissen, dass solche und ähnliche Buchstabenspiele bei allen Geheimdiensten dieser Erde auf dem Lehrplan stehen. Nicht um die Enigma zu ersetzen, sondern um das eigene Gehirnschmalz geschmeidig zu erhalten und die Kombinatorik zu trainieren.

Gymnastik für das Gehirn: Bewegung hält das Hirn fit

Die Aktivierung des Gehirns hat viel mit den Reflexzonen der Fußsohlen und mit unserem Gleichgewichtsorgan zu tun. Letzteren Zusammenhang nützt man zum Beispiel aus, wenn man am Schreibtisch für eine Stunde einen Sitzball statt eines Stuhls benutzt. Sehr empfehlenswert sind auch sehr einfache Übungen mit einem noppenbesetzten Aero-Step, der die Reflexzonen anregt – zum Beispiel während des morgendlichen Zähneputzens. Apropos Morgen: Kräftiges Gähnen entspannt nicht nur die Augen, sondern hat auch einen positiven Einfluss auf die geistige Leistungsfähigkeit

Grundsätzlich kann man sagen, dass alle Sportarten und Bewegungsabläufe, die Rhythmus und Balance verlangen, beste Gehirnnahrung sind. Tanzen kann Kreativität und Denkfähigkeit steigern, und gerade klassische Tänze mit disziplinierten, harmonischen Bewegungen, wie Walzer oder Tango, steigern die Denkfähigkeit sogar schneller als Joggen. Und die wissenschaftlichen Zusammenhänge des Laufens sind gut erforscht: Tägliches Jogging steigert die geistige Leistungsfähigkeit. Ursachen dafür gibt es mehrere: von der Anregung der Nervenenden der Fußsohle bis hin zur optimalen Versorgung des Gehirns mit Sauerstoff und Nährstoffen. Auch die Entsorgung, die Beseitigung von Verbrennungsabfällen aus dem Gehirn, scheint eine wichtige Rolle zu spielen.

Aber es muss nicht immer Jogging sein. Durch Versuche mit Schülern fand man heraus, dass bestimmte Übungen mit viel weniger Aufwand beträchtlich zum Lernen, Konzentrieren und Denken beitragen können. Einige solche Übungen wurden in Buchform unter dem Namen *Brain-Gym* von Gail E. und Paul E. Dennison veröffentlicht. Häufig wird auch der Begriff »Edu-Kinesiologie« benutzt. Meistens handelt es sich dabei um einfache gymnastische Übungen, einige kennt man von der Akupressur. Der grundsätzliche Zusammenhang zwischen Körper und Geist steht außer Frage. Selbst den negativen Einfluss zu eng gebundener Krawatten konnte man wissenschaftlich nachweisen. Auch die relative Verbesserung der geistigen Leistung bei einem strammen Spaziergang gegenüber Ruhe ist klar nachgewiesen.

Übungen zum Gehirnjogging kennt man aus allen Kulturen, vor allem aus den asiatischen, kontemplativen Meditations- und Bewegungstechniken wie Qi-Gong und Tai-Chi. Eine der einfachsten Übungen zum Konzentrieren und Fokussieren von Gedanken ist das Gehen. Natürlich kein zielloses Herumlaufen, sondern sehr langsames und bewusstes Gehen. Versuchen Sie zum Beispiel einmal, einen Kreis mit einem Durchmesser von 2 Metern zu gehen – im Büro oder zuhause –, und zwar in Zeitlupe. Setzen Sie Ihre Füße so langsam wie möglich, verlangsamen Sie den Atem, und sehen Sie konzentriert auf die Fußspitze, die sich gerade bewegt. Spätestens nach fünf Minuten werden Sie einen deutlichen Effekt verspüren. Sie können dieses Kreisgehen täglich trainieren, und es genügt, einen einzigen Kreis zu gehen. Der sollte aber dann immer länger dauern, am besten eine Viertelstunde. Rückwärtsgehen ist ebenfalls eine Übung, die Wachheit und Konzentration steigert.

Georges I. Gurdjieff entwickelte zu Beginn des 20. Jahrhunderts Techniken, mit denen sich Gedanken fangen oder wenigstens einfrieren lassen. Damals als eine Mischung aus Magier, Guru und Verrücktem angesehen, würde diese außerordentliche Persönlichkeit heute wahrscheinlich als provokativer Therapeut gelten und in den USA ein Vermögen machen. Aus seinen oft sehr anstrengenden und komplizierten Übungen haben wir eine schlichte, jedoch nicht weniger wirkungsvolle ausgesucht: das Fingerschreiben.

Stehen Sie gerade und stellen Sie sich vor, an die Wand vor Ihnen hätte jemand zwei Ziffern geschrieben: Links eine große Null, rechts daneben eine große Acht. Strecken Sie nun den linken Arm locker in Augenhöhe gestreckt nach vorne, und malen Sie mit dem Zeigefinger diese Null nach. Danach lassen Sie den Arm wieder sinken, heben Sie den rechten und schreiben Sie nun die Acht. Danach heben Sie beide Arme locker in Augenhöhe nach vorne, und fahren Sie mit den Fingerspitzen die Konturen beider Ziffern nach. Die linke Hand schreibt eine Null, die rechte eine Acht – ganz langsam, ganz entspannt, und die Aufmerksamkeit ist nur auf die beiden Bewegungen gerichtet, die zugegebenermaßen anfangs nicht allzu leicht zu koordinieren sind. Aber man lernt dieses Luftschreiben schnell, und es ist eine wunderbare Möglichkeit, den Gedankenfluss zu verlangsamen, ja manchmal werden Sie sich völlig gedankenleer fühlen. Aber wenn Sie dies bemerken und sich daran freuen, wenden Sie dafür schon wieder den ersten Gedanken auf – und vorbei ist es mit der Ruhe.

Trotzdem haben schon die paar Sekunden vollkommener innerlicher Stille viel bewirkt. Und außer Ruhe und Entspannung können Sie auch bei dieser Übung auch noch positive Gedanken aufbauen. Sie können Ängste und negative Projektionen in diesem Zustand reduzieren. Nehmen Sie zum Beispiel die Vorstellung »Ich kann machen, was ich will, manche Menschen lehnen mich einfach ab«, und setzen Sie dafür den neuen Gedanken ein »Menschen, die mir wirklich wichtig sind, schätzen mich so, wie ich bin«. Die Umformulierung setzen Sie während der Null-und-Acht-Übung in Ihren Gedankenfokus und versuchen für ein paar Minuten, nur noch aus drei Faktoren zu bestehen: aus dem positiven Gedanken, aus einer linken Hand, die eine Null schreibt, und aus einer rechten Hand, die eine Acht schreibt.

Fitnesscenter für die Neuronen

Übungen, die unsere Konzentration stark anregen, aber gleichzeitig so kompliziert sind, dass sie nie zur Monotonie werden, sind sehr gut geeignet zur Entspannung der Gedanken. Nehmen Sie drei Tennisbälle zur Hand und versuchen Sie einmal, ob Sie nicht selbst die hohe Kunst des Jonglierens lernen können. Stellen Sie sich aufrecht hin, nehmen Sie zwei Bälle in die rechte Hand und einen in die linke (Linkshänder verfahren umgekehrt), und werfen Sie einen der beiden hoch. Dann wechseln Sie schnell den Ball aus der linken Hand in die rechte und fangen den Flugball mit der linken wieder auf. Werfen Sie nicht zu hoch und verfolgen Sie die Flugbahn nicht mit den Augen. Schauen Sie einfach geradeaus – solange der Ball Ihr Gesichtsfeld nicht verlässt, können Sie ihn auch fangen. Übungen wie diese sollten Sie immer dann einsetzen, wenn Sie nervös, unkonzentriert oder emotional unstabil sind. Denn Brain-Training besteht nicht nur aus logischen Liegestützen.

Übungen, die Ihre Neuronen anregen

Cross stepping Gehen Sie auf der Stelle, und ziehen Sie dabei abwechselnd das linke Knie hoch und bringen es mit dem Ellenbogen des angewinkelten rechten Arms zusammen, dann das rechte Knie mit dem linken Ellenbogen und so weiter. Führen Sie diese Bewegungen möglichst langsam und harmonisch aus. Mit dieser Übung regen Sie das Gehirn an und stimulieren die Stirnlappen.

Sidehead Stellen Sie sich aufrecht hin und gehen Sie leicht in die Knie, nur ganz wenig, so als ob Sie auf einem Barhocker sitzen würden. Legen Sie das linke Ohr auf Ihre linke Schulter, und zwar so dicht, dass Sie ein Stück Papier einklemmen könnten. Strecken Sie den rechten Arm aus, und malen Sie mit dem Zeigefinger eine große liegende Acht in die Luft. Beobachten Sie die ganze Zeit Ihre Fingerspitze. Dann wechseln Sie, legen das rechte Ohr auf die Schulter und malen mit der linken Hand. Machen Sie diese Übung drei- bis viermal auf jeder Seite. Sie lösen damit Verspannungen im Nackenbereich und steigern die Konzentration.

Downbrain Setzen Sie sich bequem auf einen stabilen Stuhl, auf keinen Fall auf einen Bürostuhl, der wegrollen könnte. Überkreuzen Sie die Füße, und lassen Sie den Oberkörper langsam nach vorne sinken, wobei die Arme seitlich einfach herabhängen. Atmen Sie dabei langsam aus, und beugen Sie sich nur so weit nach vorne, wie es Ihnen angenehm ist. Beim Einatmen richten Sie sich wieder in Ihre ursprüngliche Sitzposition auf. Dann überkreuzen

Sie Ihre Füße anders herum und machen die Übung noch einmal. Mit dieser Übung entspannen Sie den Beckenbereich, erreichen eine bessere Körperkoordination und ein besseres Gleichgewichtsgefühl.

Double eight Sie brauchen ein großes Blatt Papier und zwei Stifte. Nehmen Sie in jede Hand einen Stift, und beginnen Sie, mit der rechten Hand in der Mitte des Papiers, liegende Achten übereinander zu zeichnen. Setzen Sie dabei den Stift nicht ab. Zeichnen Sie drei Achten mit der rechten Hand und dann drei mit der linken, zum Schluss drei Achten mit beiden Händen gleichzeitig. Ihr Blick sollte auf die Spitze des Stifts gerichtet bleiben; wenn Sie mit beiden Händen zeichnen, fixieren Sie irgendeine Spitze. Nun zeichnen Sie mit der linken Hand die Achten, und zwar anders herum, als Sie das üblicherweise tun, danach kommen Achten mit der rechten Hand, ebenfalls anders herum als üblich. Zum Schluss zeichnen Sie mit beiden Händen gleichzeitig Achten – anfangs mit beiden Händen »falsch herum«, dann abwechselnd mit der linken und rechten »richtig herum«. Mit dieser Übung lösen Sie Schreibblockaden und integrieren die beiden Gehirnhälften.

Gimme eight Nehmen Sie sich ein großes Blatt Papier und in jede Hand einen Stift. Zeichnen Sie mit beiden Händen gleichzeitig spiegelbildliche Figuren, zuerst einfache – Rechtecke und Dreiecke. Falls Ihnen diese Übung schwerfällt, können Sie beim Zeichnen laut »auf« oder »ab« sagen, um die gemeinsamen Handbewegungen zu koordinieren. Danach zeichnen Sie Spiralen und Kreise. Wenn Sie sich einigermaßen sicher fühlen, können Sie versuchen, mit beiden Händen gleichzeitig Ihren Namen zu schreiben – mit der rechten Hand normal und links spiegelbildlich. Mit dieser Übung fördern Sie die Koordination der Augen-Hand-Abstimmung.

Herzraten-Variabilitätstraining
Eine Übung, um emotionale Stabilität zu erreichen, die gleichzeitig mit einer anderen Art des Denkens einhergeht, ist das Herzraten-Variabilitätstraining (HRV-Training) nach Doc Childre. Die Herzraten-Variabilität beschreibt die Fähigkeit des Herzens, den zeitlichen Abstand von einem Herzschlag zum nächsten laufend anzupassen und sich so flexibel den ständig wechselnden Herausforderungen zu stellen. Erstaunlicherweise ist die HRV bei einem entspannten Organismus unregelmäßig. Wird der Körper in einen Stresszustand gebracht, tritt der Parasympathikus zugunsten des Sympathikus zurück, die Herzschläge werden regelmäßiger. Entspanntes Denken braucht also die Unregelmäßigkeit des Herzschlags. Eine Übung zur Erhöhung der Herzraten-Variabilität ist folgende: Beginnen Sie, langsam und ruhig zu atmen. Atmen Sie etwas langsamer aus, als Sie einatmen. Zählen Sie zum Beispiel beim Einatmen innerlich bis vier, beim Ausatmen bis fünf. Richten Sie den Fokus Ihrer Aufmerksamkeit auf den Ort Ihres Herzens. Stellen Sie sich völlig unanatomisch vor, Sie atmeten »durch Ihr Herz«. Sie können sich in Ihrer Fantasie die Atemluft in der Farbe Ihrer Wahl einfärben. Wann immer andere Gedanken auftauchen, richten Sie Ihre Aufmerksamkeit wieder auf Ihr Herz. Denken Sie jetzt bitte an eine Person, die Sie sehr wertschätzen oder mögen. Lassen Sie bitte dieses Gefühl entstehen, sodass es für Sie spürbar wird. Senden sie es in Ihrer Fantasie an sich oder an andere. Wenn Sie nach einer Antwort auf eine bestimmte Frage suchen, befragen Sie jetzt gezielt Ihr Herz, und hören Sie aufmerksam auf die Antwort. Wenn Sie öfter trainieren, können Sie messbar die Herzratenvariabilität steigern und somit Ihr autonomes Nervensystem beeinflussen – und damit auch Ihre Hirnfunktionen verbessern.

Was das Denken stört
Manchmal kann die Gedächtnisleistung auch durch physische Faktoren beeinträchtigt sein: durch Arteriosklerose etwa, bei der die Gefäßwände durch Ablagerungen verengt sind, oder durch Zerebralsklerose, bei der die Durchblutung des Gehirns behindert wird. Ursachen für ein nachlassendes Gedächtnis können auch Schilddrüsenerkran-

kungen, Herzrhythmusstörungen und erhöhter Blutdruck sein, ebenso Alkohol- und Nikotinkonsum. Wenn diese körperlichen Handicaps ausscheiden, bleiben noch seelische: Stress, Ärger, Konflikte, Leistungsdruck, Überreizung und Existenzsorgen können ebenfalls Gründe für Denkblockaden und Gedächtnisschwäche darstellen. Um wieder klar denken zu können, sollte man zuerst wieder zu emotionaler Ausgeglichenheit finden. Wenn der Stress verschwunden ist und sich die Sorgen relativiert haben, können sich viele Problemchen gar nicht zu solch unüberschaubaren Schicksalsfragen aufplustern, wie sie das gerne täten. Und wenn wir nach und nach unseren riesigen Arbeitsspeicher wieder neu geordnet haben und jede neue Information gleich richtig »ablegen«, wird auch das Suchen und Grübeln aufhören. Wir suchen nicht mehr – wir finden! Das soll von nun an unsere Einstellung sein.

Ach, wie hieß der Regisseur von *Panzerkreuzer Potemkin* doch gleich?

Denken

Wenn wir eine gewisse Ahnung davon haben, wie das Gehirn funktioniert, wissen wir immer noch nicht, wie das Denken abläuft, oder gar, was »Denken« überhaupt ist. Grundsätzlich sind eine Menge Informationen in unserem Gehirn abgelegt. Sie wiederzufinden, ist eine Gehirnleistung. Natürlich wird dabei gedacht, aber so, wie wir dieses Wort verstehen, meint es nicht unbedingt jede Form von neuronaler Erregung. Das Denken, jedenfalls die Königsform in dieser Disziplin, versucht im Kopf die Welt zu beschreiben, Zusammenhänge und Problemlösungen aus Beobachtungen und eigenen Ableitungen zu erarbeiten. Wir dürfen davon ausgehen, dass es zu allen Zeiten Menschen gegeben hat, die solches Denken betrieben haben. Viele Ergebnisse dieser Denkanstrengungen kennen wir, viel spannender als die Lösungen sind aber oft die Fragen, die man sich gestellt hat.

> »Kenntnisse kann jedermann haben, aber die Kunst zu denken ist das seltenste Geschenk der Natur.«
> *Friedrich der Große*

Die Klassiker – die antike Begeisterung am Denken

Eine spezielle Disziplin der »freiberuflichen« Denker, in der sie ihren logischen Apparat übten und Schüler ausbildeten, sie an das Denken heranführten, waren schon vor 3 000 Jahren (so weit können wir sicher sein) Rätsel und spielerische Problemstellungen. Unter einem Rätsel versteht man eine intellektuelle Aufgabe, die durch Denken – und nur durch Denken – gelöst werden kann. Dass »sportliches« Denken das

Gehirn trainiert, so wie etwa Leichtathletik die Muskeln, war in der Antike eine verbreitete These. Als älteste dokumentierte Denksportaufgabe gilt das auf etwa 1650 vor Christus datierte ägyptische Rätsel von Ahmes, das sich – auf einen Papyrus geschrieben – erhalten hat. Es ist auch als Katz-und-Maus-Rätsel bekannt und lautet wie folgt:

Es gibt sieben Häuser, in jedem Haus wohnen sieben Katzen. Jede Katze frisst sieben Mäuse, von denen wiederum jede sieben Kornähren gefressen hat. In jeder Ähre sind sieben Samen. Wie viele verschiedene Einzelteile sind an dieser Geschichte beteiligt, vom Korn bis zum Haus?

Die richtige Anzahl finden Sie auf Seite 169.

Wer diese Geschichte kennt, wundert sich kaum noch darüber, dass die Ägypter so auf Pyramiden versessen waren. Diese geometrische Figur ist wie keine andere das Symbol für die magische Gewalt der Potenz – der mathematischen wie der göttlichen und herrschaftlichen. Man kann sich das Staunen über das atemberaubend schnelle Anwachsen der Zahlen vorstellen, wenn die ersten Rechenkünstler vom Nil mit Potenzen in Berührung kamen.

Aber die ersten eleganten Zahlenwunder offenbarten sich damals nicht nur ägyptischen Mathematikern, sondern auch arabischen, indischen und mittelamerikanischen. Obwohl es wohl nur eine Legende ist, gehört sie doch zu den schönsten Klassikern aus der mathematischen Rätselkiste: Etwa 300 nach Christus erfand ein gewisser Sissa ibn Dahir in Indien das Schachspiel. Als er es seinem König zeigte, war der so begeistert, dass er ihm als Belohung für dieses »königliche Spiel« jeden Wunsch erfüllen wollte. Der demütige und bescheidene Sissa ibn Dahir wünschte sich nichts als Reiskörner, mit denen man das Schachbrett bedecken sollte. Aber nach folgender Methode: Auf das erste Feld des Bretts lege man ein Reiskorn, auf das nächste das Doppelte, also zwei Reiskörner, und immer weiter, jeweils das Doppelte des vorangegangenen Feldes, bis alle 64 Felder bedeckt sind. Der Legende nach amüsierte sich der König königlich über die vermeintliche Dummheit des Erfinders, doch der hatte neben dem Schachspiel auch das Wunder der exponentiellen Funktion entdeckt, in diesem Fall: $1 + 2 + 4 + 8 + \ldots = 2^0 + 2^1 + 2^2 + 2^3 + \ldots + 2^{63}$. Genau gerechnet sind es auf dem 64. Feld neun Trillionen zweihundertdreiundzwanzig Billiarden dreihundertzweiundsiebzig Billionen sechsunddreißig Milliarden achthundertvierundfünfzig Millionen siebenhundertfünfundsiebzig Tausend achthundertundacht Reiskörner oder als Zahl 9 223 372 036 854 775 808. Es gibt viele hübsche Rechnungen, die diese Legende provoziert hat, etwa die, dass diese Menge Reis – auf Lastwagen verladen – eine Kolonne ergäbe, die über 200 000-mal um die Erde reichte. Auch hätte eine Welternte nicht ausgereicht, den schlauen Sissa ibn Dahir zu bezahlen – man käme gerade mit 1 000 Welternten aus unserem Zeitalter hin. Trotzdem fiel auch dem König etwas ein: Er versprach, Sissa ibn Dahir wie gewünscht zu bezahlen, aber der Spieleerfinder sollte seine Reiskörner selbst zählen. Ein genialer Schachzug.

Eine Legende, wie gesagt. Aber besser eine gute Legende, die uns einen logischen Zusammenhang eindrücklich vermittelt, als eine trockene Formel, die man schnell wieder vergisst.

Man findet Rätsel und logische Aufgaben im Alten Testament – die Königin von Saba soll Salomon schon Rätsel aufgeben haben – wie in der indogermanischen Mythologie und in antiken Schriften, etwa das Sphinxrätsel in der Ödipussage. Danach wurde die Stadt Theben von der grässlichen Sphinx (einem Dämon der Zerstörung, dargestellt durch einen geflügelten Löwen mit dem Kopf einer Frau und einem Schlangenschwanz) bedroht, die jedem, der ihr vor die Füße lief, ein Rätsel stellte. Konnte er es nicht lösen, fraß sie ihn auf. Erst Ödipus fand die richtige Antwort auf die Rätselfrage:

»Es ist am Morgen vierfüßig,
am Mittag zweifüßig,
am Abend dreifüßig.
Von allen Geschöpfen wechselt es
allein in der Zahl seiner Füße;
aber eben, wenn es die meisten Füße bewegt,
sind Kraft und Schnelligkeit bei ihm am geringsten.«

Ob Ihre Antwort mit der des Ödipus übereinstimmt, können Sie auf Seite 169 überprüfen.

Als Ödipus der Sphinx die richtige Antwort gab, stürzte sich das dämonische Wesen vor Scham in den Tod.

Ähnliche Dramatik ist bei heutigen Rätseln nicht mehr zu erwarten. Inzwischen sind solche Einweihungsfragen zu Kinderrätseln verkommen, wie viele mathematische Grundformeln, die, literarisch verkleidet, inzwischen als Logelei neben Kreuzworträtseln und Sudokus stehen. Doch es macht nichts, in welcher Form diese verbalen Neuronenerreger daherkommen. Ihre Wirkung ist immer noch höchst effektiv – sie regen uns an, kreativ, vielseitig und zielgerichtet zu denken.

Lassen Sie uns etwas durch die Geschichte der Denksportaufgaben wandern. Die Griechen waren geradezu verliebt in die Übersetzung von mathematischen, logischen und physikalischen Erkenntnissen in Geschichten und Rätselfragen. Ein klassisches Paradoxon ist etwa der Wettlauf zwischen Achilles und der Schildkröte, den der viel schnellere Held natürlich gewann. Aber die Schildkröte bat um eine Wiederholung, und sie wollte auch ein paar Fuß Vorsprung haben. Das gestattete Achilles – und das war sein Fehler. Denn der griechische Philosoph Zenon von Elea baute darauf einen Schluss auf, der besagte, dass Achilles die Schildkröte niemals würde einholen können. Denn hat Achilles den Vorsprung der Schildkröte tatsächlich eingeholt, hat sie sich inzwischen weiterbewegt und einen neuen Vorsprung gewonnen, auch wenn der viel kleiner ist als der erste. Hat Achilles diesen neuen Vorsprung eingeholt, besitzt sie wiederum einen neuen und so weiter. Inzwischen weiß man zwar, dass es sich bei diesem Schluss um einen Trugschluss handelt, trotzdem war und bleibt dieses Paradox eine beliebte Denkanregung. Denn wie wollen Sie zum Beispiel beweisen, dass Achilles die Schildkröte doch noch überholen wird?

Kontrollieren Sie Ihre Lösung auf Seite 169.

Wettrennen sind beim Denksport eine beliebte Disziplin. Eine Frage, die kein Paradox, sondern eine logisch lösbare Aufgabe darstellt, ist diese: Achilles und sein Freund Patroklos unternehmen einen Wettlauf über 100 Meter (auch wenn das kein übliches antikes Maß war), und als Achilles ins Ziel einläuft, befindet sich Patroklos noch 5 Meter hinter diesem. Achilles gewährt seinem Freund eine Revanche, und diesmal will er Chancengleichheit herstellen: Er startet 5 Meter hinter Patroklos. Wer gewinnt nun?

Denken Sie gut nach, bevor Sie auf Seite 170 die Antwort nachschlagen.

Rätsel oder Einweihungsritual – Sagen und Märchen

Aus den magischen Rätseln der Mythologie wurden die Volksrätsel, die wie Lieder und Gedichte mündlich weitergegeben wurden. Rätsel, die in Anekdoten und Erzählungen eingebettet sind, kennt man aus China, Indien und Persien ebenso wie aus dem arabischen und europäischen Raum. Schriftlich niederlegt wurden neben religiösen Texten auch Rätsel, die allerdings oft mehr Einweihungsritualen oder Weisheitssprüchen glichen und weniger logischen Denkübungen. Aus dem 7. Jahrhundert sind Rätsel überliefert, die in einer Mischung aus Englisch und Lateinisch die Bibelkenntnisse des Lesers abfragten: »Qui est mortus et non est natus?« Wer ist gestorben, aber nicht geboren? Wie sieht es mit Ihrer Bibelfestigkeit aus?

Die Lösung finden Sie auf Seite 170.

Bei der Durchsicht von europäischen Handschriftenkatalogen wurden bislang etwa 7750 handschriftliche deutsche und lateinische Rätseltexte vom 8. bis zum 19. Jahrhundert entdeckt. Nach der Erfindung des Buchdrucks wurde eifrig Lesenswertes für jedermann produziert, auch »Denksportaufgaben«. Das *Straßburger Rätselbuch* von 1505 gilt als die erste Rätselsammlung, die in deutscher Sprache gedruckt wurde. In Sagen und Märchen wurden Rätselfragen schon seit Jahrhunderten weitergegeben, nun wurden sie gesammelt und gedruckt, unter anderem von Jacob und Wilhelm Grimm. In ihrem Märchen von der klugen Bauerstochter zeigt sich die Überlegenheit einer echten Denksportlerin über einen zwar mächtigen, doch intellektuell eher bescheidenen König.

Das Märchen von der klugen Bauerstochter

Es war einmal ein armer Bauer, der hatte kein Land, nur ein kleines Häuschen und eine einzige Tochter. Da sprach die Tochter: »Wir sollten den Herrn König um ein Stück Land bitten.« Da der König von ihrer Armut hörte, schenkte er ihnen ein Eckchen Rasen, den hackten sie und ihr Vater um und wollten ein wenig Korn darauf säen. Dabei fanden sie in der Erde einen Mörser von purem Gold. »Höre«, sagte der Vater zu dem Mädchen, »weil unser Herr König ist so gnädig gewesen und hat uns diesen Acker geschenkt, so müssen wir ihm den Mörser dafür geben.« Die Tochter aber wollte es nicht und sagte: »Vater, wenn wir den Mörser haben und haben den Stößel nicht, dann müssen wir auch den Stößel herbeischaffen, darum schweigt lieber still.« Er wollte ihr aber nicht gehorchen, nahm den Mörser, trug ihn zum Herrn König und sagte, den hätte er gefunden, ob er ihn als Geschenk annehmen wollte. Der König nahm den Mörser und fragte, ob er nichts mehr gefunden hätte. »Nein«, antwortete der Bauer. Da sagte der König, er sollte nun auch den Stößel herbeischaffen. Der Bauer sprach, den hätten sie nicht gefunden; aber das half ihm nichts. Er wurde ins Gefängnis geworfen und sollte so lange da sitzen, bis er den Stößel herbeigeschafft hätte. Die Bedienten brachten ihm täglich Wasser und Brot und hörten dabei, wie der Mann immerfort schrie: »Ach, hätt' ich meiner Tochter doch gehorcht. Ach, ach, hätt' ich meiner Tochter doch gehorcht!« Da gingen sie zum König und erzählten ihm das. Der ließ den Gefangenen kommen und fragte ihn, was es damit auf sich hätte. »Was hat Eure Tochter denn gesagt?« – »Sie hat gesagt, ich sollte den Mörser nicht bringen, sonst müsst' ich auch den Stößel herbeischaffen.« – »Wenn Ihr eine so kluge Tochter habt, so lasst sie einmal herkommen.«

Also musste sie vor den König kommen, der sagte, er wolle ihr ein Rätsel aufgeben; wenn sie das lösen könnte, dann wollte er sie heiraten. Da sprach sie, ja, sie wollt's erraten. Da sagte der König: »Komm zu mir, nicht gekleidet, nicht nackend, nicht geritten, nicht gefahren, nicht in dem Weg, nicht außer dem Weg, und wenn du das kannst, will ich dich heiraten.«

Da ging sie hin und zog sich splitternackend aus, da war sie nicht gekleidet und nahm ein großes Fischgarn und setzte sich hinein und wickelte es ganz um sich herum, da war sie nicht nackend und borgte einen Esel fürs Geld und band dem Esel das Fischgarn an den Schwanz, darin er sie fortschleppen musste, und das war nicht geritten und nicht gefahren. Der Esel musste sie aber in dem Fahrgeleise schleppen, sodass sie nur mit der großen Zehe auf die Erde kam, und das war nicht in dem Weg und nicht außer dem Weg. Und wie sie so daherkam,

> sagte der König, sie hätte das Rätsel getroffen, und es wäre alles erfüllt. Da ließ er ihren Vater los aus dem Gefängnis und nahm sie zu sich als seine Gemahlin und befahl ihr das ganze königliche Gut an.

Für eine kleine Denkpause zwischendurch mag dieser Ausschnitt aus einem Volksmärchen gut sein: Drei Frauen wurden von einer Hexe in drei rote Rosen verwandelt. Eine der Rosen bekam nun die Erlaubnis, ihren Mann in ihrer wirklichen Gestalt zu besuchen und eine ganze Nacht bei ihm zu verbringen. Bei Tagesanbruch musste sie ihn wieder verlassen. »Wenn du morgen Früh auf die Zauberwiese kommst und mich abpflückst«, sagte die Frau, »bin ich von dem bösen Zauber erlöst. Aber nur wenn du mich pflückst und keine andere. Sonst sind wir alle auf immer verloren. Du darfst mir jedoch nicht folgen, wenn ich dich beim Morgengrauen verlasse, sondern du musst auf andere Weise herausfinden, welche von den drei Rosen ich bin.« – An welchem Merkmal erkannte der Mann seine Frau in der Rosengestalt?

Die Lösung finden Sie auf Seite 170.

Doch die meisten Rätsel zwischen Antike und Aufklärung waren eher theologische oder moralische Weisheitssprüche, die alle auf das größte, per se unlösbare Rätsel hinwiesen: auf Gott. Gott ist in allen monotheistischen Religionen ein Rätsel und will gar nicht, dass ein einfacher Gläubiger ihn »enträtseln« kann. Es gibt immer ein paar Menschen, die dem Göttlichen näherkommen als andere – von Mohammed berichtet dies der Koran, von Moses das Alte Testament und von Petrus das Neue Testament –, aber das letzte Geheimnis muss auch ihnen verborgen bleiben. Es gab (und gibt) unlösbare Rätsel. Im übertragenen Sinn weist diese Formulierung auf ein Wesen hin, das die Antworten auf »die letzten Fragen« besitzt. Heutzutage würde man sagen: ein philosophisches Bild, damals war es natürlich ein theologisches. Das unlösbare Rätsel war das Mysterium, das man weder verstehen noch lösen konnte – auch wenn man Menschen, die sich mit solch unlösbaren Rätseln beschäftigten, als »Wissende« ansah.

Was ist größer als Gott,
bösartiger als der Teufel?
Die Armen haben es,
die Glücklichen brauchen es,
und wenn du es isst, stirbst du!

Prüfen Sie Ihre
Lösung auf
Seite 170 nach.

Denksport in der Literatur

Klassische Autoren – von Homer über Cervantes und Grimmelshausen bis Schiller und Goethe – haben Rätsel und Denksportaufgaben in ihren Romanen verwendet, meist als Beweis für die Weisheit ihrer Protagonisten. So lässt Cervantes in seinem *Don Quijote* den braven Knappen Sancho Pansa eine Frage beantworten, die dessen Eignung als Statthalter einer Insel erweisen soll. Zwei alte Männer treten vor ihn und bitten ihn, Recht zu sprechen. Es geht um diesen Streitfall: Der eine hatte dem anderen zehn Goldstücke geliehen; nachdem der Gläubiger sehr lange gewartet hatte, fragte er seinen Schuldner eines Tages, wann er gedenke, ihm die zehn Goldstücke zurückzuzahlen. Da antwortete der, er hätte sie ihm schon zurückgezahlt, doch der Gläubiger bestand darauf, das Geld nie bekommen zu haben – nur gibt es für beide Aussagen keinen Zeugen. Nun fragt Sancho Pansa, ob der Gläubiger dem Schuldner glauben würde, wenn dieser auf die Bibel schwören würde, er hätte ihm das Geld zurückgezahlt. Der Gläubiger bejaht, der Schuldner bittet den Gläubiger, kurz seinen Rohrstock zu halten und schwört, das Geld zurückgegeben zu haben. Danach nimmt er seinen Stock wieder und will gehen, aber da beweist der scheinbar so einfältige Sancho Pansa seine Bauernschläue. Er hat messerscharf geschlossen, dass man einerseits auf die Bibel keinen Meineid schwört (nicht im Spanien des 16. Jahrhunderts!), dass es andererseits seltsam ist, wenn der Verdächtige vor dem Schwur dem Kläger seinen Stock gibt. Also muss das Geld im Stock sein. Und so war es auch. Eine schöne Geschichte und ein ebenso schönes Beispiel einer logischen Schlussfolgerung.

Unsere gesamte Kultur- und Literaturgeschichte wird nicht nur von Rätseln, sondern auch von ausgesprochen rätselhaften Persönlichkeiten durchzogen. Stellen Sie sich einmal vor, was geschähe, wenn einige dieser Charaktere zusammenträfen – richtig, eine ausgesprochen mysteriöse Unterhaltung wäre wohl die Folge. Hier finden Sie eine solche Unterhaltung, die der geheimnisvolle Baldanders (= »bald anders«; ein literarisches Fabelwesen, das ständig seine Erscheinung verändert) für Sie in ein Rätsel formuliert hat:

> »Wer die letzte Wahrheit kennt, magst du aus dieser Unterhaltung ermessen. Es sprach Nostradamus: Hermes Trismegistus oder Larifari Löffelstiel wissen beide um die letzte Wahrheit. Darauf entgegnete der heilige Franziskus: Nein, Hermes Trismegistus weiß sie nicht. Hermes Trismegistus sagte: B. Traven kennt sie. B. Traven jedoch sprach: Nein, ich kenne sie nicht. Larifari Löffelstiel sagte zum End: Zwei von uns allen haben gelogen. Daran magst du ermessen, wer tatsächlich im Besitz der Wahrheit ist.«

Nun sind Sie dran: Wer kennt die letzte Wahrheit? Geben Sie nicht zu schnell auf, schließlich werden Sie sich doch nicht von einer Fabelgestalt ins Bockshorn jagen lassen! Wenn zwei gelogen haben, müssen die anderen die Wahrheit gesagt haben. Das ist bei dieser Aufgabe hilfreich. Denken Sie nach, wer die Wahrheit gesagt haben kann, ohne sich mit anderen Aussagen zu verstricken.

Die Lösung finden Sie aber auch auf Seite 170.

Aus der persischen Geschichtensammlung *Tausendundein Tag* (nicht zu verwechseln mit den bekannteren Märchen aus *Tausendundeine Nacht*) stammt die Figur der grausamen Prinzessin Turandot, die ihren Freiern Rätsel stellt und alle köpfen lässt, die sie nicht lösen können. Schließlich taucht ein Prinz auf und umwirbt sie, und tatsächlich löst er die drei Rätsel: Was wird jede Nacht geboren und stirbt bei jeder Dämmerung? (Die Hoffnung.) Was flackert rot und warm, ist jedoch keine Flamme? (Blut.) Was ist wie Eis, das aber brennt? (Turandot.) Nun müsste sie ihn heiraten, aber der Prinz sieht ein, dass er ihre Liebe so nie erringen würde. Deshalb gibt er seinerseits der Prinzessin ein Rätsel auf. Sie soll seinen Namen erraten – Rumpelstilzchen lässt grüßen. Schafft sie es, kann sie über sein Leben verfügen. Weil er fern der Heimat ist, glaubt er, niemand würde ihn hier kennen, aber eine Sklavin Turandots (eigentlich eine verschleppte Prinzessin und früher in den Prinzen verliebt) erkennt ihn und bietet ihm an, zusammen mit ihr zu fliehen. Der Prinz lehnt ab, die Zurückgewiesene rächt sich und verrät Turandot dessen Namen – und die gesteht endlich ihre Liebe: Happy End, gemeinsame Thronbesteigung. Wir werden hier nur deshalb so ausführlich, weil wir zeigen wollen, wie verwoben Rätsel und Orakel, Weissagungen und Weisheitsfragen in Geschichte und Literatur sind. Rätsel waren immer mehr als nur Übungen für das Gehirn – sie waren moralische Eckpfeiler, göttliche Offenbarungen und uralte Weisheit zugleich.

Zum literarischen Abschluss ein Rätsel vom alten Geheimrat Goethe:

»Ein Bruder ist's von vielen Brüdern,
in allem ihnen völlig gleich,
ein nötig Glied von vielen Gliedern
in eines großen Vaters Reich;
jedoch erblickt man ihn nur selten,
fast, wie ein eingeschobnes Kind;
die anderen lassen ihn nur gelten
da, wo sie unvermögend sind.«

Die Lösung finden Sie auf Seite 171.

Rätsel als naturwissenschaftlicher Unterricht
In den meisten Denksportaufgaben spiegeln sich mathematische und physikalische Erkenntnisse wider. Solche Rätsel können uns noch als Erwachsene zeigen, wie man Mathematik im Alltag klug anwendet, auch wenn man die in der Schule gelernten Formeln längst vergessen hat. Ein Klassiker, der Mathematik auf das Vergnüglichste in eine Geschichte verpackt, ist dieser: Am Ufer eines Flusses steht ein Bauer mit einem Wolf, einer Ziege und einem Kohlkopf. Er will mit den dreien übersetzen, hat jedoch nur ein kleines Boot zur Verfügung, in dem außer ihm nur noch einer Platz hat – Wolf, Ziege oder Kohlkopf. Außerdem gibt es ein grundsätzliches Problem: Lässt er den Wolf und die Ziege allein, frisst der Wolf die Ziege. Lässt er die Ziege und den

Kohlkopf allein, frisst die Ziege den Kohlkopf. Wie also bringt er alle drei über den Fluss? Solche »unverträglichen Kombinationen« kommen in der angewandten Mathematik ständig vor – Ingenieure werden beispielsweise in der Steuer- und Regeltechnik damit konfrontiert.

Ihre Lösung können Sie auf Seite 171 überprüfen.

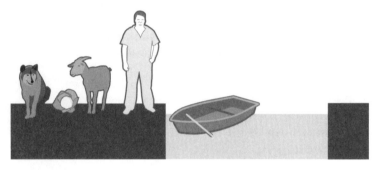

Abbildung 8: Kohlkopf, Ziege, Wolf und Bauer können gefährliche Paarungen ergeben.

Ein Denksportklassiker des Mathematikers Joseph Bertrand von 1888 über die Wahrscheinlichkeitsrechnung enthält eine Aufgabe, bei der in drei Holzkästchen mit je zwei Schubfächern im ersten Kasten in beiden Schubladen je eine Goldmünze liegt. Im zweiten Kasten liegt in jeder Schublade je eine Silbermünze, und im dritten Kasten liegt in der einen Schublade eine goldene, in der anderen eine silberne Münze. Man wählt nun zufällig einen Kasten aus. Wie hoch ist die Wahrscheinlichkeit, dass sich darin die Gold- und Silbermünze befindet? Eins zu drei – klar. Nun öffnet man in diesem Kasten die erste Schublade und findet darin eine Goldmünze. Wie hoch ist nun die Wahrscheinlichkeit, dass sich in der anderen Lade eine Silbermünze befindet? Wahrscheinlich werden Sie hier 50 zu 50 sagen, aber denken Sie ruhig noch etwas darüber nach.

Ob Sie richtig liegen, können Sie auf Seite 171 nachsehen.

In den USA breitete sich in den Jahren 1923/24 die folgende Aufgabe wie ein Lauffeuer aus. Sie fesselte die Amerikaner so sehr, dass sich die Bekannten sogar mit der Frage »Hello, how old is Anne?« begrüßten. Die Aufgabe lautet: Mary ist 24 Jahre alt. Sie ist doppelt so alt, wie Anne war, als Mary so alt war, wie Anne jetzt ist. Wie beantworten Sie die Frage: »How old is Anne?«

Die Lösung finden Sie auf Seite 171.

Dass auch heute noch vertrackte Grübeleien auf gesellschaftliches Interesse stoßen (und dass die sogenannten Profis dabei selten gut abschneiden), bewies etwa das »Drei-Türen-Problem« der amerikanischen Game-Show *Let's Make A Deal*. Dutzende von amerikanischen Mathematikprofessoren verwarfen hohnlachend den Gedanken einer gewissen Marilyn vos Savant, die erklärte, mit einem einfachen Kniff könne der Kandidat der Show am Ende seine Gewinnchancen erheblich erhöhen. Am Ende der Show steht der Kandidat nämlich vor drei Türen, hinter denen sich zwei Nieten und ein Hauptgewinn verbergen. Der Kandidat trifft seine Entscheidung für eine Tür. Die Trefferchance steht, ganz unumstritten, bei eins zu drei. Danach öffnet der Moderator (der natürlich genau weiß, hinter welcher Tür sich der Gewinn verbirgt) eine der beiden übrig gebliebenen Türen – natürlich die mit einer Niete. Nun kommt der Clou: Der Kandidat darf es sich noch einmal überlegen. Bleibt er bei seiner ersten Wahl oder ändert er sie noch einmal? Auf den ersten Blick scheint es unmöglich, dass der »Zufall« durch einen solchen Wechsel beeinflusst werden könnte. Tatsächlich erscheint unserem »gesunden Menschenverstand« die Wahrscheinlichkeitsverteilung unter den beiden ungeöffneten Türen 50 zu 50; welchen Sinn soll es also haben, die erste Entscheidung abzuändern? Und so dachten auch die meisten Mathematiker.

Aber sie lagen falsch. Die Kolumnistin Marilyn vos Savant (die ganz nebenbei einen IQ von 228 für sich in Anspruch nehmen darf) rechnete den Fachleuten vor, dass nach der Öffnung der Nietentür die Chancen für die erstgewählte Tür natürlich bei einem Drittel bleiben, die für die verbleibende jedoch steigen, nämlich auf genau zwei Drittel zu einem Drittel. Das heißt, wenn der Kandidat seine Entscheidung revidiert, gewinnt er (rein statistisch) in zwei von drei Fällen.

Genauso wie man Denksportaufgaben löst, sollte man auch an Probleme des Alltags herangehen. Wenn der beste Mann im Büro gleichzeitig so unausstehlich ist, dass keiner mit ihm zusammenarbeiten will, wenn der Internetbrowser bei einer bestimmten Website immer wieder aussteigt, wenn die Bank den Kredit erst geben will, wenn das Geschäft, für den Sie ihn brauchen, schon gelaufen ist ... eigentlich alles Denksportaufgaben, und die Lösungen sind in den wenigsten Fällen geradlinig. Und wenn man schon Denksportaufgaben ebenso betrachtet wie berufliche und private Probleme, darf man auch getrost ihren Lösungsmechanismus übernehmen.

Lösungsstrategie

1. **Inspektion** Betrachten Sie alle Einzelheiten eines Problems ausgiebig und studieren Sie deren Beziehungen zueinander.

2. **Inkubation** Wenn sich das Problem nicht schnell (und komplett) lösen lässt, prägen Sie sich seine Daten ein und nehmen Sie es mit sich. Denken Sie nicht ständig daran, lassen Sie den Kopf »im Hintergrund« denken.

3. **Inspiration** Irgendwann spüren Sie, dass sich ein Funke entzündet, ein neuer Zusammenhang erschließt sich plötzlich, die Richtung der Lösung wird klar.

4. **Verifikation** Jetzt können Sie wieder bewusst an Ihrem Problem arbeiten. Haben Sie eine Lösung gefunden, vertrauen Sie ihr nicht zu schnell, sondern überprüfen Sie sie ausführlich und unter allen Gesichtspunkten.

Aber wie im Leben gibt es auch bei den Denksportaufgaben verschiedene Problemtypen, die es zu erkennen gilt: Ist es eine harmlose, aber ehrliche Kombinationsübung? Eine verklausulierte Paradoxie? Ein Wort- oder Sinnspiel, eine mathematische Finesse oder gar nur eine Fußangel?

Letztere sind bei Denksportaufgaben besonders häufig. Nur ein Beispiel: Ein Flugzeug stürzt exakt auf der Grenze zwischen Frankreich und Deutschland ab. Wo werden die Überlebenden begraben? Ach, so schnell schon gemerkt! Gut, vielleicht haben wir Ihren IQ unterschätzt, aber dann können Sie uns sicher auch die folgende Frage nach der gesuchten Person beantworten: Vater und Sohn fahren vom Skiurlaub zurück; auf der vereisten Autobahn gerät der Wagen ins Schleudern, prallt gegen einen Lkw, der Vater ist sofort tot, der Sohn wird mit schwersten Kopfverletzungen per Hubschrauber in die nächste Klinik geflogen. Eine komplizierte Hirnoperation ist unumgänglich, und deshalb fliegt man eine Stunde später eine Koryphäe aus der Hauptstadt ein. Die will gerade den Patienten untersuchen, schreckt aber zurück und sagt: »Ich kann unmöglich operieren. Das ist mein Sohn!«

Ob Sie bei der Identifizierung der gesuchten Person richtig liegen, verrät Ihnen die Lösung auf Seite 171.

Um auch bei Alltagsproblemen vor solchen »Scheinfragen« gefeit zu sein, sollten Sie sich die Grundregeln aller Denksportler zu Eigen machen:

- ▪ Studieren Sie die Frage sorgfältig. Untersuchen Sie jeden einzelnen Aspekt, und versichern Sie sich, dass es nicht eine Scheinfrage ist, an die Sie Ihre Zeit verschwenden.
- ▪ Gehen Sie mit Selbstvertrauen an die Arbeit. Wenn es keine Scheinfrage ist, werden Sie sie auch lösen können. Vielleicht nicht sofort, vielleicht nicht in diesem Monat. Aber nichts ist zu schwer für Sie, und für unbekannte Fachgebiete lassen sich Spezialisten finden.
- ▪ Betrachten Sie den Zusammenhang. Manche Probleme lassen sich verallgemeinern, aber Ihres ist immer ganz speziell. Glauben Sie nie, dass es ein Zufall ist, dass es so speziell gefasst ist!
- ▪ Verbeißen Sie sich nicht in die Aufgabe. Rätsel löst man nicht unbedingt zielstrebig. Geben Sie Intuition und Fantasie ihre Chance. Entspanntes Fabulieren und Querdenken sind meist der bessere Weg.

- Lassen Sie keine Beschränkungen zu. Oft scheinen Aufgaben so schwer, weil man sie zu eng fasst. Viele Probleme existieren nur deswegen, weil sie innerhalb von Rahmen und Begrenzungen festgeschrieben sind, die man durchaus infrage stellen kann.
- Probleme wie Denksportaufgaben ähneln sich immer wieder – hat man einmal das Muster erkannt, löst man sie blitzschnell. Was bei der Denksportaufgabe die zwei Indianerstämme sind, von denen einer immer lügt und der andere immer die Wahrheit sagt, sind im Alltag die Vorgesetzten, die immer nur das Beste wollen und dabei den Bock zum Gärtner machen. Thema erkannt, Gefahr gebannt!
- Drehen Sie das Problem um! Fragen Sie nicht, wie es gehen könnte, fragen Sie, warum es nicht gehen kann! Ein konträrer Ansatz kann schon die Lösung bedeuten.

Klassiker zum Warmwerden

Eine Schnecke ist in einen Brunnen gefallen. Gut, dass kein Wasser darin war, sonst wäre sie ertrunken. Sie ist unten heil angekommen, aber jetzt muss sie sich an das mühsame Geschäft des Wiederaufstiegs machen. Der Brunnenschacht ist 18 Meter tief, und auch wenn sie sich noch so anstrengt, mehr als 7 Meter schafft sie pro Tag nicht. In der Nacht rutscht sie wieder 4 Meter zurück. Nun stellt sich die Frage: Wann erreicht sie den Brunnenrand?

Ihre Antwort können Sie auf Seite 171 überprüfen.

In einem Teich schwimmt eine Seerose. Sie verdoppelt ihre Fläche auf dem Wasser jeden Tag. Nach 30 Tagen ist der Teich komplett mit Seerosen bedeckt. Wie lange würde es wohl dauern, bis der Teich zugewachsen ist, wenn sich am Anfang vier Seerosen im Teich befunden hätten?

Die Lösung finden Sie auf Seite 171.

Sogar Blumen können Zahlen sein: Auf einer Wiese wachsen 35 Blumen. Rote, rosafarbene und weiße, und zwar doppelt so viele rosafarbene wie weiße. Wenn jemand von dieser Wiese vier Blumen pflückt und eine davon rot sein muss, wie viele Blumen von jeder Farbe wachsen dort?

Die Lösung steht auf Seite 171.

Zwei Maler sollen ein Haus streichen. Sie arbeiten gleich schnell und gleich gut und hätten gemeinsam für diese Aufgabe drei Tage benötigt. Nach dem ersten Tag wird aber einer der beiden Maler krank, und sein Kollege muss alleine weiterarbeiten. Nach wie vielen Tagen ist das Haus fertig gestrichen?

Kontrollieren Sie Ihre Antwort auf Seite 172.

Von zwei Literflaschen ist die eine zur Hälfte mit Wein, die andere zur Hälfte mit Wasser gefüllt. Nun schütten Sie ein Glas Wein (ein Viertelliter) in die Wasserflasche, schütteln sie durch und schütten aus dieser Mischung ein Glas (ebenfalls ein Viertelliter) zurück in die Weinflasche. Ist nun mehr Wein im Wasser als Wasser im Wein oder etwa umgekehrt?

Die Lösung können Sie auf Seite 172 einsehen.

Das alles sind klassische Mathematikaufgaben, allerdings geschickt verkleidet und spannender formuliert als die Textaufgaben, an die sich die meisten von Ihnen noch aus Ihrer Schulzeit erinnern dürften. Der Unterschied ist, dass man dabei zwar Formeln verwenden kann (wenn man sich an eine passende erinnert), vor allem aber Logik und Vorstellungsvermögen gefragt sind. Ein deutliches Beispiel für den Unterschied zwischen Logik und Rechenkunst, zwischen einfach und kompliziert zu denken, gibt diese Aufgabe:

Zwei Fußgänger, die 12 Kilometer voneinander entfernt sind, gehen gleichzeitig mit einer Geschwindigkeit von 4 Kilometern pro Stunde aufeinander zu. Als sie losgehen, fliegt gleichzeitig ein Vogel von der Schulter des ersten Fußgängers in gerader Linie auf den zweiten zu, wendet sofort, wenn er ihn erreicht hat, und fliegt zum ersten zurück. Von dort fliegt er ohne Pause wieder zum zweiten und so weiter, immer hin und her, bis sich die beiden Fußgänger schließlich treffen. Der Vogel fliegt mit einer Geschwindigkeit von 30 Stundenkilometern. Wie viele Kilometer hat er insgesamt zurückgelegt, bis sich die beiden Fußgänger treffen?

Dieses Rätsel lässt sich relativ kompliziert mit einer sogenannten »geometrischen Reihe« lösen. Eine geometrische Reihe ist die Folge, deren Glieder die Summe der ersten n-Glieder (Partialsummen) einer geometrischen Folge sind. Erfahrene Mathematiker lösen diese Aufgabe ganz automatisch so und kommen gar nicht auf die Idee, dass man es auch anders machen kann. Nämlich viel einfacher. Kommen Sie darauf, wie?

Die Lösung finden Sie auf Seite 172.

Elegante Vereinfachungen sind Ausdruck kreativen Denkens, wobei natürlich nicht alle Mathematiker (nicht einmal alle Mathematiklehrer) unkreative Formelreiter sind. Einer der bekanntesten Mathematiker, der 1777 in Braunschweig geborene Carl Friedrich Gauß, erfuhr am eigenen Leib, dass kreatives Denken Lust und Frust zugleich bedeuten kann. Als zehnjähriger Schüler bekamen er und seine Klassenkameraden die Aufgabe gestellt, alle Zahlen von 1 bis 100 zusammenzuzählen. Der kleine Gauß war schon nach einer Minute fertig – und die Zahl stimmte. Der Lehrer war darüber nicht erfreut, sondern unterstellte ihm Betrug. Wie konnte er auch glauben, dass dieses kleine Rechengenie quasi nebenbei den Binomischen Lehrsatz gefunden hatte. Er hatte die Aufgabe näher betrachtet und gemerkt, dass die jeweils erste und letzte Stelle dieser Zahlenreihe immer 101 ergab (1 + 100, 2 + 99, 3 + 98, 4 + 97 ...) und dass es davon 50 Paare gab. Also rechnete er einfach: 50 x 101 = 5 050.

Das ist ebenso erstaunlich wie schön. Und Schönheit, Ästhetik und Klarheit sind fast immer Beweise für eine gelungene Problemlösung. Wenn ein Beweis »rund« ist, stimmt er auch, ebenso wie für einen erfahrenen Chemiker ein ästhetisches Molekülmodell spontan richtig ist oder für den Physiker eine ausgewogene Formel. Man kann tatsächlich »schön denken«, dann sind die Beweise schlicht und klar, die Lösungswege elegant und die Schlussfolgerungen einleuchtend. Auch wenn Sie grundsätzlich wissen, wie man bestimmte Aufgaben löst oder bestimmten Problemen zu Leibe rückt, versuchen Sie es doch einmal anders. Lassen Sie Formeln und Ablaufdiagramme beiseite, entscheiden Sie spontan und intuitiv, gehen Sie absichtlich weit in die Irre (oft findet man dort erst eine Lösung), und versuchen Sie, neue, ungewöhnliche Wege zu beschreiten. Nachdem Sie wissen, dass unser Gehirn ein flexibles und sich ständig neu organisierendes Organ ist, sollte auch das Denken darauf abgestimmt sein. Die meisten Entdeckungen und Erfindungen sind übrigens auf solchen »Irrwegen« entstanden.

Heureka! – angewandter Denksport

»Heureka!« dürfen Sie immer ausrufen, wenn Sie eine knifflige Aufgabe gelöst haben. Sie befinden sich damit in bester Gesellschaft. Der Legende nach soll der Grieche Archimedes ebenfalls »Ich hab's!« gerufen haben, nachdem er in seiner Badewanne ein verzwicktes Problem gelöst hatte. Der bedeutendste Mathematiker der Antike wurde wohl auch von seinem König Hieron von Syrakus sehr geschätzt, denn dieser übertrug ihm die sensible Aufgabe, herauszufinden, ob die neue Königskrone aus reinem Gold war oder mit billigeren Metallen versetzt. Weder konnte Archimedes die Krone einschmelzen, um dies zu prüfen, noch gab es damals chemische Testverfahren, um den Goldanteil nachzuweisen. Eine anspruchsvolle Aufgabe also. Hochleistungsdenksport. Lassen Sie uns den Weg zwischen zwei scheinbar nicht zusammenhängenden Fragen nachzeichnen – aus dem die Lösung für beide resultierte. Die eine Frage lautete: »Ist die Krone aus reinem Gold?« Die andere Frage kam Archimedes, als er sich in eine bis zum Rand gefüllte Badewanne legte und viel Wasser auf den Fußboden floss. »Warum läuft gerade diese Menge Wasser über?« Die Antwort auf seine zweite Frage ist bekannt: Er erkannte, dass jeder Körper in einem Medium (flüssig oder gasförmig) so viel verdrängt, wie es seinem Körpervolumen entspricht. Das war also gleichzeitig die Lösung für das Problem Hierons. Archimedes tauchte die Krone in ein randvoll mit Wasser gefülltes Gefäß und danach einen Goldbarren mit demselben Gewicht wie die Krone. Die Krone verdrängte mehr Wasser

Abbildung 9: Archimedes bei der Anwendung des Auftriebsgesetzes. Holzschnitt aus Vitruvii *De Architectura libri decem*, Venedig 1511.

Denken 111

als der Barren, besaß also Anteile von leichterem Metall. Aus diesem Erlebnis leitete Archimedes dann sein berühmtes Prinzip vom Auftrieb ab. Da Gold eine größere Dichte besitzt als Wasser, sinkt es und verdrängt die Flüssigkeit seinem Volumen entsprechend. Minderwertigeres Metall sinkt auch, hat aber eine geringere Dichte als Gold und muss also bei gleichem Gewicht ein größeres Volumen haben. Wenn nun ein Objekt eine geringere Dichte hat als Wasser, schwimmt es.

Archimedes kannte zwar noch keine Eiswürfel, mit denen er seinen Wein hätte kühlen können, aber was hätte er nach seiner Erfahrung mit dem Auftrieb wohl zu dieser Frage gesagt: In einem Krug, der bis zum Rand mit Wasser gefüllt ist, schwimmt ein Eiswürfel. Was passiert, wenn er schmilzt?

Die Antwort finden Sie auf Seite 172.

Experimente machen wir alle ständig, meist ohne es bewusst wahrzunehmen. Wir beobachten unsere Umwelt, und wenn wir ein bestimmtes Problem mit uns herumtragen, werden wir unbewusst jede Beobachtung mit ihm in Beziehung bringen. Nehmen Sie sich doch einmal dieses Problems an: In einem Banktresor befinden sich 30 Geldkassetten in denen Goldmünzen liegen. In jeder Kassette liegen jeweils 30 Münzen. Nun ist das Gerücht aufgetaucht, in einer – und nur in einer – dieser Kassetten lägen falsche Goldmünzen. Eine echte Goldmünze wiegt 10 Gramm, eine falsche nur 9 Gramm. Der Bankdirektor möchte gerne herausfinden, in welcher Kassette das falsche Gold liegt. Aber er hat sehr wenig Zeit, denn die Revision steht vor der Tür. Im Tresorraum steht eine Digitalwaage, die auf 1 Gramm genau arbeitet. Der Bankdirektor hat gerade mal Zeit für eine einzige Wägung. Wie schafft er es trotzdem herauszufinden, in welcher Kassette die falschen Goldmünzen sind?

Denken Sie gut nach, bevor Sie Ihre Lösung auf Seite 172 kontrollieren.

Wiegen und Messen sind beliebte Disziplinen bei Denksportaufgaben, wahrscheinlich weil sich dabei am leichtesten mathematische Aufgaben in Geschichten übersetzen lassen. Ein Klassiker ist das folgende Problem: Vor Ihnen liegen zwölf Metallkugeln, die sich äußerlich nicht unterscheiden. Eine jedoch ist schwerer. Sie haben eine Balkenwaage und nur drei Versuche. Wie finden Sie die schwerere heraus? Gut, das haben Sie wahrscheinlich schnell gelöst. Aber man kann die Aufgabe noch etwas anspruchsvoller machen. Vor Ihnen liegen wieder zwölf Metallkugeln, die äußerlich völlig gleich sind – nur ist eine Kugel nun leichter *oder* schwerer. Auch dieses Mal haben Sie nur drei Versuche.

Die Lösung finden Sie auf Seite 173.

Schwierig, wenn man sich auf die Waage nicht verlassen kann: Sie möchten 2 Kilogramm Zucker abwiegen. Sie haben aber nur eine Balkenwaage mit zwei ungleich langen Armen, ein 1-Kilogramm-Gewicht, ein paar Tüten und jede Menge Zucker. Wie sollten Sie dabei vorgehen?

Auf Seite 173 steht, wie es geht!

In einem Päckchen Tee sind 75 Gramm. Der Kunde möchte aber nur 55 Gramm kaufen. Die Teeverkäuferin hat zwar eine Balkenwaage, aber keine so kleinen Gewichte. Alles, was sie findet, ist ein Päckchen Safran von 25 Gramm und ein Zuckerpäckchen von 40 Gramm. Hat sie eine Chance, damit genau 55 Gramm abzuwiegen?

Kontrollieren Sie Ihre Antwort auf Seite 174.

Die Bauern in Tirol wiegen ihre Äpfel noch nach alter Tradition ab – mit nur vier unterschiedlich großen Steine und einer Balkenwaage. Mit einem Mühlstein, der 40 Pfund wiegt und in exakte Teile gebrochen wurde, können sie jedes Gewicht von einem bis 40 Pfund abmessen. Da stellt sich natürlich die Frage, wie schwer diese vier Teile des Mühlsteins sind.

Die Antwort erfahren Sie auch auf Seite 174.

Und wenn Sie schon im Wiegerausch sind, hier eine letzte Denksportaufgabe mit der Balkenwaage: In jeder Schale einer Balkenwaage steht ein mit Wasser gefülltes Gefäß. In das eine Glas stellt man eine Rose, eine zweite, gleich schwere Rose wird quer über das zweite Glas gelegt, aber so, dass sie das Wasser nicht berührt. Die Waage ist nun im Gleichgewicht, und wir warten einige Zeit. Was wird passieren, wenn die flach auf dem Glas liegende Rose trocknet?

Die richtige Lösung steht auf Seite 174.

Eigentlich sind die Waagen nur das Symbol für Gleichungen, und was auf den verschiedenen Waagschalen liegt, kann man auch als »Zahlen« verstehen. Sanduhren und Wassereimer sind auch nichts anderes als »Zahlen«. Das können Sie an diesen Beispielen sehen: Sie haben zwei Sanduhren. Die eine braucht sieben Minuten, bis sie durchgelaufen ist, die andere vier Minuten. Wie können Sie nun mithilfe dieser beiden Sanduhren exakt neun Minuten abmessen?

Ihre Antwort können Sie auf Seite 174 überprüfen.

Sie haben zwei Behälter – der eine fasst genau 3 Liter, der andere 5 Liter. Die beiden Behälter haben keine Markierungen. Sie stehen vor einer Wassertonne und müssen exakt 4 Liter Wasser abmessen. Wie machen Sie das?

Kontrollieren Sie Ihre Antwort auf Seite 174.

Ein Wasserbehälter soll gefüllt werden. Die vier zur Verfügung stehenden Pumpen haben unterschiedliche Leistungen. Mit der stärksten dieser Pumpen könnte der Behälter in einer Stunde gefüllt sein, mit der zweitstärksten in zwei Stunden. Die dritte Pumpe benötigte drei Stunden zum Füllen und die vierte sechs Stunden. Da der Behälter möglichst schnell aufgefüllt werden muss, werden alle vier Pumpen gleichzeitig eingesetzt. In welcher Zeit wird der Behälter gefüllt?

Ihre Lösung können sie mit der auf Seite 174 vergleichen.

Vielleicht wäre es angesichts unseres so arg kritisierten Schulsystems eine gute Idee, den Unterricht mit Denksportaufgaben anzureichern. In Rätseln kann man sogar mathematische Formeln verpacken. Überlegen Sie doch einmal, welche Ihnen bei dieser Frage helfen könnte: Ein Herbststurm hat einen 9 Meter hohen Fahnenmast beschädigt. Der Mast wurde 4 Meter über dem Erdboden abgeknickt. In welcher Entfernung vom Fuß des Mastes berührt seine Spitze den Boden?

Ihr Ergebnis können Sie auf Seite 175 überprüfen.

Man kann sogar höhere Mathematik mit solchen Aufgaben abbilden, etwa so: Wenn drei Zwerge in einem Raum sind und vier hinausgehen, dann muss einer wieder reingehen, damit keiner mehr drin ist. Das ist jedoch kein Klassiker mehr, sondern das führt uns schon ins nächste Kapitel: zur Fragwürdigkeit des gesunden Menschenverstands nämlich.

Denkfehler

Der gesunde Menschenverstand ist eine schwer zu ermittelnde Größe. Und eine gefährliche. Der gesunde Menschenverstand findet es zum Beispiel ganz in Ordnung, dass man etwas gegen die globale Erderwärmung unternimmt, also bringt er uns dazu, das Auto zu verkaufen, hat aber nichts dagegen, dass wir immer noch in den Ferien nach Australien reisen. Schließlich fliegen die Flugzeuge auch ohne uns. Ökobilanztechnisch ein Desaster, aber dem gesunden Menschenverstand nicht zu vermitteln. Denn der verschätzt sich gerne. Das ist ein typisches Erkennungsmerkmal, wie auch sein Adjektiv »gesund«. Wenn ein Zustand damit beschrieben wird, heißt es vorsichtig zu sein. Nur das »gesunde Volksempfinden« ist noch gefährlicher als der gesunde Menschenverstand. Aber lassen wir dieses einfache Denken (das auch an Stammtischen vorzugsweise betrieben wird) doch einmal arbeiten. Vielleicht sehen wir dann, wie es funktioniert – und wie leicht es danebenliegt.

> »Zu glauben, es gäbe nur eine Wahrheit, ist von allen Illusionen die gefährlichste.«
> **Paul Watzlawick**

Das engstirnige Gehirn oder: der gesunde Menschenverstand

Stellen Sie sich vor, der Präsident eines Staates, der in seiner Jugend mal etwas Marx gelesen hat, beschließt, die Verteilung des Wohlstands in seinem Land neu zu regeln. Er will keine Revolution und keine Steuerreform, er hat sich etwas ganz Innovatives ausgedacht. Er teilt seine Bürger in fünf Klassen ein: Arme, Bedürftige, Normalverdiener, Wohlhabende und Reiche. Nun soll jeweils zwischen zwei Gruppen der Wohlstand ausgeglichen werden, aber zwischen zwei benachbarten wohlgemerkt. Der Plan sieht vor, dass zuerst der Wohlstand zwischen Armen und Bedürftigen ausgeglichen wird (das heißt, das Vermögen beider Klassen wird zusammengefasst und anschließend wieder auf alle Mitglieder beider Klassen gleichmäßig verteilt), dann zwischen Bedürftigen und Normalverdienern, dann zwischen Normalverdienern und Wohlhabenden und schließlich zwischen Wohlhabenden und Reichen. Nun finden die Reichen aber, dass sie bei diesem Plan schlecht wegkommen. Sie möchten, dass man bei der Verteilung von oben anfängt, also zuerst zwischen Wohlhabenden und Reichen einen Ausgleich schafft, dann zwischen Normalverdienern und Wohlhabenden, und so weiter bis zu den Armen. Seltsamerweise akzeptieren die Armen diesen Vorschlag sofort. Was sagt da der gesunde Menschenverstand? Und was würden Sie sagen – als Armer, aber auch als Reicher?

Ihre Rechnung können Sie mit der Lösung auf Seite 175 vergleichen.

Der gesunde Menschenverstand mischt sich sogar da ein, wo er überhaupt nichts zu suchen hat: in der Mathematik. Nehmen wir einmal an, die Erde wäre eine exakte Kugel mit glatter Oberfläche, ohne Berge und Täler. Der Umfang beträgt genau 40 000 Kilometer. Nun legen wir ein Seil um den Äquator, das natürlich auch 40 000 Kilometer lang ist, oder jedenfalls sein sollte. Dummerweise ist das Seil um einen Meter zu lang, misst also 40 000,001 Kilometer. Wahrscheinlich dachte sich der Hersteller, bei der Länge käme es auf einen Meter mehr oder weniger nicht an. Nun stellen Sie sich vor, dass dieses um einen Meter längere Seil quasi über dem Äquator schwebt (weil es ja länger ist), sodass der Abstand zur Erde überall gleich ist. Jetzt ist der »gesunde Menschenverstand« gefragt. Wie hoch schwebt das Seil über der Erde? Irgendwas im Mikrometerbereich? Einen Millimeter? Ein paar Zentimeter? Schätzen Sie einmal. Dann stellen Sie sich vor, dass Sie ein Seil straff um eine Bowlingkugel legen, dass Sie anschließend auch dieses Seil um einen Meter verlängern und dass es – wie bei der Erde zuvor – auch im gleichen Abstand um die Kugel schwebt. Wie groß wäre dieser Abstand wohl? Genau, den haben Sie ziemlich gut geschätzt!

Aber jetzt kommt der schreckliche Schock für den gesunden Menschenverstand: Der Abstand ist überall derselbe, bei der Bowlingkugel und bei der Erde, wenn man das Seil, das sie umspannt um einen Meter verlängert – nämlich ungefähr 16 Zentimeter.

Unglaublich? Schauen Sie auf Seite 175 nach!

Vorsicht also mit der Vorstellungskraft des gesunden Menschenverstands. Damit kann man nur einfache Probleme lösen, für kompliziertere – oder hinterlistig formulierte – ist er meist ein zu grobes Werkzeug. Sich einen komplexen Vorgang im Gehirn plastisch vorzustellen, dazu eine Veränderung und das Resultat quasi abzulesen, ist eine intellektuelle Anstrengung – aber sie trainiert das Gehirn ungemein. Machen Sie doch gleich den Test mit folgender Situation:

Ein Flugzeug fliegt von Berlin nach Rom und wieder zurück. Während der beiden Flüge weht ein ziemlich kräftiger Wind, exakt in der Richtung Rom–Berlin. Dass Rückenwind den Flug beschleunigt und Gegenwind ihn verlangsamt, ist klar. Aber dauern Hin- und Rückflug genau so lange wie die Flüge bei Windstille? Oder länger? Oder fliegt man insgesamt gesehen sogar kürzer? Und wenn ja, warum?

Ihre Lösung können Sie auf Seite 176 überprüfen.

Sie sehen, es heißt vorsichtig zu sein bei solchen Fragen. Die erste, spontane Antwort kann »logisch« sein – aber nicht unbedingt richtig. Hier nun eine Frage, bei der jeder sofort eine Antwort parat hat. Aber ist sie auch wirklich richtig?
    Eine Familie hat zwei Kinder. Eines davon ist ein Junge. Wie hoch ist die Wahrscheinlichkeit, dass auch das andere Kind ein Junge ist?

Denken Sie gut nach, bevor Sie die Lösung auf Seite 176 nachschlagen.

Hier steigt unser engstirniges Gehirn aus, denn es fehlt ihm doch etwas an abstraktem Vorstellungsvermögen. Selbst Mathematiker können sich das nicht vorstellen – aber sie wissen, dass es so ist, weil sie es sofort im Kopf ausrechnen können. Mathematiker wissen auch, dass es unendlich viele ganze Zahlen gibt, aber es gibt genauso viele ganze gerade Zahlen – obwohl die ungeraden doch die Hälfte davon ausmachen müssten. Aber nun gibt es auch noch Primzahlen, also die Zahlen, die nur durch 1 und sich selbst teilbar sind. Man hat noch nicht alle gefunden (tatsächlich suchen Tag und Nacht Großrechner, um die nächste zu finden, inzwischen ist man bei $2^{32582657}-1$ angekommen), und man wird sie auch nicht alle finden, denn man weiß, dass es unendlich viele davon gibt. Versteht das der »gesunde Menschenverstand«? Kaum. Das muss er glauben. Die Mathematik kann unser auf schlichtes »Be-greifen« ausgerichtetes Denken besonders leicht in die Irre führen. Schlimmer noch, wenn wir etwas sehen und anfassen können, und die Mathematik uns beweist, dass wir unseren Sinnen nicht mehr vertrauen können.

Optische Täuschungen
Nehmen Sie zum Beispiel einen schlichten Papierstreifen. Sie werden doch zugeben, dass er eine Ober- und eine Unterseite und zwei seitliche Außenkanten hat. Sie schreiben auf ihn oben ein »A« und unten ein »B«. Die Buchstaben stehen also sicher nicht auf derselben Seite. Das können Sie notfalls beschwören, sogar viel Geld darauf verwetten. Sollten Sie aber nicht tun. Jeder Mathematiker erklärt Ihnen, dass die beiden Buchstaben auf derselben Seite stehen, ja, dass dieser Papierstreifen sogar nur eine Oberfläche hat. Und das geht so: Man verwindet die Enden eines Papierstreifens um 180 Grad und klebt sie zusammen. Fertig ist ein unmögliches Objekt, denn wenn Sie auf diesem Streifen von einem Punkt ausgehend parallel zur Kante entlangfahren, kommen Sie wieder zu diesem Punkt zurück, ohne von der Oberseite zur Unterseite zu wechseln. Denn es gibt nur noch eine Seite.

Dieses Möbiusband (benannt nach dem Leipziger Mathematiker August Ferdinand Möbius, der dieses Phänomen 1858 entdeckte) ist ein »in sich selbst übergehendes Objekt«, das heißt, Sie haben etwas in der Hand, was es eigentlich nicht geben dürfte: Ein zweidimensionales Objekt in einem dreidimensionalen Raum. Natürlich haben Mathematiker dieses Phänomen längst eingeordnet und »unschädlich gemacht«. Sie nennen es eine »nicht-orientierbare Mannigfaltigkeit«, was kein Nichtmathematiker versteht, aber was dem Wunder dieses schlichten Papierstreifens trotzdem nichts von seiner Einzigartigkeit nimmt. Besonders interessant ist, wie unser Gehirn auf dieses »Etwas-ist-was-nicht-sein-kann« reagiert, denn schließlich haben wir in der Schule gelernt, dass wir in einem vierdimensionalen Raum-Zeit-Kontinuum leben, in dem es nichts Zweidimensionales geben darf. Man sieht also, es gibt Grenzen, jenseits derer die Orientierung, die wir unserem Denken gegeben haben, nicht mehr hilft. Das GPS im Gehirn hat keinen Empfang mehr. Dann heißt es hinaus-, hinunter- oder hinaufzuspringen ins freie, ungeschützte Denken. Im Gehirn scheint

Abbildung 10: Das Möbiusband

es ein Notprogramm für solche Unmöglichkeiten zu geben, die wir uns nicht erklären, aber durchaus mit Genuss betrachten können. Ebenso wie optische Täuschungen, die uns gleichzeitig begeistern und verwirren, denn irgendetwas scheint unseren klaren Blick zu trüben. Optische Täuschungen sind Bilder, die das Auge aufnimmt, ohne dass es dem Gehirn gelingt, sie richtig zu verstehen. Solche Wahrnehmungstäuschungen basieren auf den unterschiedlichsten Effekten, auf Nachbildwirkungen der Netzhaut, auf Täuschungen durch Ablenkung, Kontrast oder Farbe, auf Licht und Schatten oder auf unseren festgefahrenen Sehgewohnheiten. In allen Fällen scheint sich das Sehsystem geirrt zu haben, was man leicht beweisen kann, wenn man andere Sinne zur Hilfe nimmt, um die Täuschung aufzuklären. Betrachten Sie nun Abbildung 11. Sie werden schon etwas Zeit brauchen, um diese Schrift zu entziffern, nicht nur, weil sie in Englisch ist.

Abbildung 11: Die seltsame Schrift

Das ist bei der Mischung aus optischer Täuschung und Kombinationsaufgabe, die Sie auf Abbildung 12 vorfinden, nicht der Fall. Die hier abgebildeten Zeichen sind weder deutsch noch englisch, sie sind international – und Sie kennen sie natürlich. Sie sehen sie jeden Tag und schreiben sie auch, denken über sie nach oder verfluchen sie auch schon einmal. Dann müsste es doch für Sie das Einfachste auf der Welt sein, das nächste Zeichen in dieser Reihe zu schreiben.

Abbildung 12: Die merkwürdigen Zeichen.

Die Lösung finden Sie auf Seite 176.

Optische Täuschungen gibt es zuhauf, denn nichts ist leichter, als unser Auge zu täuschen. Aber viel schöner ist es, das Gehirn zu täuschen. Betrachten Sie doch einmal die beiden Zeichnungen von Abbildung 13. Auf beiden sind dieselben Puzzleteile zusammengesetzt, und jedes Mal ergibt sich ein spitzwinkliges Dreieck. Nur – wie man an der quadratischen Rasterung sieht – das untere Dreieck ist plötzlich um ein Quadrat größer. Wie kann das angehen? Bevor Sie sich in endlosen Denkschleifen verlieren, wollen wir das unmögliche Puzzle aufklären: Das große und das kleine Dreieck haben nicht dieselben spitzen Winkel (obwohl es so aussieht), und das führt dazu, dass – je nach Anordnung der verschiedenen Teile – das große Dreieck einmal minimal nach oben gewölbt ist, dann wieder etwas nach unten. In der Summe macht das tatsächlich ein kleines Rasterquadrat aus.

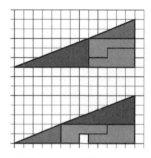

Abbildung 13: Das Problem der Dreiecke.

Der niederländische Maler und Grafiker M. C. Escher hat begeistert und begeisternd Welten gezeichnet, die es nicht geben kann. Er hat keine Augentäuscherei betrieben, sondern geometrische Fantastik. Er hat die berühmte endlose Treppe geschaffen, Reptilien, die aus der Zeichenfläche kriechen und wieder in ihr verschwinden, Metamorphosen und unvorstellbare Perspektiven. Aber im Unterschied zu den optischen Täuschungen, bei denen bestimmte Bilder das Sehsystem narren, hat er geistreiche Weltsichten erschaffen, mit denen er direkt unser Gehirn ansprechen konnte. Natürlich kann man im dreidimensionalen Raum keine Treppe bauen, die dort endet, wo sie begonnen hat. Aber im zweidimensionalen Bild geht das, und wenn man trickreich unsere Sehgewohn-

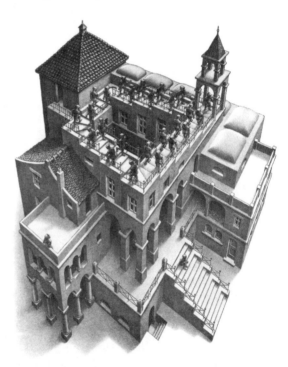

Abbildung 14: Treppauf und treppab, Lithographie von 1960, M. C. Escher
M.C. Eschers's »Ascending and Descending« © 2007 The M.C. Escher Company – Holland. All rights reserved.

heiten als Werkzeug der Überlistung einsetzt, schafft man es auch, dass wir wie staunende Kinder immer wieder die hinauf- und hinabsteigenden Mönche mit den Augen verfolgen.

Sie können aber auch Ihre eigene Hirntäuschung fabrizieren und damit bei langweiligen Besprechungen oder Partys die Neuronen der Anwesenden aktivieren. Falten Sie ein quadratisches Stück Papier in der Mitte, sodass zwei Rechtecke aufeinanderliegen. Sie erhalten so eine Art Namenskarte, die Sie vor sich auf den Tisch stellen können. Mit einer Schere machen Sie drei gerade Schnitte und bekommen dadurch diese (scheinbar) unmögliche Figur. Aber wie? Zerschneiden und neu zusammenkleben gilt nicht.

Abbildung 15: Die unmögliche Figur

Die Anleitung zeigt Ihnen Seite 176.

Wissen ist göttlich – sich zu verschätzen ist menschlich

»Pi mal Daumen« ist die klassische Formulierung, wenn man etwas abschätzt. Sehr treffend, denn wir wissen in den seltensten Fällen, was »Daumen« in diesem Zusammenhang bedeuten soll, und die Konstante Pi kennen die meisten von uns nur bis zu den ersten vier oder fünf Stellen nach dem Komma. Ansonsten können Menschen wirklich erstaunlich gut schätzen – in ihren begrenzten Möglichkeiten. Legt man einem Erwachsenen einen etwa armlangen Holzstab ohne Maßeinteilung vor und bittet ihn auf die genaue Mitte zu deuten, dann schafft er das in über 90 Prozent aller Fälle mit einer Genauigkeit von bis zu 2 Zentimeter. Gibt man einem Menschen ein Paket Zucker in die Hand, kann er fast immer sagen, ob es mehr oder weniger als ein Pfund wiegt. Wir können Entfernungen bis zu 30 Meter einigermaßen gut abschätzen, die jeweilige Tageszeit und wie lange es noch dauert, bis die Nudeln im Topf al dente gekocht sind. Man kann diese Fähigkeiten verbessern, wenn man sie trainiert. So können Architekten mit einiger Erfahrung die Höhe von Gebäuden sehr genau abschätzen, Anstreicher die Quadratmeterzahlen einer Wohnung und Förster die Kubikmeter eines gefällten Baums. Aber all das sind schlicht Weiterentwicklungen der frühmenschlichen Überlebensfunktionen – hier schätzt der gesunde Menschenverstand. Bei anderen Aufgaben sind wir mit Daumen und Pi rettungslos verloren.

Sie möchten ein Beispiel? Gerne. Am 28. August 888 wurde Neundorf, ein von den Römern gegründetes Eifeldorf, zum ersten Mal urkundlich erwähnt. Das ist nichts, was zur Allgemeinbildung gehört. Das Auffällige an diesem Datum ist, dass es nur aus geraden Zahlen besteht: 28.8.888. Nun schätzen Sie einmal (bitte schätzen und nicht ausrechnen!), wie viele Tage, Monate oder Jahre es wohl gedauert hat, bis wieder ein Datum nur mit geraden Zahlen kam.

Schätzen Sie schnell, und lesen Sie die Lösung auf Seite 176 nach.

Bei allem, was man in die Hand nehmen kann, verschätzt man sich nicht so leicht. Wie sieht es aber zum Beispiel mit einem Bauwerk wie dem Eiffelturm aus? Was schätzen Sie, wie schwer der ist? 8, 80, 800 oder 8 000 Tonnen? Richtig. Das haben Sie gut gemacht. Nun ein kleines Gedankenexperiment: Der Eiffelturm ist 300 Meter hoch und wiegt tatsächlich 8 000 Tonnen. Würde man ihn aus dem gleichen Material tausendmal kleiner in einer Höhe von 30 Zentimetern originalgetreu nachbauen, wie schwer wäre er dann? Schätzen Sie einmal, wie viel so ein gusseiserner Briefbeschwerer wiegen könnte. 8 Gramm, 80 Gramm, 800 Gramm, 8 Kilogramm oder 80 Kilogramm?

Die richtige Lösung finden Sie auf Seite 176.

Nun haben Sie Ihren gesunden Menschenverstand schon einigermaßen trainiert, sodass er Gewichte besser schätzen kann. Dann versuchen Sie es doch einmal mit einem modernen Märchen: Der arme Müllergeselle, der nach seiner Lehrzeit nur eine Gans als Bezahlung erhielt, beschwerte sich: »Früher bekamen die Gesellen in Märchen so wertvolle Dinge wie einen Esel-streck-dich, ein Tischlein-deck-dich oder einen Knüppel-aus-dem-Sack. Und heute? Eine schäbige Gans!«
»Immerhin hat sie gute 12 Pfund«, antwortete der Müller ungerührt. »Und wenn's dir nicht passt, kannst du ja zu der Fee in den Wald gehen und sie bitten, die Gans in Gold zu verwandeln.«

Der Müllergeselle ging tatsächlich zu dieser Fee, und sie erfüllte seinen Wunsch. Plötzlich lag vor ihm ein Goldklumpen in Form und Größe der Gans. »Ich bin Millionär!«, rief der Müllergeselle, nahm die Gans unter den Arm und lief glücklich mit ihr nach Hause. Was meinen Sie dazu? Halten Sie diesen Ausgang für glaubwürdig? Natürlich abgesehen davon, dass es heute keine Feen mehr gibt.

Ihre Antwort können Sie auf Seite 177 überprüfen.

Ein anderes Thema, bei dem man sich leicht verschätzen kann, ist Geld. Dass der gesunde Menschenverstand mit den meisten Geldoperationen schlicht überfordert ist, verschafft Banken, Versicherungen und Ratenzahlungsinstituten ihre Existenzgrundlage. Banker wissen um die zerstörerische Urgewalt des Zinseszins, aber sie lieben diese Funktion auch, denn sie bringt ihnen satte Gewinne. Wenn Sie 100 Euro auf ein Sparkonto legen, sagen wir zu 3 Prozent, werden Sie nach einem Jahr 103 Euro haben. Diese 3 Euro Zinsen werden sich im nächsten Jahr jedoch mitverzinsen, sodass Sie nicht 106 Euro im zweiten Jahr haben, sondern 106,09 Euro. Das klingt harmlos, aber auf die Dauer nimmt die Dynamik des Zinseszins gewaltig zu.

Was exponentielles Wachstums anrichten kann, lässt sich mit einem kleinen Bespiel verdeutlichen, bei dem der gesunde Menschenverstand sich wieder wundern dürfte. Nehmen wir doch einmal an, im Jahr 7 unserer Zeitrechnung hätte es eine Bank gegeben, bei der ein Vorfahre von uns ein kleines Goldkügelchen von 1 Millimeter Durchmesser zu einem realen Jahreszins von 3,5 Prozent angelegt hätte. Danach hätte keiner seiner Nachkommen je wieder etwas auf dieses »Konto« einbezahlt, die Wertsteigerung des winzigen Kügelchens wäre also lediglich durch den Zinsgewinn geschehen. Nachdem wir den Goldwert durch die Jahrhunderte hindurch schlecht vergleichen können, nehmen wir einfach das Volumen dieser Kugel und lassen es langsam anwachsen. Durch den Zinseszins ist dieses kleine Goldkügelchen, das anfangs nur 1 Millimeter Durchmesser hatte, heute auf den enormen Durchmesser von etwa 12 600 Kilometer angewachsen. Das bedeutet, wir wären Eigentümer einer Goldkugel, die fast die Größe der Erde besäße. Das zeigt zum einen, dass derart lange Anlageformen unmöglich sind – zum anderen, dass unserer gesunder Menschenverstand von Geld recht wenig Ahnung hat.

Der gesunde Menschenverstand ist ein Trickbetrüger
Was halten Sie von folgender Finanztransaktion: Sie leihen sich von Ihrem Freund 1 000 Euro und vereinbaren monatliche Rückzahlungsraten. Nach einem Monat sind 500 Euro fällig, nach dem zweiten 250 Euro und so fort, jeweils einen Monat später die Hälfte der Restschuld. Wann ist der ganze Betrag zurückgezahlt? Natürlich nie, weil immer ein Rest bleibt. Das könnte Sie jetzt an den Wettlauf zwischen Achilles und der Schildkröte erinnert haben.

Sie sehen, man verschätzt sich mit dem gesunden Menschenverstand recht leicht. Lesen Sie sich doch einmal die folgenden zwölf Aussagen durch, und schätzen sie schnell und spontan, welche stimmen und welche nicht:

- Ein regulärer Golfball hat 336 Vertiefungen.
- Eine Giraffe kann länger ohne Wasser leben als ein Kamel.
- Ein schwer arbeitender Erwachsener schwitzt bis zu 15 Liter am Tag.
- Ein Jumbo-Jet verbraucht beim Start über 15 000 Liter Treibstoff.
- Ein Hai kann Blut in Wasser bis zu einer Verdünnung von 1 zu 100 000 000 erkennen.
- Nach einem britischen Gesetz von 1845 war Selbstmordversuch ein Kapitalverbrechen und wurde mit dem Tod durch Hängen bestraft.
- Hunde können 20-mal besser riechen als Menschen.
- Es leben etwa genauso viele Hühner wie Menschen auf der Erde.

- Barbies Maße, wenn sie Lebensgröße hätte, wären 100-59-84.
- Der Mond hat das gleiche Volumen wie der Pazifische Ozean.
- Das Auge eines Straußes ist größer als sein Hirn.
- Tiger haben gestreifte Haut, nicht nur gestreiftes Fell.

Ihre Antworten können Sie mit den Lösungen auf Seite 177 abgleichen.

Spiegelfechtereien und Scheingefechte

Bei einem Spiegelbild ist bekanntlich links und rechts vertauscht, aber wenn ein Spiegel links und rechts vertauscht, dann müsste er doch logischerweise ebenso auch oben und unten vertauschen. Trotzdem ist dies nicht der Fall, warum?

Dass ein Spiegel links und rechts vertauscht, ist in Wirklichkeit ein großer Irrtum. Tatsächlich vertauscht ein Spiegel nicht links und rechts, sondern vorne und hinten. Was sich links vor dem Spiegel befindet, ist ja tatsächlich auch links zu sehen, genauso wie etwas rechts vor dem Spiegel auch rechts zu sehen ist, nur scheinen die Gegenstände sich nicht vor, sondern hinter dem Spiegel zu befinden. Wenn man einen Gegenstand im Spiegel betrachtet, so hat man den Eindruck, in diese Blickrichtung (zum Spiegel hin) auf den Gegenstand draufzuschauen. Tatsächlich blickt man aber genau von der umgekehrten Richtung (vom Spiegel zurück) auf den Gegenstand.

Derselbe Effekt ergibt sich, wenn man einen Text auf eine durchsichtige Folie schreibt. Betrachtet man die Folie von der anderen Seite, so erscheint der Text spiegelverkehrt. Dabei hat man aber nicht links und rechts vertauscht, sondern vorne und hinten. Ein Spiegel kann aber auch oben und unten vertauschen, wenn man ihn auf den Boden legt, denn vorne und hinten entspricht so den Richtungen oben und unten. Man blickt dann nach unten auf den Spiegel und sieht die Decke.

Spiegelverkehrtes Denken dagegen ist etwas ganz anderes. Dabei betrachtet man eine Aufgabe, die klar und einfach formuliert zu sein scheint – und merkt nicht, dass man es mit einem Trick zu tun hat, mit einer Spiegelung der Logik, einer Blendung der Gedanken, wie immer Sie es nennen möchten. Hier ein Beispiel dazu:

Ein Mann steht vor einem Porträt. Jemand fragt ihn: »Wer ist das auf dem Bild, das Sie sich da ansehen?« Er antwortet: »Brüder und Schwestern habe ich keine, aber der Vater dieses Mannes ist der Sohn meines Vaters.« Wessen Porträt betrachtet der Mann?

Erstaunlich viele Menschen kommen zu der falschen Antwort, dass der Mann sein eigenes Porträt betrachtet. Sie versetzen sich selbst an die Stelle des Mannes, der vor dem Porträt steht, und argumentieren folgendermaßen: »Da ich keine Brüder und Schwestern habe, muss der Sohn meines Vaters ich selbst sein. Deshalb betrachte ich ein Bild von mir selbst.«

Die erste Aussage dieser Begründung ist völlig richtig, denn wer weder Bruder noch Schwester hat, ist in der Tat selbst der Sohn seines Vaters. Es folgt jedoch nicht, dass »ich selbst« die Antwort auf die Frage ist. Hätte der zweite Teil des Satzes geheißen: »dieser Mann ist der Sohn meines Vaters«, dann hätte die Antwort »ich selbst« lauten müssen. Aber die Aufgabe war eine andere, nämlich: »Der Vater dieses Mannes ist der Sohn meines Vaters.« Woraus folgt, dass »ich selbst« für den Vater *dieses* Mannes gilt, folglich hat der Betrachtende ein Porträt seines Sohnes vor sich.

Wenn der skeptische Leser noch immer nicht überzeugt ist (und wir sind sicher, viele von Ihnen sind es nicht!), so könnte es vielleicht helfen, wenn man die Sache schrittweise betrachtet: (1) Der Vater dieses Mannes ist der Sohn meines Vaters. Wenn wir den schwerfälligen Ausdruck »der Sohn meines Vaters« durch »ich selbst« ersetzen, erhalten wir (2) »der Vater dieses Mannes bin ich selbst«. Sind Sie jetzt überzeugt?

Solche Fragen können ebenso undurchsichtig sein wie verspiegelte Sonnenbrillen. Und auch dazu gibt es eine Aufgabe, von deren einfacher Formulierung Sie sich nicht blenden lassen sollten: Sie kaufen sich eine Sonnenbrille mit dunklen Gläsern, aber ohne UV-Schutz, und schauen damit ins grelle Sonnenlicht. Wie wirkt sich das Tragen dieser Sonnenbrille aus?

Die Antwort gibt Ihnen Seite 177.

Drei blendende Spiegelfechtereien

- »Der berühmte Hirnforscher ist bei seinem letzten Geburtstag 56 Jahre alt geworden.«
  »Dann wird er also bei seinem nächsten Geburtstag 57.«
  »Nein.«
  »Er ist gestorben?«
  »Nein.«
  Wie ist das möglich?

- Ein Bücherwurm nimmt sich als besondere Delikatesse *Meyers Großes Konversationslexikon* vor. Die Bände stehen nebeneinander im Regal, in alphabetischer Reihenfolge von links nach rechts. Als sorgsamer Bücherwurm frisst er sich immer exakt horizontal durchs Papier. Am Morgen beginnt er auf der ersten Seite des ersten Bandes und frisst sich bis zum Abend zur letzten Seite des zweiten Bandes durch. Wie viele Zentimeter hat er zurückgelegt? Hilfreich dabei könnte sein, wenn Sie wissen, dass jeder Buchblock (also nur die Seiten) 6 Zentimeter dick ist und jeder Einbanddeckel 1 Zentimeter.

- Jede Stunde startet ein Jet vom Frankfurter Flughafen Richtung New York, und ebenso startet jede Stunde eine Maschine von New York in Richtung Frankfurt. Wenn Sie davon ausgehen, dass der Flug zehn Stunden dauert, wie viele Jets begegnen Ihnen dann bei einem Flug?

Die Lösungen finden Sie auf Seite 177.

Spieltheorie: Die Logik der Unvernunft

Nachdem wir nun wissen, dass der gesunde Menschenverstand wenig mit Logik zu tun hat, möchten wir zeigen, in welchen Labyrinthen er sich noch verlaufen kann. Denn wenn jemand sagt: »Ist doch logisch!«, dann heißt das nicht mehr, als dass etwas in seinem ganz individuellen Denksystem stimmig ist. Besonders verwirrend wird es für das brave Durchschnittsgehirn, wenn sich Logik, Glücksspiel, Wirtschaft und höhere Mathematik zu einer brisanten Mixtur vereinigen, so wie sie das in der Spieltheorie getan haben. Mit dieser »Logik der Unvernunft« lassen sich Börsenentwicklungen ebenso vorhersagen wie die besten Pokerstrategien. Und aus den teilweise recht »unlogischen« Gesetzmäßigkeiten dieser Theorie lassen sich Spiele ableiten, mit denen man viel Spaß haben kann – und anderen noch dazu das Geld aus der Tasche ziehen kann. Trockene Theorie? Weit gefehlt.

Leuten, die gerne etwas zum Gelingen einer Party beitragen und nebenbei auch noch einen anständigen Reibach machen möchten, geben wir den Rat: Versteigern Sie einen 10-Euro-Schein! Sie glauben, dass sei ein besonders dämliches Partyspiel? Niemand wird einen 10-Mark-Euro ersteigern? Sie täuschen sich. Die Regeln sind simpel: Das Mindestgebot sind 50 Cent, und mit 50-Cent-Schritten wird auch weitergesteigert. Sie sollten dieses Spiel nicht mit weniger als sechs Leuten spielen – nach oben hin gibt es keine Begrenzung. Halten Sie den 10-Euro-Schein hoch und nehmen Sie die Gebote an – und weisen Sie die Bieter auf eine kleine Sonderregelung hin (die nämlich diese Auktion zu einem besonders perfiden Beispiel für die Spieltheorie macht): Diese Sonderregel besagt, dass nicht nur der letzte Bieter, der den Zuschlag bekommt, zahlt, sondern auch der Vorletzte. Theoretisch kann man also für 1 Euro einen 10-Euro-Schein ersteigern. Aber eben nur theoretisch. Denn in einer aufgekratzten Spielerrunde wird keiner so schnell aufgeben, vor allem der Vorletzte nicht, denn der müsste ja zahlen, ohne etwas davon zu haben. Also wird auch er weiter bieten.

Der Wirtschaftstheoretiker Martin Shubik hat sich dieses Spiel ausgedacht und es häufig mit 1-Dollar-Scheinen auf Partys in New York gespielt. Der Grundeinsatz war 1 Cent. Durchschnittlich lag das letzte Gebot für den 1-Dollar-Schein bei 3,40 Dollar, und nachdem ja auch der vorletzte Bieter zahlen musste, bekam Shubik im Schnitt fast 7 Dollar für seinen versteigerten. Unglaublich? Nein.

Denn zur Logik kommen die Gier und der »gesunde Menschenverstand« – und der ist tödlich unlogisch, etwa so logisch wie Börsenentwicklungen.

Die drei kritischen Phasen nach Shubik

1. Die Entwicklung Man muss als Auktionator die Leute bei der Gier packen und sie wie ein guter Gebrauchtwagenverkäufer schnell heiß machen. »Wer will für einen Euro einen Zehner verdienen?«, ist ein guter Einstieg, und nach dem ersten Einsatz sollte kommen: »50 Cent sind geboten, wer will also einen Zehner für 'nen Euro haben? Eine 1-zu-9-Rendite, Leute!« Wenn einmal die ersten Gebote gemacht sind, läuft die Auktion wie von selbst. Bis zur nächsten kritischen Phase:

2. Die Halbzeit Bei 5 Euro könnte den ersten Mitspielern der Gedanke kommen, dass nach dem nächsten Gebot von 5,50 Euro der Auktionator auf jeden Fall ein gutes Geschäft machen wird. Aber hier tritt der Egoismus in Kraft. Der nächste Bieter macht ja immer noch ein besseres Geschäft – nur dumm für den vorletzten Bieter, denn der zahlt ja, ohne etwas zu kriegen. Die letzte Hürde ist nicht mehr so schwierig:

3. Die Irrationalität Wenn der kritische 10-Euro-Punkt erreicht ist, wird es auch noch dem Letzten klar, dass die Bieter hier die Verlierer sind. Denn der, der vorne liegt, zahlt ab jetzt mehr für den Zehner, als er wert ist. Und der Vorletzte zahlt sogar 10 Euro – für nichts. Ab jetzt dominiert der Steinzeitmensch in uns. Keine Rede mehr von Strategie, Mathematik oder Wirtschaftlichkeit, alles klare Denken ist aus den Köpfen geblasen, und alle Bieter sind nur noch besessene Alphawölfe. Oder Verlustminimierer, was genauso dumm ist. Denn die Überlegung »Wenn ich jetzt aufhöre, verliere ich 10 Euro, aber wenn ich weitermache, verliere ich vielleicht nur einen Euro« ist eben falsch. Richtig ist ...

... bei solchen Spielen erst gar nicht mitzuspielen.

Nicht gewinnbare Spiele
Ein solches Spiel war zum Beispiel der Vietnamkrieg (und wahrscheinlich fällt jeder Krieg in diese Kategorie), und tatsächlich erschien Shubiks Artikel auf dem Höhepunkt des verbissenen amerikanischen Militärdesasters. Mathematiker und Wirtschaftstheoretiker erkannten sofort, dass die »Dollarauktion« ein Modell für die sinnlose Eskalation eines nicht zu gewinnenden Krieges war, ein Beispiel für irreale Aktionen intelligenter Menschen, ein Beispiel für universelles Suchtverhalten. Der amerikanische Journalist Allan I. Teger schrieb dazu das Buch mit dem entlarvenden Titel *Zu spät zum Aufhören*. Der Vietnamkrieg war nicht zu gewinnen, und deshalb dauerte er auch so lange. Obwohl die Profis unter den Militärs das schon sehr früh erkannt hatten.

Wie ist es möglich, dass in einem riesigen Stab voller Spezialisten und hochgebildeter Menschen solche blinden Entscheidungen fallen und sie fast endlos wiederholt werden? Es scheint ein Naturgesetz zu sein, übrigens auch ein Eckstein der modernen Spieltheorie von John von Neumann. Man bezeichnet dieses Phänomen auch als »Concorde-Falle« (man könnte sie genauso gut die »Rhein-Main-Donau-Kanal-Falle« oder die »Trans-rapid-Falle« nennen), denn die Kosten des von Briten und Franzosen gemeinsam entwickelten legendären Überschallflugzeugs stiegen so rapide an, dass jedem Finanzcontroller schnell klar war, dieses Projekt würde niemals schwarze Zahlen schreiben. Tatsächlich war die Concorde bis zu ihrem Ende ein Verlustgeschäft, und man hätte mehr Geld gespart, wenn man nach seiner Entwicklung das Projekt einfach abgeschlossen und alle bis dahin gebauten Maschinen an die technischen Museen dieser Welt verschenkt hätte. Aber das ging nicht, denn es handelte sich um ein Prestigeobjekt – und immer wenn sich Wirtschaft mit Staatsdünkel paart, entsteht ein Desaster. Das können Kriege ebenso wie Firmenpleiten sein, ja sogar Streiks. Oft verursacht der durch einen Streik angerichtete wirtschaftliche Schaden höhere Kosten, als wenn sich die Parteien gleich auf die Höchstforderung (!) der Arbeitnehmer geeinigt hätten. Und zugleich ist oft der Verdienstausfall der Streikenden höher als ihr schlussendlicher Zugewinn. Verrückte Welt? Nein, das ist Neumanns Spieltheorie in voller Aktion.

**Was ist schon ein 10-Euro-Schein –
nehmen Sie doch lieber eine Million!**
Wenn Sie glauben, komplexe Phänomene ließen Sie kalt, dann möchten wir Ihnen ein Angebot machen: Gewinnen Sie eine Million! Nein, nicht bei Günther Jauch (das braucht zu viel Allgemeinwissen und gute Telefonjoker), auch nicht beim Lotto, Toto oder durch ein Los bei einer Klassenlotterie – schreiben Sie einfach eine Postkarte und gewinnen Sie eine Million Euro. Aber eine Neumann-Regel kommt dazu – Sie ahnen es schon. Der Preis hängt von der Anzahl der Bewerber ab. Wenn tatsächlich nur ein Einziger eine Postkarte schreibt, bekommt er die Million. Aber wahrscheinlich ist das nicht. Wahrscheinlich werden viele Menschen Karten schreiben, und die Million teilt sich dann durch die Anzahl der Bewerber. Einer wird gewinnen, aber eben nur eine Million geteilt durch die Anzahl der Bewerber. Da wird eine Million ganz schnell klein. Wenn die *Bild-Zeitung* etwa eine Million nach dieser Regel ausschriebe und nur jeder zweite Leser mitspielte, bekäme der Sieger ganze 30 Cent. Die Post jedoch ... Na, einer muss ja der Sieger sein.

Aber wie kann man bei solchen Spielen optimal reagieren? Da kommt eine neue und überraschende Komponente ins Spiel – ausgerechnet die Moral. Ziel der Mitspieler ist es, möglichst viel vom Jackpot (maximal eine Million) zu kriegen, Ziel des Jackpot-Halters ist es, möglichst wenig auszuzahlen. Das zweite Ziel ist realistischer, weil man getrost mit der Gier der Menschen rechnen darf. In diesem Falle ist Gier jedoch mathematisch »falsch«, nicht nur moralisch. Der perfekte Weg, dieses Millionenspiel zu spielen, wäre also folgender: Ein Würfel wird gefertigt, der so viele Seiten hat wie es Mitspieler gibt. Dann würfelt jeder Mitspieler damit, und derjenige (wahrscheinlich der Einzige), der die Eins würfelt, spielt mit – die anderen verzichten. Nur ein Gedankengebäude, zugegeben, denn ein solcher Würfel wird nicht herzustellen sein, aber der Weg ist klar. In einer Lotterie, die dem Gewinnspiel quasi vorgeschaltet ist, muss man vorher einen Sieger ermitteln, und der darf dann als Einziger mitspielen. Aber das ist eben nur Theorie.

In der Praxis hat man aus Neumanns Spieltheorie spannende Schlüsse auf das optimale Verhalten der Wirtschaft ziehen können:

Auch hier ist Gier (etwa der Manchester-Kapitalismus) schädlich und Moral nutzbringend. Nicht weil die Mitbewerber moralisches Handeln honorieren, sondern weil sich Kooperation auszahlt und Konfrontation meist beiden schadet. Der »Goldene Weg« der Spieltheorie ist eigentlich ein alter Hut, mit anderen Worten schon oft formuliert, aber im Kern immer derselbe: »Was ihr wollt, das euch die Leute tun sollen, das tut ihr ihnen auch«, spricht Jesus Christus nach Matthäus 7,12. Von Konfuzius, Platon, Aristoteles und Seneca ist Ähnliches überliefert. »Handle so, als ob die Maxime deines Handelns durch deinen Willen zum allgemeinen Naturgesetz werden sollte.« Das ist Kants kategorischer Imperativ, und auch der folgende Klospruch ist eine Ableitung davon, mit dem man eine erstklassige Gewinnstrategie in Händen hält: »Verlassen Sie diesen Ort bitte so, wie Sie ihn vorzufinden wünschen!«

Gewinnt also immer das Gute, wenn sich alle darauf einigen? Muss nachhaltiger wirtschaftlicher Gewinn auch moralisch sauber sein? Ein gewagter Schluss aus Neumanns Theorie, aber ein letztes Experiment soll ihn untermauern.

Das Gefangenendilemma

1950 stellten die beiden Mathematiker Merrill Flood und Melvin Dresher zum ersten Mal ein logisches Dilemma vor, das sich wie ein Krimi liest: Die Polizei fängt zwei Gangster (nennen wir sie Anton und Bruno), hinter denen sie schon lange her ist, denen sie aber noch nie etwas nachweisen konnte. Nun sind die beiden nur wegen Fahrens mit überhöhter Geschwindigkeit eingesperrt. Sie sitzen in zwei getrennten Zellen und haben keine Möglichkeit, miteinander zu kommunizieren. Da macht der Staatsanwalt einem der beiden folgenden Vorschlag: »Wenn Sie die Verbrechen gestehen, die wir Ihnen und Ihrem Komplizen nicht nachweisen können, lasse ich Sie frei, und auch die Sache mit der Geschwindigkeitsübertretung vergessen wir. Ihr Komplize bekommt dafür allerdings fünf Jahre. Das gilt aber nur, wenn er nicht gesteht. Sollte er ebenfalls gestehen, ist Ihr Geständnis nicht viel wert, und wir werden Sie beide einlochen, jeden für vier Jahre. Sollten Sie nicht gestehen, Ihr Partner aber schon, kommen Sie für fünf Jahre in den Knast. Gestehen Sie beide nicht, werden wir Sie beide wegen schweren Verkehrsvergehens für je zwei Jahre ins Gefängnis schicken. Ihrem Partner habe ich gerade dasselbe gesagt. Sie haben jeder ein Stunde Zeit, darüber nachzudenken. Bedenken Sie: In einer Stunde könnten Sie theoretisch frei sein!«

Die beiden schweren Jungs hegen keine Gefühle füreinander, beide wollen nur so billig wie möglich davonkommen. Was ist für sie die logische Lösung: Gestehen oder nicht?

	Anton schweigt	Anton gesteht
Bruno schweigt	Bruno: 2 Jahre Anton: 2 Jahre	Bruno: 5 Jahre Anton: 0 Jahre
Bruno gesteht	Bruno: 0 Jahre Anton: 5 Jahre	Bruno: 4 Jahre Anton: 4 Jahre

Tabelle 1: Das Gefangenendilemma

Darüber dürfen Sie sich nun den Kopf zerbrechen, nur eines noch als Anregung dazu: Wären die beiden Bonnie und Clyde, das berühmte Gangsterpärchen, gewesen, wäre ihre Wahl ganz klar und einfach – und damit auch ganz richtig. Aber bei denen waren ja Gefühle im Spiel ...

Die Antwort finden Sie auf Seite 177.

Looogisch!
Was soll ein derart theoretisches Dilemma mit der Realität zu tun haben? Täuschen Sie sich nicht – das ist die Realität! Denken Sie zum Beispiel an zwei Besitzer unmittelbar benachbarter Tankstellen, die an jedem Monatsanfang festlegen müssen, wie teuer das Benzin für die nächsten vier Wochen ist. Jetzt wäre es gut zu wissen, welchen Preis der andere gerade im Kopf hat – aber solche Fragen lassen sich nur per Spieltheorie zufriedenstellend lösen. Falls der eine seinen Preis etwas senkt und davon ausgeht, dass er damit viel mehr Benzin verkauft – also auch mit einem niedrigeren Preis einen höheren Gewinn macht –

sollte der andere besser nicht auf denselben Gedanken kommen, denn dann verdienen beide mit dem niedrigen Preis weniger als mit dem des letzten Monats. Besser wäre, beide würden die Preise gleichmäßig anheben, dann stiege auch bei beiden der Gewinn. Und warum einigen sich die beiden nicht vorher über den neuen Preis? Weil das in unserem Wirtschaftssystem nicht vorgesehen ist und man so etwas verbotene Preisabsprache nennt. Das Kartellamt wurde gerade wegen dieses perfekten Wettbewerbsmittels gegründet. Wer keinen Spion bei der Konkurrenz sitzen hat, sollte sich wenigstens in der Spieltheorie auskennen.

Es ist klar, dass die Spieltheorie von großer Bedeutung ist für internationale Verhandlungen und Abrüstungskonferenzen. Aber für unseren Alltag? Es gibt viele Situationen, in denen wir entscheiden müssen, ob wir zuerst ein Angebot machen oder ein gegnerisches Angebot abwarten. Wir müssen entscheiden, ob wir maximales Risiko eingehen oder vorsichtig taktieren. Wir müssen entscheiden, ob wir uns an Abmachungen halten oder nicht, oder entscheiden, wie wir verhindern, dass Vertragspartner Abmachungen nicht einhalten. Wie wählt man optimal? Wie verhandelt man optimal? All diese Fragen werden unserem Gehirn täglich des Öfteren gestellt – und es entscheidet meist, ohne das Problem logisch zu analysieren. Nehmen Sie etwa das Problem des neidfreien Teilens. Das kennt man in der Außenpolitik ebenso wie in der Familie. Der Klassiker dazu ist der Restaurantbesuch mit dem Chef, der anregt, eine gemischte Fischplatte für zwei Personen zu bestellen. Die Platte kommt, und darauf liegt ein kleinerer und ein größerer Fisch. Der Angestellte nimmt sich den größeren Fisch, worauf sein Chef verärgert sagt: »Das ist wirklich schlechter Stil. Ich hätte den kleineren Fisch genommen.« Darauf der Angestellte: »Beschweren Sie sich nicht. Den haben Sie ja auch bekommen.«

Dieser scheinbar schlichte Witz ist eigentlich höhere Mathematik, denn nur so kann neidfreies Teilen funktionieren – der andere muss für den einen teilen. Nicht für sich. Bei Grenzstreitigkeiten etwa hat es wenig Sinn, wenn der Verhandlungsführer des Landes A seine Grenzen festlegen will, er sollte es für den Verhandlungsführer des Landes B tun. Wenn jeder in die Rolle das anderen schlüpft, kommt ein tragfähiger Kompromiss schneller zustande als bei klassischen Verhandlungen unter Gegnern. Außerdem werden solche Kompromisse von beiden Partnern emotional besser angenommen. Inzwischen werden solche Szenarien für neidfreies Teilen von außenpolitischen Unterhändlern ebenso angewendet wie von Schlichtern bei Tarifverhandlungen.

Wenn Sie das Prinzip des neidfreien Teilens verstanden haben, werden Sie bestimmt auch diese Aufgabe lösen können: Zwei Manager bewerben sich um einen Posten im Vorstand. Der Vorstandsvorsitzende teilt ihnen mit, dass er – nachdem ihre Qualifikationen völlig gleich sind – eine ganz besondere Aufgabe für sie hat.»Ihre Abteilungen sind mit derselben Menge Mitarbeiter besetzt, die alle die gleichen Qualifikationen haben. Sie sollen nun einen Plan zur Umstrukturierung des Vorstands ausarbeiten lassen. Und wessen Abteilung den schlechteren Vorschlag hat, der bekommt den Posten.«

Die beiden Manager schauen sich etwas befremdet an, aber dann fällt ihnen ein, wie man bei dieser Vorgabe tatsächlich einen ernsthaften Wettbewerb durchführen kann.

Ob Ihr Vorschlag das Problem löst, können Sie auf Seite 178 kontrollieren.

Pyramidensysteme: Die Gewinner werfen die Schneebälle – die Opfer liegen unter der Lawine
Das Pyramidenprinzip ist altbekannt. Und doch finden sich immer wieder Menschen mit krimineller Energie, die mit dieser schlichten mathematischen Exponentialreihe erfolgreich Geld machen. Eine harmlose Form aus der Vergangenheit war das Rundschreiben, mit dem Jugendliche andere darum baten, ihnen Ansichtskarten aus den Ferien zu schicken. Doch diese Tradition aus den Tagen des Briefmarkensammelns ist inzwischen von Ketten-E-Mails und Schneeball-SMS abgelöst worden. Das Prinzip ist immer dasselbe: Einer startet die Pyramide und schickt an zehn andere (es kann jede andere Zahl sein, aber alles zwischen acht und zwölf hat sich als optimal herausgestellt) eine Nachricht. Diese wiederum sollen dieselbe Nachricht an zehn andere aus ihrem Bekanntenkreis schicken – und so weiter. Man sieht, nach fünf Durchläufen hat der Initiator immerhin schon 100 000

Denken **135**

Menschen erreicht. Das geht natürlich in der Praxis nie so glatt wie in der Theorie, denn die Kette kann reißen (besonders leicht am Anfang), oder die Adressaten sind aus verschiedenen Gründen (Angst vor Viren, Übersättigung durch solche Ketten) nicht mehr bereit, mitzuspielen. Doch solange kein Geld im Spiel ist, verdient eine solche Schneeballschlacht wenig Beachtung. Natürlich macht immer jemand einen kleinen Gewinn, die Telekom etwa oder Mobilnetzbetreiber, aber ein Schneeballsystem mit Kapital sieht anders aus. Die schlichteste Form ist die, dass Sie dem Initiator eine bestimmte Summe überweisen, dafür auf seine Liste kommen, diese an andere weiterschicken und hoffen, dass Sie einmal ein Vielfaches Ihres Einsatzes zurückbekommen. Die Hoffnung ist nur gerechtfertigt, wenn Sie zu den Schneeballwerfern der ersten Stunde gehören – und somit zu einem kriminellen Kreis. Denn obwohl in den letzten Jahren so hübsche Bezeichnungen wie »Herzkreise«, »Pilotenspiel«, »Trian«, »Perle im Internet«, »Schenkkreise«, »Lotusblüten-Kreise«, »Power Circle«, »Ellipsen-Kreise«, »Die Tafelrunde« gefunden wurden, sind das allesamt nur neue Namen für alte Hüte. Das deutsche Recht ist da eindeutig: Gewinnspiele, bei denen nach mathematischen Grundsätzen nur die ersten Mitspieler einen Gewinn erzielen können, während die Masse der später hinzukommenden Teilnehmer ihren Einsatz verlieren muss, und die auch genau darauf angelegt sind, verstoßen gegen die guten Sitten und sind deshalb nichtig (§ 138 Abs. 1 BGB).

Praktisch laufen solche Pyramidenspiele so ab: Sie werden aufgefordert, 1 000 Euro an den Kopf der Pyramide (einer der Initiatoren des Spiels) zu verschenken. Wurde er nun von insgesamt acht Spielern beschenkt, scheidet er aus und nimmt seine 8 000 Euro mit. Die anderen Spieler rutschen jeweils einen Platz höher, müssen aber auch neue Leute anwerben, damit die Pyramide auch eine feste Basis hat. Wer in ein schon funktionierendes Pyramidenspiel eintritt, kann nur verlieren und macht sich obendrein im Freundeskreis viele Feinde. Wenn jeder Mitspieler nur fünf neue Spieler gewinnen muss, ist nach dem zehnten Durchlauf theoretisch bereits jeder Einwohner Deutschlands mit im Spiel. Man sieht, Schwächen im Potenzrechnen können ganz schnell in die Pleite führen.

Gier setzt das Gehirn matt
2004 versprachen ein Deutscher und zwei Österreicher bei einem Kettenbriefspiel über das Internet eine Verachtfachung des Kapitals innerhalb von vier Monaten. Etwa 4000 Mitspieler wurden um mehr als 8 Millionen Euro geprellt. Als Mindesteinsatz verlangte man 400 Euro und versprach Gewinnbeteiligungen von 1 Prozent pro Tag. Pro Tag! Das sind 365 Prozent im Jahr. Da hat die Begehrlichkeit wohl das Gehirn völlig lahmgelegt. Besonders gierige Teilnehmer zahlten tatsächlich bis zu 100000 Euro ein.

Warum lässt sich unser logisches Denken so leicht austricksen? Warum siegt die Gier über das Gehirn? Vielleicht hat es mit unserem Belohnungszentrum, dem Nucleus accumbens, zu tun, dieser Region im limbischen System, die uns Wohlgefühl verschafft, wenn wir erfolgreich sind. Aber das Belohnungszentrum wird seltsamerweise auch aktiv, wenn jemand, der uns schlecht behandelt hat, leidet. Das deutsche Wort »Schadenfreude« (das die Amerikaner in Ermangelung einer adäquaten Übersetzung wie »Rucksack« oder »Kindergarten« einfach übernommen haben) scheint des Rätsels Lösung zu sein. Wenn wir tatsächlich wissen, dass jeder Erfolg bei einem solchen Pyramidenspiel mit dem hundertfachen Misserfolg anderer erkauft ist, bleiben uns nur zwei Möglichkeiten: Wir müssen glauben, dass wir und alle anderen Gewinner »die Guten« sind und alle Verlierer »die Bösen«. Natürlich sind sie nicht »böse«, aber sie stehen uns nicht so nahe, sind ja nur die Bekannten der Bekannten unserer Bekannten. In der Abteilung, die für Ethik und Moral zuständig zu sein scheint, wird also oft und gerne Wissen und Hoffen durcheinandergebracht, so wie wir das beim Gefangenendilemma gesehen haben. Und wie es – in dramatischem Ausmaß – beim Vergessen von eigener Schuld üblich zu sein scheint.

Die Merkmale eines Pyramidenspiels nach dem Schneeballsystem sind folgende:

- Sie werden angeschrieben oder angemailt von einer Person, die wenigstens entfernt zu Ihrem Bekanntenkreis zu gehören scheint.

- Man gratuliert Ihnen zu der außergewöhnlichen Chance, an diesem »Spiel« teilnehmen zu »dürfen«.
- Um teilnehmen zu können, müssen Sie etwas investieren. Außerdem werden Sie aufgefordert, neue Leute für das System anzuwerben.
- Wenn Sie neue Mitspieler anwerben, erhalten Sie dafür eine Provision. Das lockende Ziel ist der ganz große Pot, und wie man den erreichen kann, ist von Spiel zu Spiel unterschiedlich.

Bei manchen Pyramidenspielen werden auch Produkte verkauft, meist völlig nutzlose Dinge zu überhöhten Preisen. Mit diesen Produkten, die eine reine Alibifunktion haben, werden die Provisionen für das Anwerben neuer Mitglieder getarnt.

Besonders tragisch sind sogenannte »Informationsveranstaltungen«, bei denen eine hochgradig manipulative Atmosphäre erzeugt wird. Menschen, die skeptisch auf die »Spielregeln« reagieren und kritische Fragen stellen, werden schnellstens entfernt, oft nur durch Sprüche wie »Wer kein Millionär werden will, sollte jetzt besser gehen«. Dem Gruppendruck halten nur die wenigsten Widerständler stand.

Das Scheitern bei einem Pyramidenspiel ist rechnerisch vorprogrammiert, es sei denn, man startet es selbst oder gehört zum Eröffnungskreis. Die rechnerische Quote von Verlierern liegt bei mindestens 87,5 Prozent. Schlimmer noch als der finanzielle Verlust ist der emotionale und soziale, denn man wird zwangsläufig Freunde und Verwandte in das Spiel mit hineinziehen, ihr Vertrauen enttäuschen und sie ebenfalls einem finanzielle Verlust aussetzen.

Was kein Computer kann: paradox denken

Die Vergleiche von menschlichem Gehirn und Computer sind immer etwas wacklig und nur bedingt zutreffend. Was Menschen jedoch eindeutig über die Denkmaschinen erhebt, ist die Fähigkeit, ein Paradox auszuhalten, ja, sich sogar daran zu erfreuen. Computer halten ein Paradox nicht aus, sie drehen komplett durch, wenn sie auf eines stoßen.

Ein klassisches Paradox arbeitet damit, dass ein Satz sich auf sich selbst bezieht und dabei etwas über seinen Wahrheitsgehalt aussagt. Kurz: Der Satz behauptet, dass er lügt und gleichzeitig wahr ist. Nun kann man solche Formulierungen als bloßen Quatsch und philosophische heiße Luft abtun, aber man kann sich auch darauf einlassen und miterleben, wie sich das Hirn dabei fühlt, ständig an Grenzen zu stoßen.

Nehmen Sie zum Beispiel die schlichte Formulierung »Dieser Satz ist falsch«. Klingt harmlos, aber denken Sie einmal darüber nach. Wenn wir annehmen, der Satz ist richtig, dann ist er falsch. Nehmen wir das Gegenteil an, nämlich, dass er gar nicht stimmt, dann ist das genau das, was der Satz sagt. Der Satz ist damit wahr. Dies ist ein Widerspruch, den man im Kopf nicht auflösen kann. Man kann ihn nur bewundern. Aus dieser Grundstruktur haben große Denker erstaunliche und unterhaltsame Variationen geschaffen. Eine der bekanntesten wird dem griechischen Philosophen Epimenides aus Kreta zugeschrieben: »Alle Kreter sind Lügner.« Abgesehen von der mutigen Nestbeschmutzung stellt sich uns die interessante Frage, ob das ein echtes Paradoxon ist. Klar, wenn der Satz stimmt, kann er gleichzeitig nicht stimmen, weil Epimenides selbst ein Kreter ist und behauptet zu lügen. Aber wenn der Satz nicht stimmt, folgt nicht unbedingt daraus, dass alle Kreter die Wahrheit sagen. Ein echtes Paradox hätte sich erst ergeben, wenn Epimenides gesagt hätte: »Alle Kreter lügen immer.«

Man kann Epimenides auch aktualisieren, indem man sich vorstellt, der Innenminister würde sagen: »Alle Minister lügen ständig.« Nun ist auch er ein Minister und lügt somit – wenn dieser Satz die Wahrheit ist. Das kann er aber gar nicht sein, weil er sonst gelogen wäre. Wie man es auch dreht und wendet, manche Behauptungen sind eben nicht falsch, sondern unmöglich. Solche Paradoxa aufzulösen – das heißt, sich im Gehirn ein schlüssiges Bild von der Aussage zu machen – geht über unsere Kapazität. Wir können es nur als seltsames Rätsel abspeichern. So wie die berühmte Eschertreppe, bei der wir zwar wissen, dass sie nicht funktionieren kann, obwohl wir doch sehen, dass sie funktioniert.

Auch viele Denksportaufgaben sind auf einem Paradoxon aufgebaut, meist jedoch nur auf einem scheinbaren, wie bei dem folgenden Beispiel. Manche Menschen bleiben bei der Lösung dieser charmanten Aufgabe rettungslos stecken, während andere sie spontan und mühelos meistern: »In diesem Satz verstecken sich zwei Felher.«

Abbildung 16: Die Eschertreppe

Doch, doch, das stimmt schon. Den ersten Fehler haben Sie bestimmt sofort gefunden, aber wenn Sie den Satz nun Buchstaben für Buchstaben absuchen und auch die neue Rechtschreibung bemühen – es wird bei einem Rechtschreibfehler bleiben. Es hat ja auch niemand behauptet, dass es sich um zwei Rechtschreibfehler handeln muss. Aha!

Nicht verzweifeln – Sie finden die Lösung auf Seite 178.

Lüge und Wahrheit sind für unser Gehirn Dauerthemen: Ständig versuchen wir herauszubekommen, was stimmt und was nicht. Richtig oder falsch, ja oder nein, sicher oder unsicher, genießbar oder giftig, Freund oder Feind – das Abwägen und Vergleichen ist die erste Lebenssicherung, die schon gleich nach der Geburt aktiviert und ständig gepflegt wird.

Dass man trotzdem auch mit Lügen sein Gehirn trainieren kann, soll das folgende Beispiel zeigen. Eine klassische Situation bei Denksportaufgaben ist die, in der eine Person in der Aufgabe immer lügt, die andere immer die Wahrheit sagt. Man weiß natürlich nicht, wer von beiden lügt, und das herauszubekommen, ist nicht ganz leicht.

Wie würden Sie das machen? Vielleicht den einen fragen: Sagst du die Wahrheit? Das würden beide bejahen. Auch wenn Sie den einen fragen, ob der andere immer die Wahrheit sagen würde, bekämen Sie dieselben Antworten: Der Lügner würde Nein sagen, der Wahrheitsliebende auch. Lassen Sie sich also etwas einfallen. Und wenn Sie eine Frage haben, mit der Sie herausfinden, wer lügt, überlegen Sie sich die nächste Frage: Sie kommen an eine Wegkreuzung und treffen zwei

Menschen, von denen Sie nur wissen, dass einer immer lügt und der andere immer die Wahrheit sagt, und Sie haben nur *eine* Frage, um herauszubekommen, in welcher Richtung Ihr Zuhause liegt. Wenn Sie erkennen möchten, wer der Lügner ist, müssen Sie »über Kreuz« fragen, das heißt, Sie müssen den einen nach dem anderen ausfragen. Zum Beispiel so: »Wenn ich deinen Begleiter fragen würde, ob er ein Lügner ist, was würde er wohl sagen?« Der Lügner würde sagen »Lügner«, der Wahrheitsliebende dagegen »kein Lügner«. So wüssten Sie also ganz schnell, wer lügt und wer die Wahrheit sagt. Aber das Problem war ja, mit *einer* Frage herauszubekommen, in welcher Richtung ihr Heimweg liegt. Die Antwort werden Sie nach dieser Hilfestellung bestimmt selbst herausfinden.

Anhand der Lösung auf Seite 178 können Sie Ihre Antwort überprüfen.

Dieser Satz ist nicht wahr
Im Fall, dass der Satz wahr wäre, dürfte er nicht wahr sein. Da das nicht sein kann, ist er also nicht wahr. Dies ist wiederum genau das, was er behauptet: Er ist also wahr und nicht wahr – erneut ein Widerspruch.

Widersprüche begleiten uns durch unser Leben, obwohl wir die meisten oft gar nicht wahrnehmen. Bei strategischen Sitzungen etwa, bei denen es um die Entwicklung eines neuen Produkts geht, kann es sein, dass alle möglichen Leute – vom Ingenieur über den Marketingchef bis zum Designer – über etwas reden, das alle ähnlich beschreiben, das jedoch völlig gegensätzliche Inhalte hat. Wenn man die tatsächlichen Inhalte zusammenfassen würde, käme man zum Beispiel auf ein Produkt, das absolut avantgardistisch gestylt, billigst hergestellt, mit alternativem Touch, für den breiten Publikumsgeschmack geeignet, hochpreisig ist und als Massenware in ein extrem elitäres Nischensegment passt. Eine eierlegende Wollmilchsau ist dagegen harmlos. Bei solchen Konferenzen hilft es, zum Beispiel eine Tischkarte vor sich aufzustellen, deren eine Seite mit »Was auf der Rückseite steht, ist richtig« beschriftet ist, und deren andere Seite mit »Was auf der Rückseite steht, ist falsch«. Mit einem solchen handfesten Paradoxon vor Augen lassen sich auch Widersprüche im Arbeitsalltag leichter erkennen und festmachen.

Es lässt sich mit logischen Widersprüchen sogar wissenschaftlich arbeiten. Man kann zum Beispiel beweisen, dass die Zeit nur in einer Richtung vergeht. Für das sogenannte »Großvater-Paradoxon« wird gedanklich folgendes Szenario entwickelt: Angenommen, es gibt eine Möglichkeit, rückwärts durch die Zeit zu reisen, und eine Versuchsperson tritt diese Reise an. Sie besucht ihren eigenen Großvater und bringt ihn um, noch bevor dieser seinen Sohn (also den Vater des Zeitreisenden) gezeugt hat. Damit haben wir ein Problem. Da sein Vater nicht geboren wurde, kann auch der Zeitreisende nicht geboren worden sein, also kann er auch nicht durch die Zeit zurück zu seinem Großvater gereist sein, um ihn umzubringen – eine klassische Denkschleife, die sich nicht auflösen lässt. Höchstens mit der Ableitung: Reisen zurück in die Zeit sind nicht möglich.

Lassen Sie doch Ihre Gedanken einmal frei um diese Geschichte kreisen. Fallen Ihnen vielleicht mögliche Szenarien ein, innerhalb derer dieser Großvatermord doch funktionieren könnte? Denn nichts anderes machen Philosophen und theoretische Physiker, wenn sie eine offensichtliche Begrenzung austesten wollen. Gedankenexperimente sind zwar nicht so aussagekräftig wie reale, aber oft führen sie zu Versuchsanordnungen, die man in der Realität nachbauen kann. Vielleicht gibt es ja ein Nebeneinander verschiedener Zeit- und Geschichtsäste. Und in dem Moment, in dem ein Zeitreisender in seiner Vergangenheit auftaucht, spaltet sich der bisherige Ast, und eine der beiden neuen Verästelungen stellt den Beginn einer neuen Realität dar, während die andere die alte bewahrt. Solche Denkpirouetten sind nicht nur vergnüglich, sie trainieren auch die Imagination, und das ungewohnte Wechselspiel von »möglich« und »unmöglich« erfrischt das Gehirn.

Henne oder Ei? Widersprüche regen das Gehirn an
Als sich Ende des 19. Jahrhunderts Darwins Evolutionstheorie durchzusetzen begann, wurde die Frage, was wohl zuerst da gewesen sei, die Henne oder das Ei, zu einem weltweit begeistert diskutierten Thema. Die konkrete Frage nach der Herkunft des Huhns stellt aller-

dings aus heutiger wissenschaftlicher Sicht kein Henne-Ei-Problem mehr dar. Inzwischen ist sich die Mehrheit der Wissenschaftler einig, dass sich Hühner evolutionär aus so vielen Vorläufern entwickelt haben, dass man im biologischen Sinn weder von einem »ersten Huhn« noch von einem »ersten Hühnerei« sprechen kann. Das ist ebenso einleuchtend wie elegant umschrieben, denn oft, wenn die Wissenschaft sich eines Paradoxons nicht erwehren kann – formuliert sie es einfach um.

Bis weit ins 19. Jahrhundert hinein galt die Schöpfungsgeschichte des Ersten Buch Mose, der Genesis, in der jüdisch-christlich geprägten Welt als alleingültiges Modell der Entstehung des Lebens. Gott hatte danach alle Arten von Tieren geschaffen und damit auch die Hühner. Nachdem der erste Hahn die erste Henne besprungen hatte, legte diese das erste Ei, aus dem dann das erste Küken schlüpfte. Das Alte Testament bietet also die zweite Lösung des Henne-und-Ei-Problems. Und auch diese Aufgabe hat mit dem Henne-Ei-Problem zu tun: Adam arbeitet mit seinen beiden erwachsenen Söhnen Kain und Abel auf dem Feld, und zur Mittagszeit legen sich die drei nackt in den Schatten eines Baumes. Sie haben alle dieselbe Größe und Figur. Eva schaut aus dem Haus, und obwohl die Gesichter der drei Männer im Schatten liegen, kann sie ihren Mann Adam sofort von den beiden Söhnen unterscheiden.

Die Lösung finden Sie auf Seite 178.

Inzwischen umschreibt man ganz allgemein die Frage nach dem ursprünglichen Auslöser einer Kausalkette, deren Glieder wechselseitig Ursache und Wirkung darstellen, mit dem Begriff »Henne-Ei-Problem«. Ähnliche logische Grundsatzfragen waren über Jahrhunderte beliebte Trainingseinheiten für Theologen wie Philosophen. Zen-Schüler trainieren anhand der Fragen ihres Meisters ihr Gehirn – ein Klassiker ist: »Wenn beide Hände zusammengeschlagen werden, entsteht ein Ton. Wie aber ist der Ton der einzelnen Hand?« Berühmt ist auch die Frage mittelalterlicher Scholastiker: »Wie viele Engel können auf einer Nadelspitze tanzen?«

Ihre eigene Antwort können Sie auf Seite 178 überprüfen.

Nun kann man die Existenz Gottes mit logischen Ableitungen ja weder beweisen noch widerlegen, trotzdem war das Projekt, die Bibel einer logischen Prüfung zu unterziehen, eine Zeit lang höchst aktuell. Bis hin zu solchen Fragen: Wie oft konnte Noah angeln? Was meinen Sie?

Die Antwort steht auf Seite 178.

Scheingefechte – Nicht jeder Widerspruch ist echt

Nicht nur für Philosophen oder theoretische Physiker ist der Umgang mit Paradoxa hilfreich, jeder von uns lernt aus dem richtigen Denken mit Widersprüchen für den Alltag. Denken »zum Spaß« ist nicht nur schön, es ist auch lehrreich, es dient als Hantel für den Kopf, der sich ansonsten nur schlecht trainieren lässt – und obendrein enthalten die Erfahrungen, die man bei diesem »Krafttraining« machen kann, auch praktisch umsetzbare Strategien für den beruflichen Alltag. Zum Beispiel, ob ein Widerspruch tatsächlich einer ist. Sollte Ihr Chef zum Beispiel eine knallharte Kampagne, die auf Samtpfoten daherkommt, fordern, dann überlegen Sie lieber zweimal, bevor Sie ihm einen Widerspruch unterstellen. Denn man kann fast jeden Widerspruch erklären und nutzen – vor allem in der Werbe- und Medienwelt. Scheinbar geht es sogar rechnerisch, wie die folgende Aufgabe zeigt.

Maria-Theresien-Taler sind bekanntlich nur als ganze Münzen erhältlich, und dennoch antwortet der österreichische Bankangestellte auf die Frage seines Chefs, wie viele er denn heute davon verkauft habe: »Der erste Kunde wollte die Hälfte aller Maria-Theresien-Taler und einen halben. Der zweite Kunde besah sich unseren Restbestand und kaufte davon auch die Hälfte und einen halben Taler. Und der letzte Kunde verlangte das Gleiche. Danach hatte ich keinen einzigen Maria-Theresien-Taler mehr.«
»Ausverkauft? Meine Hochachtung«, sagt der Chef, »aber Sie haben doch keine Münze durchgesägt?«
»Selbstverständlich nicht.«
»Na dann weiß ich ja, wie viele es insgesamt waren.«
Wissen Sie es auch?

Ihre Antwort können Sie auf Seite 179 kontrollieren.

An dieser und ähnlichen Aufgaben kann man entweder verzweifeln, oder man findet die Lösung recht flott, wenn man sich von dem scheinbaren Paradox nicht das Gehirn fesseln lässt. Denn wer jetzt anfängt zu grübeln, wie wohl zwei offensichtlich widersprüchliche Aussagen (es gibt halbe Maria-Theresien-Taler und gleichzeitig darf es keine halben geben) nebeneinander existieren können, der kommt nicht weiter. Wer einfach anfängt, das Problem durch schlichtes Ausprobieren in den Griff zu bekommen, der löst es schnell. Der Widerspruch ist eben nur ein scheinbarer, denn die halben gibt es nur mathematisch – quasi als Rechenhilfe –, nicht aber real.

Von den arabischen Mathematikern, die an der Entwicklung des abendländischen Denkens und Rechnens nicht unerheblich beteiligt waren, kommt ein anderes berühmtes Beispiel für paradoxe Rechenklimmzüge: Ein Scheich liegt auf dem Sterbebett und ruft seine drei Söhne zusammen, um seinen letzten Willen zu verkünden.

»Ich besitze 17 Kamele, wie ihr wisst, und möchte meinen Reichtum unter euch verteilen, so wie es eurem Alter entspricht. Ali, mein ältester Sohn, du sollst die Hälfte meiner Kamele haben, Omar, mein zweitältester, dir vererbe ich ein Drittel, und Hammed, mein Jüngster, du bekommst ein Sechstel.«

Sprach's und starb.

Tja, jetzt teilen Sie mal 17 Kamele testamentarisch. Das geht nicht mal mit dem Metzgerbeil, denn ein Drittel von 17 Kamelen ist immerhin 5,6666666 (periodisch) Kamele. Ganz abgesehen davon, dass man Kamele im Orient nicht mal für einen Scheich mit dem Messer teilt. Die Lösung bringt ein Nachbar, der den Söhnen anbietet, die gerechte Teilung zu übernehmen.

»Aber es kostet euch etwas«, sagt er. »Nämlich den Wert eines Kamels.«

Die drei stimmen zu, legen zusammen, und der Mann kauft ein Kamel. Er stellt es zu den 17 anderen und teilt die Herde: 9 für Ali, 6 für Omar und 3 für Hammed. Alles ohne Trick und doppelten Boden; jeder hat seinen Anteil und der Nachbar geht – unbezahlt zwar, aber zufrieden.

Das Problem kennt man noch etwas anders, und nach den Vorinformationen werden Sie es sicher leicht lösen können: Der Scheich stirbt und hinterlässt diesmal 11 Kamele, aber jetzt hat er vier Söhne. Ali erbt ein Drittel der Herde, Omar ein Viertel, und die beiden jüngsten Zwillinge bekommen jeder ein Sechstel.

Die Lösung finden Sie auf Seite 179.

Wenn Sie diese Aufgabe gelöst haben, werden Sie feststellen, dass der Nachbar dieses Mal kein schlechtes Geschäft gemacht hat. Aber wieso? Im Gegensatz zum ersten Testament ist das zweite nämlich »tricky«, deshalb bezeichnen manche diese Form der Denksportaufgaben als »Scherzaufgaben«, aber diese Einteilung lassen echte Brain-Sportler nicht gelten. Denn wenn tatsächlich eine Aufgabe auch nur mit einem Trick zu knacken ist, führt doch gerade diese Forderung zu wahrer Meisterschaft. Der Trick in unserem Fall besteht darin, dass die verschiedenen Bruchteile der Erbschaft kein Ganzes ergeben – anders als im ersten Fall. Wenn Sie alles in Zwölftel umrechnen, kommen Sie darauf, dass die elf Kamele exakt elf Zwölfteln der Herde entsprechen. Gleichzeitig jedoch stellen sie auch die komplette Herde dar. Man geht aber automatisch davon aus, dass ein Scheich auf seinem Sterbebett über solch perfide Scherze erhaben ist – und schon hat man sich in einer paradoxen Denkschleife verfangen.

Als Beispiel für solche Scheinprobleme mag auch das »Geburtstagsparadox« gelten. Eigentlich ist es kein Widerspruch, sondern ein Beispiel für unsere Unfähigkeit, bestimmte Wahrscheinlichkeiten abzuschätzen. Die Frage – die man übrigens mit großem Erfolg auf Partys oder Konferenzen stellen kann – lautet: Wie hoch ist die Wahrscheinlichkeit, dass bei 23 hier anwesenden Personen zwei am gleichen Tag Geburtstag haben? Wer kein Mathematiker ist, verschätzt sich mit absoluter Sicherheit. Die Wahrscheinlichkeit liegt nämlich nicht um die 5 Prozent (wie zumeist geschätzt), sondern bei über 50 Prozent, bei 50 anwesenden Personen steigt sie sogar auf über 97 Prozent.

Warum das so ist, können Sie im Anhang auf Seite 179 nachlesen.

Kreatives Denken braucht Freiräume

Ein interessanter Aspekt des »Übungsdenkens« ist, dass man dabei nicht unbedingt eine Lösung finden muss – jedenfalls nicht in dem Sinne, wie es sie bei einer mathematischen Aufgabe gibt. Zu der Frage, wie viele Achtel ein Ganzes ergeben, gibt es nur eine einzige Antwort. Zu anderen Fragen gibt es mehrere Antworten, sogar viele, die man nicht so leicht in »richtig« und »falsch« unterteilen kann.

Die Kunst, kreativ zu denken, wird von solchen Fragen trainiert, die als Lösung den Weg wichtiger als das Ziel ansehen. Jeder gute Schachspieler kennt den Effekt, dass ihm ein Sieg nach einem schlechten Spiel weniger Freude macht als die Niederlage nach einer spannenden und hochklassigen Partie. Der Weg ist das kreative Lösungsdenken – das Ziel ist »nur« das Ergebnis. Die meisten unserer Denksportaufgaben und Rätsel haben nur eine Lösung, und der große Spaß besteht darin, gerade sie zu finden. Aber ein Problem mit einer offenen Lösungsmenge verwirrt uns auf den ersten Blick, obwohl wir doch im Alltag ständig mit solchen Problemen zu tun haben. Denn es gibt immer mehr als eine Lösung, etwa für das Problem, dass für den Spätnachmittag überraschend eine Sitzung anberaumt wurde, bei der Sie über ein Thema sprechen sollen, auf das Sie nicht vorbereitet sind – und außerdem Sie zur selben Zeit die Kinder vom Training abholen müssen. Solche »unscharfen« Probleme haben wir fast jeden Tag, und wir lösen sie meist zu schnell und zu unstrukturiert. Denn sie stellen sich nicht als klares Problem, sondern als Ansammlung von Aufgaben und Forderungen. Wir winden uns da irgendwie durch, jeder nach seinem Charakter und seiner aktuellen Form. Wir können das Problem besser oder schlechter lösen – eine einzige, perfekte Lösung dafür gibt es nicht. Das ist unser Alltag. Um hier bestehen zu können, müssen wir richtig denken.

Wie sehr ein »unscharfes Problem« unsere Fähigkeit des kreativen Denkens befördert, lässt sich am berühmten Beispiel des schwarzen Zylinders zeigen. Der englische Psychologe und Managementberater Edward de Bono hat es vor über 30 Jahren entwickelt, und inzwischen sind Tausende von Lösungen eingegangen – nur keine richtige. Es gibt nämlich keine richtige, es gibt nur bessere und schlechtere.

Sein Experiment hat de Bono insgesamt mit mehr als tausend Menschen durchgeführt: Auf einem weißen Tisch steht ein schwarzer, hoher Zylinder (kein Hut, sondern ein dreidimensionaler Körper mit einer runden Grundfläche). Nach 20 Minuten fällt dieser Zylinder plötzlich um. Niemand ist dem Zylinder nahe gekommen, es gab kein Geräusch, bevor der Zylinder fiel, man hat weder nach ihm geworfen noch an den Tisch gestoßen, es gab kein Erdbeben, und der Zylinder war auch nicht an irgendwelchen Fäden befestigt. Sie sollen nun überlegen, warum dieser Zylinder umgefallen ist. Sie haben dazu zehn Minuten Zeit.

Nehmen Sie sich die Zeit, und machen Sie das berühmte Zylinder-Experiment gleich jetzt. Legen Sie das Buch zur Seite und denken Sie nach. Wenn Sie wollen, können Sie ein Blatt Papier und einen Stift zur Hand nehmen, denn eine Skizze kann hilfreich sein. Nehmen Sie sich zehn Minuten Zeit, und lesen Sie erst dann weiter.

Abbildung 17: Der schwarze Zylinder

Hatten Sie eine anregende Pause? Sind Sie zu einem befriedigenden Ergebnis gekommen? Wie auch immer Ihre »Lösung« aussieht, Sie werden mit denselben Schwierigkeiten zu kämpfen gehabt haben wie alle anderen Leser auch: Sie hatten zu wenige Informationen. Wie groß ist der Zylinder? Aus welchem Material? Ist es heiß oder kalt in dem Raum? Sie können niemanden danach fragen, das heißt, die einzigen Daten, mit denen Sie arbeiten können, entstehen in Ihrem Kopf. Sie erschaffen den Zylinder, den Tisch – und den Auslöser des Umkippens. Das ist kreatives Denken.

Edward de Bono warnt seit Jahrzehnten davor, dem traditionell logischen abendländischen Denken einen zu großen Stellenwert einzuräumen. Seiner Meinung nach liegt die große Gefahr darin, dass die perfekte Art und Weise, wie sich verschiedene Grundgedanken zu einer Lösung zusammensetzen, ein arrogantes Gefühl der Selbstgerechtigkeit entstehen lässt. Die logische Richtigkeit wird zur alleinigen Richtigkeit, und damit wehrt sich der abendländische Denker gegen neue und überraschende Lösungen, gegen das wilde und spielerische Denken. Obwohl man doch inzwischen weiß, dass alle großen Entdeckungen und Erfindungen eben durch Intuition, Spontaneität, Chaos, das Infragestellen von Axiomen und die Kombination von spielerischem Denken und logischer Kontrolle erreicht wurden.

Um bei solchen unscharfen Problemen – wobei nicht die Frage an sich unscharf ist, sondern die Menge der zur Verfügung stehenden Informationen – zu einem befriedigenden Ergebnis zu kommen, muss man Kriterien einführen, die üblicherweise bei technischen Problemen kaum eine Rolle spielen: Querdenken, Fantasie und Humor. Sie sollten diese Gedankenakrobatik als Training verstehen – denken Sie frei und ungewöhnlich. Lassen Sie jede Möglichkeit zu, und sei sie noch so aberwitzig. Kontrollieren Sie Ihre Ideen streng und gnadenlos logisch. Seien Sie nicht mit *einer* Lösung zufrieden, sondern suchen Sie immer noch eine zweite beziehungsweise eine »Gegenlösung«. Und diskutieren Sie mit Freunden und Kollegen darüber.

Wer rasiert den Barbier, wenn er sich nicht selbst rasiert?

Dieses Paradoxon wurde von dem Mathematiker Bertrand Russell formuliert: »Der Barbier von Sevilla rasiert alle Männer von Sevilla, nur nicht die, die sich selbst rasieren. Wenn das so ist, rasiert der Barbier von Sevilla sich dann selbst?« Wir gehen davon aus, dass er sich keinen Bart hat stehen lassen, denn dies ist keine Scherzaufgabe.

Also folgt: Wenn er sich nicht selbst rasiert, rasiert er sich selbst (das kann also nicht sein). Aber wenn er sich selbst rasiert, rasiert er sich wiederum nicht selbst (das kann aber auch nicht sein). Das Ganze ist damit in sich selbst widersprüchlich. Der erste Satz mit der Behauptung kann also unmöglich wahr sein. Er erscheint auf den ersten Blick normal und vernünftig, ist aber bei genauerem Hinsehen ein Paradoxon.

Das Problem bei diesem Paradoxon ist, dass man bereits mit einer falschen Annahme beginnt. Anzunehmen, ein solcher Barbier würde existieren, ist bereits falsch. Man könnte nämlich mit derselben logischen Unbekümmertheit sagen: »Angenommen, der Barbier ist lebendig und tot zugleich.« Das wiederum wird jedem sofort auffallen, dass nämlich ein toter und zugleich lebendiger Barbier nicht existieren kann. Ebenso wenig wie der Barbier in diesem Paradoxon existieren kann. Mathematisch gesehen handelt es sich hier um einen Widerspruchsbeweis: Man trifft eine Annahme und leitet einen Widerspruch ab. Damit beweist man die Fehlerhaftigkeit der Annahme, die Nichtexistenz eines derartigen Barbiers.

Daraus kann man die erste Regel für Denksportaufgaben ableiten: »Betrachte immer zuerst die Frage als Problem!«

- Ist sie ausführlich formuliert?
- Ist sie vollständig?
- Trägt sie in sich versteckte Widersprüchlichkeiten?
- Sind die Voraussetzungen, auf die sich die Frage stützt, überhaupt stimmig?

Für den Alltag heißt das: Prüfen Sie die Voraussetzungen einer Frage, bevor Sie sich mit ihrer Lösung beschäftigen. So kann man sich unnötige Arbeit ersparen, sich aber auch Trickser und Schlawiner vom Hals halten, die einem entweder kostbare Zeit stehlen oder eine unnötige Versicherung verkaufen wollen.

Das heitere Paradoxon oder die Lust am Widerspruch

Ein Paradoxon kann auch sehr viel Spaß machen, und das beweisen die Menschen, die unter den Wissenschaftlern nicht unbedingt als die humorvollsten bekannt sind: die Statistiker. Das sogenannte »Will-Rogers-Phänomen bei der stage migration« ist ein Effekt in der Mittelwertbildung von Gruppen: Durch einen Wechsel eines Elements von einer zur anderen Gruppe kann der Mittelwert in beiden Gruppen steigen, während gleichzeitig die Einzelwerte sinken können (oder umgekehrt). Wenn Sie jetzt noch nicht lachen können, haben Sie die Auswirkungen dieses Satzes, den Statistiker auch gerne als »kriminelle Datenvereinigung« bezeichnen, noch nicht bedacht. Der Mann, nach dem das Phänomen benannt wurde, war kein Statistiker, sondern Komiker und formulierte sein Paradoxon so: »When the Okies left Oklahoma and moved to California, they raised the average intelligence level in both states.« (»Als die Einwohner Oklahomas nach Kalifornien auswanderten, hoben sie damit den mittleren Intelligenzquotienten in beiden Staaten an.«)

Paradoxe Fragen: Wann ist ein Haufen ein Haufen?

Die Frage »Wann ist ein Mann ein Mann?« ist kaum leichter zu beantworten als die, wann ein Haufen ein Haufen ist. Dabei klingt diese Frage so einfach. Aber denken Sie einmal über das berühmte »Paradoxon des Haufens« nach, das auf Zenon von Elea zurückgehen soll. »50 Getreidekörner bilden einen Haufen. Nimmt man von den 50 Körnern eines weg, bleiben 49 übrig, die immer noch einen Haufen bilden. Nimmt man weitere weg, eins nach dem anderen, so bleiben am Ende zwei Getreidekörner, die immer noch einen Haufen bilden.« Das jedoch erscheint uns zu Recht paradox. Vor allem, nachdem sogar das letzte Korn einen Haufen bilden müsste. Wenn nicht, wäre die Grenze zwischen Haufen und Nichthaufen die zwischen dem ersten und zweiten Korn. Logiker produzieren daraus eine elegante Ableitung, nämlich die Behauptung: Ein Sandhaufen kann nicht entstehen.

Und sie beweisen sie mithilfe der vollständigen Induktion, indem sie zwei Axiome miteinander in Verbindung bringen, nämlich:

- Ein Getreidekorn ist kein Haufen.
- Durch das Hinzufügen eines Korns lässt sich ein Nichthaufen nicht in einen Haufen verwandeln.

Daraus folgt, dass kein Haufen entstehen kann, egal wie viele Getreidekörner man dazulegt. Paradoxerweise gibt es aber Haufen.

Natürlich lassen sich solche Scheinparadoxa relativ leicht auflösen, denn der Trick bei der Sache ist, dass mathematische und umgangssprachliche Formulierungen gleichgesetzt werden. Sollte ein Mathematiker jemals mit der Größe »Haufen« arbeiten, wird er diese Größe vorher definieren, etwa so: Ein Haufen ist die Menge aller gleichen Einheiten x, die gleich oder größer sind als 44x. Damit ist die Frage schnell geklärt, ob 43 Körner ein Haufen sind – mathematisch sind sie es nicht. Aber auch wenn wir uns umgangssprachlich darauf einließen, wären wir entsetzt, wenn man uns 30 000 Körner präsentierte, allerdings säuberlich nebeneinander gelegt. Das ist doch kein Haufen! Für Mathematiker jedoch durchaus.

Der größte Spaß jedoch liegt im Weiterdenken: Wann ist ein Wald ein Wald, wann eine Schafherde eine Schafherde, und wann ist ein Haus ein Haus? Obwohl ein Haus immer aus einer Mehrzahl von Ziegelsteinen besteht, bilden zwei Ziegelsteine noch kein Haus. Klar. Drei auch noch nicht. Dann versuchen wir es andersherum. Wann hört ein Haus auf, ein Haus zu sein? Gibt es auf dem Weg vom Haus zum einzelnen Ziegelstein deutliche Abschnitte, etwa den Rohbau, die Ruine, eine Mauer ...

Das Nachdenken darüber, inwieweit ein Ganzes mehr ist als nur die Summe seiner Einzelteile, bringt uns wieder zum Gehirn zurück. Auch das Gehirn hört nicht einfach auf, ein Gehirn zu sein, wenn man ihm ein paar Neuronen entfernt. Es ist eben nicht bloß die Summe seiner Teile, sondern ein komplexes Gebilde, das mehr von seiner Organisation lebt als von der Menge und Beschaffenheit seiner Bestandteile.

Aus solchen paradoxen Zuständen lassen sich auch für unseren Alltag wichtige Lehren ziehen, für das Berufsleben ebenso wie für das Private: Unlösbare Probleme treten oft auf, wenn unbemerkt zwei verschiedene Sprachen gesprochen werden. Nein, keine Fremdsprachen, sondern soziale Kommunikationssysteme. Wenn wir den Streit mit unserem Partner auf der Ebene führen, auf der wir sonst Probleme in der Firma behandeln, wird das ein Paradoxon ergeben. »Du kommst jedes Mal zu spät zu Verabredungen. Bitte optimiere dein Zeitmanagement, sonst gefährdest du die reibungslose Funktion unserer Beziehung.« Das klingt nicht nur steif, das bedeutet auch, dass der eine Partner die Beziehung als ein Kleinunternehmen ansieht, das nach betriebswirtschaftlichen Grundsätzen geführt wird.

Paradoxes und laterales Denken

Ein Dilemma oder ein Paradoxon sind wunderbares Gehirnfutter. Scheinbar unlösbare Fragen oder unlogische Zusammenhänge (die uns aber als real erscheinen) regen das freie, laterale Denken an. Der Begriff »laterales Denken« wurde 1967 von dem Ihnen inzwischen schon bekannten Edward de Bono entwickelt. Gelegentlich verwendet man in der Fachterminologie auch die Begriffe »divergentes« oder »nichtlineares Denken«. Umgangssprachlich sagt man auch »um die

Ecke denken«. Edward de Bono hat außerdem den Begriff »paralleles Denken« geprägt, der die Fähigkeit beschreibt, in Bezug auf ein beliebiges Thema systematisch verschiedene Denk- und Wahrnehmungsperspektiven einzunehmen:
Im Gegensatz zum vertikalen Denken, das kontinuierlich, Schritt für Schritt verläuft und auf eingeübten Mustern beruht, ist das laterale Denken durch folgende Grundsätze charakterisiert:

- Alle Informationen dürfen subjektiv bewertet und selektiv verwendet werden.
- Details werden nicht analytisch, sondern intuitiv erfasst.
- Gedankliche Sprünge und Assoziationen sind erlaubt (sogar erwünscht).
- Nicht jedes Zwischenergebnis muss richtig sein.
- Entscheidungen können »weich« sein, das heißt, sie müssen nicht entweder/oder oder ja/nein lauten.
- Auch nicht durchführbare Lösungen können ein Schritt zum besseren Verständnis des Problems sein.
- Konventionelle Denkmuster werden infrage gestellt, etwa indem man bewusst nach der unwahrscheinlichsten Lösung eines Problems sucht.
- Ausgangssituation und Rahmenbedingungen werden nicht als unveränderbar hingenommen.

Wer lateral denken kann, löst folgende Aufgabe leichter als ein strikter Logiker, der nur vertikal denkt. Wie viele Spiele müssen stattfinden, um bei einem nach dem K.-o.-System ausgetragenen Turnier mit 128 Teilnehmern den Sieger zu ermitteln? Der Logiker denkt: In der ersten Runde sind es 64 Spiele, die Sieger daraus spielen in der zweiten Runde 32 Spiele, die Sieger wiederum in der dritten Runde 16 Spiele. In der vierten Runde sind es acht Spiele, in der fünften Runde noch vier, dann zwei und schließlich das Endspiel. Alles zusammengezählt ergibt das 127 Spiele.

Der laterale Denker nimmt einen Perspektivwechsel vor und ermittelt das Ergebnis ohne Rechenaufwand. Er denkt sich: Wenn es unter 128 Teilnehmern einen Sieger gibt, muss es 127 Verlierer geben. Jeder von ihnen verliert nur ein Mal, also werden entsprechend viele Spiele gespielt. Beide Methoden kommen in diesem Fall zum selben Ergebnis, aber auf verschiedenen Wegen. Und das laterale Ergebnis liegt deutlich schneller vor – eleganter ist es obendrein.

Laterale Lieblingsrätsel

- Zwei Affen schauen durch ein Abflussrohr, das auf dem Boden liegt. Die Röhre ist gerade, nicht besonders lang und auch nicht verstopft. Trotzdem sehen die beiden einander nicht. Warum?

- Bei Herrn Meier ist eines Nachts das Licht ausgefallen, deshalb geht er in den Keller des Mietshauses, um die Sicherungen zu kontrollieren. Da fällt plötzlich die Kellertür zu, die sich von innen nicht öffnen lässt. Durch die massive Tür kann Herrn Meier niemand hören. Trotzdem gelingt es ihm, sich bemerkbar zu machen. Wie?

- Ein Gast entdeckt in seiner Tasse Kaffee eine Fliege und beschwert sich beim Ober. Der nimmt die Tasse mit und bringt eine neue. Doch der Gast beschwert sich noch einmal und sagt dem Ober auf den Kopf zu, dass der ihm keine frische Tasse Kaffee gebracht, sondern einfach die Fliege herausgefischt habe. Wie kann er sich da so sicher sein?

- Zwei Schachspieler spielen fünf Partien. Jeder von ihnen gewann und verlor die gleiche Anzahl Spiele, obwohl keine der Partien remis ausging. Wie ist das möglich?

- Zwei Männer besichtigen ein Kohlebergwerk. Der eine kommt mit einem sauberen Gesicht wieder an die Oberfläche, der andere mit einem dreckigen. Daraufhin wäscht sich der mit dem sauberen Gesicht, der andere jedoch nicht. Wieso?

- Fünf Männer auf einem Feldweg werden von einem Wolkenbruch überrascht. Vier von ihnen gehen schneller, während sich der

Die Lösungen dieser lateralen Rätsel finden Sie auf Seite 179.

fünfte nicht um den Regen kümmert. Die fünf kommen gleichzeitig an, wobei vier Männer nass geworden sind, der fünfte jedoch nicht. Warum wohl nicht?

Aus dem lateralen Denken sind zwei Disziplinen entsprungen: laterale Denksportaufgaben, die meist nur zu lösen sind, wenn man die eingefahrenen, logischen Denkschemata verlässt, und laterale Rätsel, bei denen mit wenigen Informationen eine scheinbar unsinnige Situation skizziert wird, deren Sinn gefunden werden muss. Ein Spielleiter, der den Hintergrund der Geschichte kennt, erzählt das Lateralrätsel, die Spieler stellen Fragen, aber nur solche, die mit Ja oder Nein zu beantworten sind. Damit Sie eine Vorstellung davon bekommen, wie solche Rätsel aussehen, seien hier ein paar der bekanntesten aufgezählt. Sie können mit diesen Beispielen auch in der Familie oder mit Freunden einen unterhaltsamen Denkabend anschieben.

Eines der bekanntesten Laterale beginnt mit den Informationen: Romeo und Julia liegen tot auf dem Boden vor einem geöffneten Fenster. Glassplitter liegen auf dem nassen Boden. Was ist passiert?

Die Lösung lautet: Romeo und Julia sind Goldfische. Durch einen starken Luftzug wurde das Fenster aufgerissen, dieses wiederum hat dabei das Goldfischglas zu Boden stürzen lassen, worauf die Fische erstickten.

Versuchen Sie sich doch einmal an den folgenden lateralen Kopfnüssen!

- Ein toter Mann liegt nackt im Schnee mit einem Streichholz in der Hand. Nirgends sind Fußspuren zu sehen. Was ist passiert?
- Ein Mann sitzt tot auf einem Stuhl in einem Raum vor einem verlorenen Schachspiel, in seiner Hand eine Pistole. Warum?
- Ein Einbrecher war in einem Gebäude. Obwohl dieses gut bewacht war, gelang es ihm hineinzukommen, ohne Alarm auszulösen. Er hielt sich lange in dem Gebäude auf und ging dann wieder. Auch dabei wurde kein Alarm ausgelöst. Wäre er aber nicht so lange geblieben, so wäre er beim Verlassen des Gebäudes gescheitert. Wo war dieser Einbrecher?

Die Lösungen finden Sie ab Seite 179.

- Ein Bauer war gerade auf seinem Feld, als ein Pferd auf ihn zukam. Sekunden später war er spurlos verschwunden. Wie ist das möglich?
- Ein Mann schaute aus dem Fenster und beobachtete eine hübsche Frau, die gerade an seinem Haus vorbeiging. Kurz danach war er tot. Hätte er die Frau nicht beobachtet, würde er noch leben. Er ist aber nicht aus dem Fenster gestürzt. Was ist passiert?
- Über 20 Musiker eines Orchesters spielten gemeinsam vor Publikum, aber niemand hörte zu. Warum nicht?
- Fritz kaufte sich einen Spielfilm auf DVD. Zuhause angekommen schaute er sich zusammen mit Franz die DVD gleich an. Dabei stellte dieser schon nach wenigen Sekunden fest, dass der hintere Teil des Films nicht störungsfrei laufen wird, und tatsächlich war die DVD auch fehlerhaft. Aber wie konnte Franz das schon nach einigen Sekunden bemerken, bevor er den ganzen Film gesehen hatte?
- Herr Maier fuhr in seinem Auto gemächlich auf der Autobahn, als ihm plötzlich völlig unerwartet ein anderes Auto entgegenkam, dem er nicht mehr ausweichen konnte. Es kam zum Zusammenstoß, bei dem er aber nur leicht verletzt wurde. Der Geisterfahrer wurde in seinem Auto eingeklemmt und konnte erst nach Stunden befreit werden. Dennoch hat er überlebt. Obwohl nur die beiden Autos in den Unfall verwickelt waren, gab es trotzdem einen Toten. Beide Autos hatten keine Beifahrer dabei, aber wer ist der Tote?

Logisches Denken

Die Philosophie bezeichnet die Logik blumig als die Ethik des Denkens. Streng genommen ist sie die Wissenschaft von den Gesetzen und Formen des Denkens. Seit der Antike hat sich ein formales Logikgerüst entwickelt, das pyramidenhaft auf den ersten, unumstößlichen und immer wieder geprüften Wahrheiten aufbaut und mit dem man komplizierteste mathematische Formeln ebenso lösen

> »Was man denkt, ist meistens falsch, aber was man weiß, ist richtig.«
> **Konrad Lorenz**

kann wie ein Sudoku-Rätsel. Die Sophisten brachten Schlüsse und Beweise ins Spiel (am liebsten schlüssige Beweise), Sokrates erfand die Induktionsschlüsse, und Platon entwickelte die Dialektik. Die Lehre des vernünftigen Schlussfolgerns und das Prinzip des widerspruchsfreien Enträtselns wurde in Geistes- wie Naturwissenschaften zum obersten Maßstab des Denkens. Auch wenn man eine Lösung auf verschlungenen Wegen fand – sie musste der logischen Prüfung standhalten. Heute hat jedermann dieses Wort im Mund, und wenn man einen Zwölfjährigen fragt, ob er eine Flatrate habe, sagt er: »Logisch!«

Die Logik – der Gedanken fester Boden

Logik ist etwas Wunderbares, sie kann uns die Welt erklären, und sie kann uns den Alltag erleichtern. Und sie ist das Werkzeug, mit dem man konservative Denksportaufgaben angeht. Logik können wir jeden Tag gebrauchen, sie kann uns das Leben erleichtern, sie kann es uns sogar manchmal retten. Etwa bei diesem Beispiel: Ein paar erschöpfte, halb verhungerte Wanderer kamen an einen Fluss, den sie überqueren wollten. Die Brücke war jedoch eingestürzt, und der Fluss war tief. Was sollten sie tun? Da bemerkte einer von ihnen am Ufer zwei Jungen in einem Boot. Das Boot war aber so klein, dass damit nur ein Erwachsener oder zwei Jungen übergesetzt werden konnten. Dennoch wurden alle Erwachsene mit diesem Boot über den Fluss gebracht. Wie war das möglich?

Überprüfen Sie Ihren Vorschlag auf Seite 180.

Ohne Logik wären die meisten Forschungsreisen und Expeditionen kläglich gescheitert. Nachdem man wusste, dass die Erde eine Kugel ist, konnte man auch guten Gewissens nach Westen segeln, wenn man nach Osten wollte. Heute sind die Zeiten der großen Expeditionen vorüber. Man stellt sich der Gefahr nur noch in TV-Formaten und Ekelshows wie dem *Dschungel-Camp*. Aber auch da kommt man oft nur mit Logik weiter: Angenommen, die Teilnehmer eines solchen Dschungel-Camps waren eine Woche lang auf sich alleine gestellt. Sie hatten reichlich Vorräte dabei, nur an eines hatten sie nicht gedacht: Nach fünf Tagen war der Docht in ihrer Petroleumlampe so weit verbraucht, dass er sich nicht mehr ins Petroleum eintauchen ließ. Sie hatten auch kein Petroleum mehr zum Nachfüllen. Zwar war in der

Lampe noch genügend Petroleum enthalten, aber der Docht reichte nicht mehr so weit nach unten. Was taten die Camper, damit ihre Lampe weiterhin brannte?

Vergleichen Sie Ihre Lösung auf Seite 180.

Nachdem die Natur strengstens logischen Gesetzen gehorcht, eignet sie sich bestens als Trainingsraum für logische Übungen. Etwa für diese: Wenn man auf einen hohen Berg steigt, verringert sich das Körpergewicht etwas, weil die Schwerkraft mit der Entfernung vom Erdmittelpunkt abnimmt. Was passiert aber, wenn man in einen extrem tiefen Bergwerksstollen hinabsteigt? Wird man leichter, schwerer, oder bleibt das Körpergewicht unverändert?

Die Lösung finden Sie auf Seite 180.

Logik für Lügner: das Prinzip Lüge und Wahrheit

Bei den Denksportaufgaben ist es wie im richtigen Leben: Es gibt Lüge und Wahrheit, und es fällt schwer, sie auseinanderzuhalten. Doch die Regeln im Rätselkosmos sind menschenfreundlicher, denn hier lügen Lügner immer – und Wahrheitsliebende sagen immer die Wahrheit. Logisch!

Lügner entlarven zu können, macht das Leben leichter. Beim Vorstandstreffen einer deutschen Bank sitzen alle Topmanager um einen runden Tisch. Einige sagen immer die Wahrheit, andere lügen immer. Jeder behauptet von seinem Sitznachbarn, er sei ein Lügner. Logisch, das sagen ja alle – nur diesmal ist es auch wirklich logisch. Ein Mann von der Kreditrevision behauptet, dass 47 Leute an diesem Tisch sitzen. Darauf sagt der Chef der Immobilienbewertung verärgert: »Das stimmt nicht, Sie sind ein Lügner. Es sitzen 50 Leute am Tisch.« Wie viele Leute sitzen denn nun am Tisch?

Ihre Lösung können Sie auf Seite 180 kontrollieren.

Auf einer kleinen Insel im Südpazifik leben genau 100 Menschen, von denen ein Teil immer die Wahrheit sagt und der andere Teil immer lügt. Ein Forscher kommt auf die Insel und fragt jeden Einwohner, wie viele Lügner denn auf ihrer Insel leben. Der Erste sagt: »Es gibt genau einen Lügner auf der Insel«, der Zweite sagt: »Es gibt genau zwei Lügner auf der Insel«, der Dritte sagt: »Es gibt genau drei Lügner auf der Insel«, und so weiter bis zum letzten, der sagt: »Es gibt genau 100 Lügner auf dieser Insel.« Wie viele Lügner leben denn tatsächlich auf der Insel?

Die Auflösung sehen Sie auf Seite 181.

Nachdem Sie nun zwischen Lügnern und Wahrheitsliebenden unterscheiden gelernt haben, können Sie mit dieser Technik des Brain-Twistens (über Kreuz denken und fragen) auch dieses Rätsel lösen: Sie haben sich in einer TV-Game-Show in die Endrunde gearbeitet und haben nun die Wahl zwischen drei Preisen: einem Haartrockner, einem Batterieladegerät und einem Kleinwagen. Sie dürfen aber nicht einfach wählen, sondern Sie müssen eine Aussage zu Ihrem Gewinn machen. Ist diese Aussage falsch, bekommen Sie den Haartrockner – ist sie richtig, bekommen Sie das Ladegerät oder das heiß ersehnte Auto. Wie können Sie den Moderator dazu zwingen, Ihnen den Wagen zuzusprechen?

Die Lösung bietet Ihnen Seite 181.

Und wie lösen Sie diese seltsame Frage? Ein Manager sagt zu seinem Kollegen: »Ich werde dir eine Frage stellen, auf die es eine eindeutig richtige Antwort gibt – entweder ja oder nein –, aber es wird dir unmöglich sein, meine Frage zu beantworten. Möglicherweise wirst du die richtige Antwort kennen, aber du wirst sie mir nicht geben. Jeder andere wäre vielleicht in der Lage, die Antwort zu liefern, nur du nicht.« Welche Frage wird er ihm stellen?

Ihre Lösung können Sie auf Seite 181 überprüfen.

Logisches Folgern – Hanteltraining für das Frontalhirn

Endlich haben wir etwas gefunden, was ein Computer besser kann als wir. Diese Denksportaufgaben sind ein leichtes Fressen für Digitalrechner. Trotzdem sind sie auch für uns eine gute Trainingseinheit. Logische Ableitungen über mehrere Ecken überfordern unser Vorstellungsvermögen meist. Deshalb wäre es zur Lösung der folgenden Aufgaben ratsam, sich eine Skizze der Zusammenhänge zu machen. Zeichnen Sie die Beteiligten, verbinden Sie sie mit Pfeilen, und markieren Sie mit verschiedenen Farben die Variablen oder Zusammenhänge. Dann werden Sie auch die folgenden Fragen beantworten. Etwa diese: Nach Vernehmung der Verdächtigen Mark, Robert und John erklärt Holmes seinem Freund Dr. Watson: Wenn Robert der Täter ist oder wenn John der Täter ist, so ist das Alibi von Mark echt. Sind aber Mark oder John unschuldig, so ist Robert der Täter. Wenn John schuldig ist, so war auch Mark an dem Verbrechen beteiligt.

Die Antwort steht auf Seite 181.

Dr. Watson kombiniert und lächelt. Er weiß jetzt, wer schuldig ist. Wissen Sie es auch?

- Frau Gelb, Frau Rot und Frau Grün treffen sich. Die eine in einem gelben, die zweite in einem roten, die dritte in einem grünen Kleid. »Sonderbar«, sagt die Dame im grünen Kleid, »dass keine von uns die Farbe trägt, die ihrem Namen entspricht.« »Tatsächlich, da haben sie Recht«, antwortet Frau Rot. Wer trägt das grüne Kleid?

- Ein Mann machte in einem kleinen abgelegenen Südtiroler Dorf Urlaub. Er wollte sich die Haare schneiden lassen und musste feststellen, dass es hier sogar zwei Friseure gab. Der erste hatte einen sehr ungepflegten Salon, schlechte Zähne und obendrein noch einen schrecklich schlechten Haarschnitt. Der zweite hatte einen sauberen Frisiersalon, strahlend-weiße Zähne und einen adretten Haarschnitt. Zu welchem Friseur ist der Mann wohl gegangen?

- Ich habe vor mir in einem Regal nebeneinander Uhren in einer Reihe stehen. Zwei davon sind Kuckucksuhren. Eine Kuckucksuhr ist die sechste Uhr von rechts, die andere ist die achte Uhr von links. Zwischen den beiden Kuckucksuhren stehen genau drei andere Uhren. Wie viele Uhren stehen mindestens im Regal?

- Im Keller sind drei Lichtschalter, einer davon schaltet das Licht im ersten Stock ein – Sie wissen aber nicht, welcher. Sie dürfen nur ein einziges Mal in den ersten Stock gehen, um nachzusehen, welche Lampe brennt. Wie finden Sie heraus, welcher der drei Schalter die Lampe schaltet?

- Sie haben zwei Zündschnüre zur Verfügung, die man jedoch nicht zerschneiden kann, deren Brenndauer bei schwankender Brenngeschwindigkeit jeweils genau eine Stunde beträgt. Mit diesen Zündschnüren sollen Sie eine Zeitspanne von 45 Minuten abmessen.
Wie können Sie dies ohne weitere Hilfsmittel außer Streichhölzern erreichen?

- Von zehn Frauen trinken sieben Alkohol, sechs rauchen, vier von ihnen trinken nicht nur, sondern rauchen auch noch. Wie viele der zehn trinken nicht und rauchen nicht?

Ihre Lösungen der folgenden logischen Ableitungsrätsel können Sie auf den Seiten 181 bis 183 überprüfen.

- Sie kaufen sich einen neuen Satz Autoreifen (also vier plus Reserverad). In Abständen wechseln Sie die Reifen, sodass alle genau gleich abgefahren werden. Wie viele Kilometer ist jedes der fünf Räder im Einsatz, wenn das Auto 15 000 Kilometer fährt?
- Herr E fährt mit dem Auto zur Arbeit. Nach 14 Kilometern platzt sein rechter Vorderreifen, aber weil er keinen Ersatzreifen dabei hat, ruft er seine Werkstatt an und bittet darum, den Reifen zu wechseln und ihm den Wagen anschließend in die Firma zu fahren. Die restliche Strecke zur Firma läuft er zu Fuß, weil er eine eilige Besprechung hat. Tatsächlich wird am Nachmittag der Wagen gebracht, und abends fährt Herr E damit nachhause. Auf dem Rückweg überlegt er, wie viele Kilometer er heute mehr mit dem Auto fuhr als zu Fuß ging.
- In einer Fabrik müssen 6 000 Radfelgen in einer Stunde hergestellt werden, damit das Unternehmen profitabel arbeiten kann. Die Maschinen des Typs A schaffen in einer Stunde 500 Felgen. Davon werden acht Maschinen eingesetzt. Die Maschinen des Typs B sind älter und können nur 400 Felgen gleicher Qualität in der Stunde produzieren. Wie viele der älteren Maschinen müssen eingesetzt werden, um die gewünschte Anzahl von Radfelgen pro Stunde herstellen zu können?
- In der Schule haben wir gelernt, dass der menschliche Körper zu 60 Prozent aus Wasser besteht. Außerdem weiß man, dass 1 Liter Wasser etwa 1 Kilogramm wiegt. Nun blicken Sie in den Spiegel und versuchen sich vorzustellen, dass in ihrem Körper 55 Liter Wasser enthalten sein müssen. Wie viel wiegen Sie denn?
- Eine Staffel Langstreckenflugzeuge ist am Südpol stationiert. Für ein Manöver muss wenigstens ein Flugzeug eine komplette Non-Stop-Erdumrundung fliegen (auf einem Längengrad), das heißt über den Nordpol und wieder zurück. Aber jedes Flugzeug kann nur 5 000 Liter Sprit tanken, gerade so viel, um eine halbe Erdumrundung durchzuführen. Man kann sich aber in der Luft von anderen betanken lassen, von einer Maschine seiner Staffel, die auch vom Südpol aus startet. Wie viele Flugzeuge müssen mindestens gemeinsam losfliegen, damit wenigstens eines die komplette Umrundung schafft?

- Vier Leute müssen eine Brücke überqueren, es können aber immer nur zwei Leute gleichzeitig über sie gehen. Sie haben nur eine Taschenlampe bei sich, die man auch jedes Mal wieder zurückbringen muss. Einer von den Vieren braucht 5 Minuten, einer 10, einer 20 und einer 25 Minuten, um die Brücke zu passieren. Wie können alle die Brücke in nur 60 Minuten überqueren?
- In drei Schachteln liegen Kekse – Schokoladenkekse und Vanillekekse. Weil die Mutter findet, dass ihre Tochter weniger Süßigkeiten essen sollte, hat sie es ihr besonders schwer gemacht.

»In jeder Schachtel liegen zwei Kekse«, sagt die Mutter. »In der einen nur Schokoladenkekse, in der anderen nur Vanillekekse, und in der dritten ein Schokoladen- und ein Vanillekeks. Die Schachteln sind sogar beschriftet, und zwar mit »Schoko«, »Vanille« und »Schoko/Vanille«. Aber die Schachteln sind alle vertauscht – es liegt also in keiner das, was draufsteht. Du darfst jeden Tag nur aus einer Schachtel einen Keks herausnehmen, aber dabei darfst du nicht in die Schachtel sehen. Wenn du mir dann sagen kannst, welche Kekse in welchen Schachteln sind, darfst du alle auf einmal haben.«

»Das ist nicht so schwer«, sagt die Tochter. »Ich werde nur einen Keks aus einer Schachtel nehmen, dabei nicht hineinschauen, und dir trotzdem schon am ersten Tag sagen, in welchen Schachteln welche Kekse liegen.«

Zahlen und Daten – die Symbole der Logik

Wenn die letzten Knobeleien für Sie nicht mehr als ein Aufwärmtraining waren, geht es jetzt weiter mit Fitnessübungen für Ihr Gehirn. Sie können übrigens eine grundsätzliche Ähnlichkeit zu vielen beruflichen Aufgaben festellen: Bei manchen Fragen müssen Sie ein wenig rechnen, um zu dem richtigen Ergebnis zu gelangen – aber Vorsicht, lassen Sie sich von Zahlen und Daten nicht verwirren!

Die Lösungen finden Sie auf Seite 183.

- Auf einer Wiese wachsen 22 Blumen, rote, blaue und gelbe. Ein Junge kommt vorbei und pflückt drei Blumen. Dabei stellt er fest, dass mindestens eine davon rot sein muss! Wie viele rote, blaue und gelbe Blumen wachsen auf der Wiese?

- Wenn zwei Brüder zusammen elf Jahre alt sind und der eine zehn Jahre älter als der andere ist – wie alt sind die beiden?
- William Shakespeare starb am 23. April 1616 in Stratford-upon-Avon, Miguel Cervantes Saavedra am 23. April 1616 in Madrid (wer es nicht glaubt, schlage im Lexikon nach). Hätte einer der beiden vom Ableben des anderen noch erfahren können?
- Welcher Monat ist in Mitteleuropa der längste?
- Treffen sich zwei Privatbankiers. Sagt der eine: »Wir beide haben dasselbe Stammkapital. Wie viel müsste ich dir geben, damit du zehn Millionen mehr hast als ich?«
- Das Poster kostet 50 Cent mehr als der Rahmen. Zusammen kosten sie 2 Euro. Was kostet jedes Stück einzeln?
- Laut Herstellerangabe soll man ein Fruchtsaftkonzentrat im Verhältnis eins zu sechs mit Wasser mischen. Wie viel Saft erhält man aus einer 0,75-Liter-Flasche Konzentrat, wenn man sich an die Angaben hält?
- Flasche und Korken kosten zusammen 1,10 Euro. Die Flasche kostet 1 Euro mehr als der Korken. Wie viel kostet der Korken?
- Lösen Sie diese Gleichung:
  Doppelt so viel + die Hälfte + ein Viertel + 1 = 100
- Ein Kartenspiel, das normalerweise 52 Karten hat, ist nicht mehr komplett. Wenn man die Karten gleichmäßig auf neun Personen aufteilt, bleiben zwei Karten übrig. Wenn man sie auf vier Personen aufteilt, bleiben drei übrig. Wenn man sie auf sieben Personen aufteilt, bleiben fünf übrig. Wie viele Karten sind im Spiel?
- In einer Schublade liegen – einzeln und ungeordnet – 24 Paar weiße und sechs Paar schwarze Socken. Das Licht ist ausgefallen, und Sie sollen ein Paar schwarze Socken aus der Schublade ziehen. Wie oft müssen Sie mindestens hineingreifen, um ganz sicher ein Paar schwarze Socken zu haben?

- Die Seilbahn zur Bergstation ist defekt. Ein Mann, eine Frau und ein Kind sind in der Bergstation von der Außenwelt abgeschnitten. Der Brotvorrat ist nicht sehr groß. Er würde für einen Mann 9 Tage, für eine Frau 12 Tage und für ein Kind 18 Tage reichen. Wie lange reicht der Vorrat für diese drei Personen?
- Man hat 100 Gramm Pilze mit einem Wassergehalt von 95 Prozent. Nun trocknet man die Pilze, bis sie nur noch einen Wassergehalt von 80 Prozent haben. Wie viel wiegen sie dann noch?
- Fünf normale Würfel seien willkürlich übereinander gestapelt. Die Augenzahl der obersten Seite des oben liegenden Würfels beträgt zwei. Wie viele Augen sind insgesamt sichtbar?
- Vorgestern war er noch 17 und trotzdem wird er dieses Jahr 19.
- In einem quadratischen Raum sollen zehn Stühle so angeordnet werden, dass an jeder Wand dieselbe Anzahl von Stühlen steht. Wie geht das?

Vom Besonderen zum Allgemeinen: Regeln finden und brechen
Nachdem Sie sich nun logisch warm gedacht haben, können Sie auch die praktische Anwendung konzentrierter, klarer Gedanken erleben. Von einem auf alles zu schließen, vom Besonderen auf das Allgemeine, sich in das Denken anderer einzuschmuggeln, das bedeutet die Krone für das durchtrainierte Hirn. Inzwischen wissen Sie, dass man Problemen vertikal und lateral auf den Leib rücken kann, dass man logisch ableiten und dass man Fragen nach kleinen Hinterlistigkeiten und versteckten Paradoxa absuchen sollte.

In diesem Fall sollen Sie Regeln entweder finden oder brechen – vor allem, wenn sie in unseren Gehirnen als scheinbar immer gültig gespeichert sind. Die folgenden drei Denksportaufgaben vereinen Hinterlist und Logik auf vergnüglichste Weise. Grundsätzlich gilt wie immer: Machen Sie sich erst ein Bild von dem Problem, zeichnen Sie es auf, skizzieren Sie Lösungsmöglichkeiten, und spielen Sie damit.

Ein Indianerstamm hat drei Cowboys gefangen genommen und an drei Marterpfähle gefesselt. Der Häuptling sagt zu ihnen: »Eigentlich sollten wir euch skalpieren, aber wir werden euch eine Chance geben. Angeblich sind die weißen Männer ja so schlau. Das könnt ihr nun beweisen. Ich habe hier fünf Adlerfedern, drei schwarze und zwei weiße. Ich werde jedem von euch eine Feder hinten so an den Hut stecken, dass er selbst nicht erkennen kann, welche Farbe sie hat. Wenn einer von euch herausfinden kann, welche Farbe die Feder auf seinem eigenen Hut hat, lasse ich euch alle frei.« Die Marterpfähle stehen in einer Reihe, und die Cowboys sind so angebunden, dass der am hinteren Marterpfahl angebundene Cowboy seine zwei Vordermänner von hinten sehen kann. Der am mittleren Marterpfahl angebundene Cowboy sieht nur seinen Vordermann von hinten, und der am vorderen Marterpfahl gefesselte Cowboy sieht keinen seiner Mitgefangenen.

Sehr lange Zeit schweigen die Cowboys. Dann ruft einer von ihnen die richtige Antwort. Die drei werden freigelassen. Welcher der drei Cowboys hat schließlich das Rätsel gelöst – und welche Farbe hat die Feder an seinem Hut?

Ihre Antwort können Sie auf Seite 184 überprüfen.

Der Personalchef einer Werbeagentur war berühmt für seine knallharten Kündigungsmethoden. Hatte ein Mitarbeiter Mist gebaut, bestellte er ihn zu sich ins Büro und zeigte ihm ein schlichtes Holzkästchen. »In dieser Schatulle liegen zwei Kügelchen – ein schwarzes und ein weißes. Sie werden jetzt mit geschlossenen Augen hineinfassen und eines herausziehen. Ist es das weiße, werde ich von einer Kündigung absehen. Ist es aber das schwarze, sind Sie gefeuert! Das klingt doch fair? Fifty-fifty!« Auch Herr Seidenmann wurde zu einem solchen Kündigungsspiel geladen. Die Sekretärin des Personalchefs (mit der Herr Seidenmann ein Verhältnis hatte) verriet ihm aber den bösen Trick, den ihr Chef sich ausgedacht hatte. In der Schachtel lagen nämlich zwei schwarze Kugeln – deshalb hatte auch noch niemand vor Herrn Seidenmann eine weiße Kugel gezogen, alle waren gefeuert worden. Beide Kugeln herauszunehmen und den Personalchef quasi zu überführen, wäre auch nicht ratsam. Denn der blamierte Betrüger hätte Herrn Seidenmann sofort gefeuert. Doch dann hatte Herr Seidenmann eine Idee, die ihm seinen Job rettete. Welche?

Die Lösung finden Sie auf Seite 184.

Die Vorlesung der neuen Mathematikprofessorin ist ständig überlaufen, weil plötzlich auch Studenten anderer Fakultäten kommen. Nicht weil Mathematik plötzlich ein so spannendes Gebiet geworden wäre, sondern weil die Professorin früher mal Miss Europa war. Um Nichtmathematikern den Weg in den Vorlesungssaal zu erschweren, beschloss die Professorin, am Eingang eine Parole zu verlangen – eine Parole, die nur Mathematikstudenten wissen können. Am ersten Tag passierte Folgendes: Der erste Mathematikstudent kam, die Professorin sagte: »Achtundzwanzig«, er überlegte kurz und antwortete: »Vierzehn.« Er durfte eintreten. Der zweite Mathematikstudent tauchte auf, die Professorin sagte: »Sechzehn«, er überlegte und antwortete: »Acht.« Auch er durfte eintreten. Der nächste Mathematikstudent kam. Die Professorin sagte: »Acht«, er antwortete: »Vier« und durfte eintreten. Ein BWL-Student, der sich in der Nähe versteckt hatte und glaubte, jetzt genug gehört zu haben, ging auf den Eingang zu. »Stopp!«, rief die Professorin, »sind Sie ein Mathematikstudent?«
»Klar«, behauptete der BWL-Student.
»Dann müssen Sie mir die Parole sagen. Ich sage ›vierzehn‹. Und Sie?«
»Sieben«, antwortete der BWL-Student und wollte eintreten.
»Tut mir leid«, sagte die Professorin, »Sie kommen hier nicht rein. Sie sind kein Mathematiker.«
Woran hatte sie das nur gemerkt?

Vergleichen Sie Ihre Antwort mit der Lösung auf Seite 184.

Logik und Humor schließen sich nicht aus

Humor ist nicht schädlich für das klare Denken – im Gegenteil. Humorvolle Menschen denken leichter, weil sie seltsame, schräge und ungewöhnliche Lösungen zulassen und erkennen können. Und hier wird es auch Zeit, eine Lanze für die sogenannten Scherzaufgaben zu brechen. Scherzaufgaben sind keine Tricks, mit denen man andere reinlegt, man sollte sie immer als geistreiche Anregungen verstehen, die neue Denkfenster aufstoßen und ungewöhnliche Sichtweisen eröffnen. Und ebenso, wie wir uns einen besonders guten Witz merken, prägen sich auch besonders gelungene »Scherzaufgaben« ein. Sie sind Anregungen, andersherum zu denken.

Humor kann auch eine Lösungsstrategie sein, vor allem bei lateralen Problemen und Aufgaben, wie etwa de Bonos Zylinder. In jedem guten Witz wie in jeder Scherzaufgabe steckt ein tieferer Sinn. Kreatives Denken findet eben eher in entspannter, heiterer Atmosphäre statt – und die Ergebnisse, die vordergründig »nur ein Witz« sind, werden, betrachtet man sie näher, oft zu geistreichen Konstruktionen. Wie beim Brainstorming sollten Sie lernen, auch die dümmsten und unwahrscheinlichsten Annahmen und Lösungen zuzulassen und auch »unsinnig« zu denken. Zum Schluss unseres Denksporttrainings also ein paar heitere Übungen.

- Im Hochsicherheitstrakt eines Gefängnisses soll ein Gefangener baden. Dazu wird er in eine spezielle Zelle geführt. Diese ist genau 1,80 Meter lang, 1,80 Meter breit und 2,60 Meter hoch. Darin befindet sich eine Badewanne mit 250 Liter Fassungsvermögen, die fest einbetoniert ist. Der Raum hat keine Fenster und nur eine Tür. Diese ist aus Stahl und absolut wasserdicht. In der Mitte der Decke ist ein runder Lüftungsschacht mit 12 Zentimeter Durchmesser und abnehmbarem Gitter. Der Wärter erklärt dem Gefangenen, dass er in genau drei Stunden wiederkommt und ihn abholt. Als der Gefangene kurze Zeit später den Wasserhahn aufdreht, bricht jedoch der Griff ab und er kann das Wasser nicht mehr abstellen. Es fließt unaufhörlich mit 60 Litern pro Minute, und die Stahltür ist ausbruchsicher verschlossen. Was kann er tun, damit er nicht ertrinkt?

- Es gingen zwei Väter und zwei Söhne in die Bar und bestellten drei Cocktails. Sie teilten sie so, dass jeder einen ganzen erhielt. Wie war das möglich?

- Zwischen zwei Pfählen ist eine 10 Meter lange Leine so aufgehängt, dass sie in der Mitte 5 Meter durchhängt. Welchen Abstand müssen die Pfähle haben?

- In ein Taxi steigt eine als Nervensäge und Plaudertasche bekannte TV-Moderatorin. Der Taxifahrer, der keine Lust auf ein anstrengendes Gespräch hat, beschließt, so zu tun, als ob er taubstumm wäre, zeigt auf Mund und Ohr, um das zu symbolisieren. Die Dame schweigt tatsächlich, und als man angekommen ist, zeigt

Kontrollieren Sie Ihre Antworten auf Seite 184.

der Fahrer auf den Taxameter; um ihr klarzumachen, wie hoch der Fahrpreis ist. Die Dame zahlt und steigt aus. Dann fällt ihr plötzlich auf, dass dieser Mann keinesfalls taubstumm sein konnte.

- Täglich startet eine Maschine von Wien Richtung New York und eine von New York Richtung Wien, und zwar jeweils um zwölf Uhr mittags Ortszeit. Irgendwo über dem Atlantik begegnen sich die beiden Maschinen zwangsläufig. Welche Maschine ist dabei näher an New York?

- Sie stehen in einem stockdunklen Raum und wissen, dass sieben Gegenstände dort verteilt sind: ein Holzscheit im Kamin, ein Blatt Papier, eine Schachtel Streichhölzer, eine Petroleumlampe, eine Kerze, ein Kanister mit Benzin und eine Stange Dynamit. Was zünden Sie zuerst an? Um etwas vorzugreifen: Sie tragen eine Infrarotbrille, damit Sie auch alles im Raum erkennen können.

Anhang

Lösungen

Lösung Anagramme von Seite 85
Der LEOPARD frisst so gerne GIRAFFEN, weil sie ihm besser schmecken als ein NASHORN. – MYNONA = ANONYM von rechts gelesen. – Die gesuchten Tiere: KATZE, PFERD, ELEFANT, TAUBE, KROKODIL, GOLDFISCH. – Um den Sinn der Aussage zu erfassen, müssen Sie die Wörter von rechts nach links, den Satz aber ganz normal von links nach rechts lesen: CAMPUS BUECHER REGEN ZUM DENKEN AN – ein wenig Eigenwerbung darf schließlich sein, oder?

Lösung Denksportaufgabe von Seite 95
Die Lösung kann man sich als Pyramide aufmalen, was jedoch einigermaßen arbeitsintensiv ist. Dagegen lautet die schlichte mathematische Lösung, die entsprechenden Siebenerpotenzen zusammenzuzählen: 7 Häuser plus 7 × 7 Katzen plus 7 × 7 × 7 Mäuse plus 7 × 7 × 7 × 7 Ähren plus 7 × 7 × 7 × 7 × 7 Körner oder: $7 + 7^2 + 7^3 + 7^4 + 7^5 = 19\,607$.

Lösung Denksportaufgabe von Seite 96
Gemeint war der Mensch, der als Baby auf allen Vieren kriecht (und am schwächsten ist), als Erwachsener aufrecht auf zwei Beinen geht und als alter Mensch von seinem dritten Bein, dem Stock, gestützt wird.

Lösung Denksportaufgabe von Seite 97
Zum einen zeigt das Paradoxon von Achilles und der Schildkröte sehr schön, dass reine Mathematik und menschlicher Alltag nicht unbedingt vergleichbar sind. Ein Mathematiker teilt eine Strecke eben immer wieder, egal, ob er das mit einem Maßband auf einem staubigen griechischen Weg auch zustande bringen könnte. Er portioniert die Zeit in immer kleinere Einheiten, so klein, dass wir sie als Zeit nicht mehr wahrnehmen können – Theorie und Praxis eben. Aber Zenons Satz ist tatsächlich auch mathematisch leicht zu widerlegen: Es ist nicht so, dass eine unendliche Reihe auch eine unendliche Summe haben muss. In seinem Gedankenspiel geht es auch weniger

darum zu beweisen, dass Achilles die Schildkröte nicht überholen kann (denn dass er schließlich als Erster durchs Ziel geht, ist unbestritten), sondern eher darum, den exakten Zeitpunkt festzulegen, an dem er die Schildkröte überholt. Und man kann zwar mathematisch recht einfach ausrechnen, wann die beiden genau auf einer Höhe sind, aber wann *überholt* er sie? Denn das ist eine Formulierung, die mit Mathematik wenig zu tun hat. Vielleicht hat der gute Zenon schon das vorweggenommen, respektive vorweggedacht, was erst 2 000 Jahre später als Heisenbergs Unschärferelation bekannt wurde: Dass in der Quantenphysik nämlich nicht gleichzeitig der Ort und der Impuls eines Teilchens genau zu bestimmen sind.

Lösung Denksportaufgabe von Seite 97
Wieder gewinnt Achilles, aber wieso? Wir wissen, dass Achilles 100 Meter in der Zeit läuft, die sein Freund für 95 Meter braucht. Wenn Achilles also 5 Meter hinter Patroklos startet, sind sie beide 5 Meter vor dem Ziel gleichauf – und der schnellere Achilles wird auf den letzten Metern seinen Freund mit Sicherheit überholen. Die spontane Antwort: »Sie kommen gemeinsam ins Ziel« ist falsch, weil man sich von der schlichten Einschätzung (siehe: »der gesunde Menschenverstand«) »Es haben ihm ja nur 5 Meter gefehlt« verwirren lässt. Gemeinsam ins Ziel wären sie nur gekommen, wenn Patroklos 95 Meter statt 100 zu laufen gehabt hätte, er also 5 Meter Vorsprung bekommen hätte.

Lösung Denksportaufgabe von Seite 98
»Qui est mortus et non est natus?« Wer ist gestorben, aber nicht geboren? Adam und Eva. Beide sind zwar gestorben, wurden aber von Gott geschaffen.

Lösung Denksportaufgabe von Seite 100
Die Rose, auf der kein Tau lag, war seine Frau.

Lösung Denksportaufgabe von Seite 101
Nichts.

Lösung Denksportaufgabe von Seite 102
Nicht ganz einfach, aber unterhaltsam. Zwei Lügner sind also auszumachen. Es gibt zwei Aussagen, die sich widersprechen: Hermes Trismegistus sagte: »B. Traven kennt sie.« B. Traven jedoch sprach: »Nein, ich kenne sie nicht.« Einer von beiden muss also lügen, und es interessiert uns nicht, wer das war. Es bleibt also noch ein Lügner übrig – Nostradamus oder der heilige Franziskus. Würde der heilige Franziskus die Wahrheit sagen, wüsste Hermes die letzte Wahrheit tatsächlich nicht – aber das geht nicht, weil dann Nostradamus lügen müsste, und der sagt ja gerade, dass Hermes oder Larifari die letzte Wahrheit kennen. Also muss der heilige Franziskus lügen, dann passt alles zusammen, und Hermes Trismegistus kennt die letzte Wahrheit. Was natürlich nicht heißen soll, dass der heilige Franziskus ein Lügner war. Schließlich hat uns dieses Rätsel der durchtriebene Baldanders gestellt – und wer glaubt schon an Fabelwesen?

Lösung Denksportaufgabe von Seite 103
Der gesuchte »Bruder« ist der 29. Februar.

Lösung Denksportaufgabe von Seite 103
Der erste Schritt ist klar – er kann nur Wolf und Kohlkopf alleine lassen. Also rudert er mit der Ziege über den Fluss, lässt sie dort aussteigen und rudert zurück. Aber nun? Eigentlich ist es egal, wen er nun einlädt. Er kann zuerst den Wolf mitnehmen, drüben abladen, mit der Ziege zurückrudern, sie gegen den Kohlkopf austauschen und zum Wolf bringen. Dann noch einmal zurück und die Ziege geholt – und alle drei sind glücklich am anderen Ufer.

Lösung Denksportaufgabe von Seite 104
Bei den Münzkästen sticht folgendes Argument: Man hat eine Schublade geöffnet und darin eine Goldmünze gefunden. Es muss sich also um einen der beiden Kästen handeln, die entweder nur Gold oder Gold und Silber enthalten. In beiden Kästen zusammen befinden sich drei Goldmünzen – nummeriert man die mit 1, 2 und 3 durch, kann man also drei verschiedene Goldmünzen »entdeckt« haben. Nur bei einer muss zwangsläufig auch eine Silbermünze danebenliegen – also beträgt die Wahrscheinlichkeit auch hier ein Drittel, die richtige gefunden zu haben.

Lösung Denksportaufgabe von Seite 104
Anne ist 18 Jahre alt. Vor sechs Jahren war Mary somit 18, so wie Anne jetzt. Und Anne war vor sechs Jahren zwölf, Mary ist jetzt 24, also doppelt so alt.

Lösung Denksportaufgabe von Seite 107
Natürlich war die Koryphäe, die den Jungen am Hirn operieren sollte, seine Mutter. Schließlich gibt es ja nicht nur männliche Chirurgen. Aber wenn Sie etwas gebraucht haben, um auf diese Lösung zu kommen, müssen Sie nicht unbedingt Chauvinist sein – es genügt das »normale« Gehirn, das sich von solchen Formulierungen gerne überlisten lässt.

Lösung Denksportaufgabe von Seite 108
Nach fünf Tagen hat sie morgens eine Höhe von 15 Metern erreicht, schafft es also noch im Lauf des Tages bis zum Brunnenrand.

Lösung Denksportaufgabe von Seite 108
Am ersten Tag war eine Seerose da, am zweiten zwei, am dritten vier – und nach 30 Tagen war der Teich voll. Also wäre er nach 28 Tagen voll gewesen, wenn sich von Anfang an vier Seerosen dort befunden hätten.

Lösung Denksportaufgabe von Seite 109
Wenn man bei vier Blumen sicher eine rote pflückt, kann es insgesamt nur drei nicht-rote geben, nämlich eine weiße und zwei rosafarbene; die übrigen 32 Blumen sind rot.

Lösung Denksportaufgabe von Seite 109
Ein Maler benötigt fünf Tage, um das Haus fertig zu streichen. Wie kommt's? Wenn zwei Maler für das Haus drei Tage brauchen, dann streicht logischerweise jeder Maler pro Tag ein Sechstel des Hauses. Nach einem Tag haben beide gemeinsam also zwei Sechstel des Hauses gestrichen. Es bleiben vier Sechstel übrig – und dafür braucht der eine Maler natürlich vier weitere Tage – macht zusammen fünf Tage.

Lösung Denksportaufgabe von Seite 109
Tatsächlich ist das Mischungsverhältnis in beiden Flaschen gleich. Um Sie vor zu viel Theorie zu bewahren, stellen Sie sich die Transaktion einmal plastisch vor: 30 blaue Holzkugeln versinnbildlichen den Wein, 30 weiße das Wasser. Zuerst schütten Sie 15 blaue (Wein) zu den 30 weißen (Wasser). Wenn Sie nach dem Umrühren wieder 15 abschöpfen, werden sich die Kugeln statistisch so aufteilen: fünf blaue und zehn weiße. Es bleiben in der »Wasserflasche« also 20 weiße und zehn blaue Kugeln – dasselbe Mischungsverhältnis wie in der »Weinflasche«, denn dort sind es jetzt 20 blaue und zehn weiße.

Lösung Denksportaufgabe von Seite 110
Die beiden Fußgänger treffen sich nach 90 Minuten. Da der Vogel mit 30 Stundenkilometern unterwegs ist, hat er bis dahin 45 Kilometer zurückgelegt. Das ist doch deutlich einfacher als eine geometrische Reihe, die jede Einzelstrecke zusammenzählt, die der Vogel zurücklegt, noch dazu zwischen beweglichen Wendemarken. Obwohl es sicherlich nicht für jedes Problem eine derart schlichte Lösung geben wird, sollten Sie immer versuchen, nach einer Ausschau zu halten. »Warum einfach, wenn es auch kompliziert geht?« sollte nicht als Maxime unseres Handelns gelten.

Lösung Denksportaufgabe von Seite 112
Hier hilft das archimedische Auftriebsgesetz: Solange der Eiswürfel noch gefroren ist, verdrängt er die Menge Wasser, die dieselbe Masse hat wie er selbst. Und genau diese Menge Wasser liefert er schließlich, wenn er schmilzt. Der Wasserstand ändert sich nicht, der Krug läuft nicht über. Sollten Sie sich jetzt fragen, wieso dann das Abschmelzen der Polkappen zu einem Anstieg des Meeresspiegels führen kann, bedenken Sie bitte, dass nur frei schwimmende Eisberge dieselbe Menge Wasser verdängen, die sie in gefrorenen Zustand haben, dies das aber nicht für Festlandeis gilt.

Lösung Denksportaufgabe von Seite 112
Heureka! Schön, wenn Sie das gerufen haben. Der Bankdirektor macht es so: Er nimmt aus der ersten Kassette eine Münze, aus der zweiten zwei, aus der dritten drei und so weiter, bis er schließlich 465 Münzen auf die Waage legt. Nun wiegt er. Wären alle Münzen echt, müsste die Waage 4650 Gramm anzeigen. Das tut sie aber nicht. Aus der Anzeige kann er nun schließen, in welcher Kassette das falsche Gold liegt: Wiegt alles zusammen etwa 4.632 Gramm, ist es Kassette 18, beträgt das Gewicht 4.621, ist es Kassette 29. Und in welcher Kassette sind die falschen Goldmünzen, wenn die Waage 4.649 Gramm anzeigt?

Lösung Denksportaufgabe von Seite 112

Die einfachere Variante war klar: Erste Wägung – links sechs Kugeln, rechts sechs Kugeln. Von der Seite, an der sich die Waage gesenkt hat, nimmt man nun die sechs Kugeln und verteilt sie für die zweite Wägung – drei links, drei rechts. Von der Seite, die sich nun gesenkt hat, nimmt man die drei Kugeln und legt eine davon links und eine rechts auf die Waage. Bleibt sie im Gleichgewicht, ist die schwere die beiseitegelegte Kugel, senkt sie sich auf einer Seite, liegt dort die schwere.

Nun zur schwierigeren Variante. Man weiß nicht, ob die gesuchte Kugel schwerer oder leichter ist. Das bedeutet, wenn sich eine Waagschale senkt, kann auf dieser Seite eine schwerere oder auf der anderen eine leichtere liegen. Verzwickt. Am besten gehen Sie so vor: Nummerieren Sie zuerst alle zwölf Kugeln durch. Zur ersten Wägung legen wir links 1, 2, 3 und 4 in die Schale, rechts 5, 6, 7 und 8. Bleibt die Waage im Gleichgewicht, haben wir es leicht. Die gesuchte Kugel muss nämlich unter 9, 10, 11 und 12 sein. Nun legt man 1, 2, und 3 in die linke Schale und 9, 10 und 11 in die rechte. Bleibt die Waage im Gleichgewicht, muss es Kugel 12 sein. Senkt sich jedoch die rechte Schale, muss die gesuchte Kugel schwerer sein. Also wiegt man 9 und 10 gegeneinander, der Rest ist klar. Senkt sich die linke Schale, muss die Kugel leichter sein – und wieder wiegt man 9 und 10 gegeneinander auf.

Wirklich kompliziert wird es aber, wenn bei der ersten Wägung die Waage nicht im Gleichgewicht bleibt. Nehmen wir an, es senkt sich die linke Waagschale, dann kann entweder dort eine schwerere Kugel oder auf der anderen Seite eine leichtere Kugel liegen. Das Einzige, was wir sicher wissen ist: Von den Kugeln 9 bis 12 ist es keine. Sie sind unsere Referenzkugeln. Nun legen wir für die zweite Wägung die Kugeln 1, 2, 3, 5 und 6 in die linke Schale und die Kugeln 4, 9, 10, 11 und 12 in die rechte. Bleibt die Waage jetzt im Gleichgewicht, muss es entweder Kugel 7 oder 8 sein. Wir wiegen die 7 mit einer Referenzkugel – bleibt die Waage im Gleichgewicht, ist es die 8, senkt sie sich bei der 7, war sie schwerer, hebt sie sich bei der 7, war sie leichter.

Wenn sich jedoch bei der zweiten Wägung die linke Schale senkt, wissen wir Folgendes: Es kann nicht die 4 sein, denn nach der ersten Wägung kann sie nicht leichter als die übrigen Kugeln sein, und es können auch nicht die Kugeln 5 oder 6 sein, weil sie aufgrund der ersten Wägung nicht schwerer als die restlichen Kugeln sein können. Die Kugeln 9, 10, 11 und 12 kommen sowieso nicht infrage, weil sie sicher alle gleich schwer sind. Also muss die gesuchte Kugel schwerer als die anderen sein und sich unter 1, 2 oder 3 finden. Das kann man leicht in der dritten Wägung herausfinden.

Senkt sich jedoch bei der zweiten Wägung die rechte Schale, wissen wir Folgendes: Die Kugeln 9, 10, 11 und 12 kommen nicht infrage, weil sie alle gleich schwer sind. 1, 2 oder 3 können nicht leichter sein, wie die erste Wägung ergeben hat. Es kann nun entweder die Kugel 4 schwerer sein oder die Kugeln 5 oder 6 leichter. Wenn man in der letzten Wägung 5 und 6 gegeneinander wiegt, weiß man sofort Bescheid. Herrscht Gleichgewicht, ist die Kugel 4 schwerer, senkt sich die 5, ist 6 leichter (und umgekehrt). Ein langer Beweis, aber ein zufriedenstellender.

Lösung Denksportaufgabe von Seite 113

Stellen Sie zunächst eine leere Tüte und das 1-Kilogramm-Gewicht auf die eine Seite der Balkenwaage. Dann stellen Sie auf die andere Seite eine leere Tüte und füllen sie langsam mit Zucker, bis die Waage im Gleichgewicht ist. Jetzt nehmen Sie das 1-Kilogramm-Gewicht weg und füllen die leere Tüte langsam so weit auf, bis die Waage wieder im Gleichgewicht ist. Nun ist in dieser Tüte genau 1 Kilogramm Zucker.

Lösung Denksportaufgabe von Seite 113
Bei der ersten Wägung legt man auf die eine Seite der Waage das Zuckerpäckchen und schüttet auf die andere so viel Tee, bis die Waage im Gleichgewicht ist. Der Tee kommt in eine leere Tüte. Dann legt man das Safranpäckchen auf die eine und das Zuckerpäckchen auf die andere Waagschale und schüttet so lange Tee auf die Seite des Safranpäckchens, bis man die restlichen 15 Gramm hat.

Lösung Denksportaufgabe von Seite 113
Der Stein ist in ziemlich unterschiedlich große Stücke zerbrochen: Ein Stück wiegt 27 Pfund, das nächste 9, und die beiden kleineren 3 und 1 Pfund. Damit kann man tatsächlich auf einer Balkenwaage alle Gewichte von 1 bis 40 Pfund abwiegen.

Lösung Denksportaufgabe von Seite 113
Das Wasser verdunstet sowohl aus den Gläsern als auch aus den Blättern der Rose. Jedoch saugt die Rose, die im Wasser steht, ständig Wasser auf, das über die Blätter wieder verdunstet. Deshalb verdunstet aus diesem Glas mehr Wasser, es wird leichter, und die Waagschale mit der trockenen Rose senkt sich.

Lösung Denksportaufgabe von Seite 113
Beide Sanduhren werden gleichzeitig umgedreht. Nach vier Minuten ist die kleine Sanduhr abgelaufen und wird sofort umgedreht. Nach sieben Minuten ist die große Sanduhr abgelaufen, und auf der kleinen ist noch eine Minute übrig. Man dreht die große Sanduhr um. Nach acht Minuten ist die Kleine schließlich zum zweiten Mal abgelaufen, bei der großen Sanduhr »fehlt« eine Minute. Wenn man sie jetzt umdreht und diese Minute ablaufen lässt, hat man genau neun Minuten abgemessen.

Lösung Denksportaufgabe von Seite 114
Füllen Sie zuerst den 5-Liter-Behälter. Gießen Sie ihn in den 3-Liter-Behälter um – im 5-Liter-Behälter bleiben 2 Liter übrig. Gießen Sie nun den 3-Liter-Behälter aus und schütten Sie den Rest (2 Liter) aus dem 5-Liter-Behälter hinein. Füllen Sie nun noch einmal den 5-Liter-Behälter und gießen Sie so viel daraus in den 3-Liter-Behälter, bis dieser voll ist. Nun bleiben genau 4 Liter im 5-Liter-Behälter.

Lösung Denksportaufgabe von Seite 114
Eine ganz klare Gleichung, wobei x einer Stunde entspricht:
$1/1\ x + 1/2\ x + 1/3\ x + 1/6\ x = 2\ x$
x entspricht 60 Minuten, das heißt, 2 x entsprechen $1/2 \times 60$ Minuten = 30 Minuten.
Alle Pumpen zusammen füllen den Behälter in 30 Minuten.

Lösung Denksportaufgabe von Seite 114
Richtig, es ist der Satz des Pythagoras, den man endlich einmal in freier Wildbahn anwenden darf: Das Quadrat über der Hypotenuse eines rechtwinkligen Dreiecks ist gleich der Summe der Quadrate über den Katheten, oder $a^2 + b^2 = c^2$. Nachdem wir davon ausgehen dürfen, dass der Mast senkrecht in der Erde steht, bildet das Sturmopfer ein sauberes rechtwinkliges Dreieck mit einer 5 Meter langen Hypotenuse und einer Kathete von 4 Metern. Gefragt ist die fehlende Kathete, die Strecke vom Fuß des Masts bis zu seiner Spitze. Das wäre die Rechnung: $16 + b^2 = 25$ oder $b^2 = 9$. Na, und die Wurzel aus 9 ziehen wir doch im Kopf. Die Mastspitze berührt den Boden also in 3 Metern Entfernung vom Fuß des Masts.

Lösung Denksportaufgabe von Seite 116
Wie schön, es herrscht Einigkeit. Arme wie Reiche finden, dass sie besser fahren, wenn man beim Ausgleich des Vermögens oben anfängt. Wenn man bei den Armen anfängt, bekommen die zwar ein bisschen mehr, wenn sie die Hälfte aus der Summe »Arme und Bedürftige« kriegen, aber noch mehr bekommen sie natürlich, wenn vorher die Bedürftigen reicher geworden sind. Eine überraschende Win-win-Situation: Jeder der Beteiligten auf den Extrempositionen profitiert, wenn der Reichtum von oben nach unten verteilt wird – und jeder dieser Beteiligten verliert, wenn die Armut von unten nach oben verteilt wird.

	reich	wohlhabend	normal	bedürftig	arm
Ursprünglicher Besitz	100	60	40	20	0
Verteilung von unten	71,25	71,25	42,5	25	10
Verteilung von oben	80	60	40	20	20

Tabelle 2: Die Neuaufteilung des Besitzes

Lösung Denksportaufgabe von Seite 116
Eine Bowlingkugel mit 22 Zentimeter Durchmesser hat nach der Formel $U = 2r \times \pi$ (U = Umfang, r = Radius, π = 3,1415 oder 22/7, als Annäherungswert mag das genügen) einen Umfang von 69 Zentimeter. Das ist die Länge der Schnur, die wir um den »Äquator« der Kugel legen. Verlängern wir die Schnur nun um einen Meter, beträgt der Umfang 169 Zentimeter. Daraus errechnen wir nun den neuen Durchmesser: $U = 2r \times \pi$ wird zu $U/2r = \pi$, und das wird zu $2r = U/\pi$. Der neue Durchmesser ist also $169/3,1415 = 53,8$ Zentimeter, und wenn die Schnur parallel um den Äquator dieser Kugel schwebt, tut sie das in einer Höhe von 15,9 Zentimeter. Nun ist es völlig egal, ob wir einen Tischtennisball, die Erde oder die Sonne nehmen: Ein Seil, straff um den jeweiligen Äquator gespannt, wird immer 15,9 Zentimeter über diesem schweben, wenn man das gesamte Seil um einen Meter verlängert. Probieren Sie es doch aus!

Lösung Denksportaufgabe von Seite 117
Die Flüge dauern zusammen länger als zwei Flüge ohne Gegenwind. Das ist ebenso schlicht wie gemein. Die Schiebe- und Bremskräfte würden sich tatsächlich aufheben, wenn sie gleichlange auf das Flugzeug wirken würden. Aber das tun sie eben nicht, weil durch das Abbremsen das Flugzeug der Bremskraft länger ausgesetzt ist als in umgekehrter Richtung der Beschleunigung.

Lösung Denksportaufgabe von Seite 117
Natürlich sagt jeder zunächst 50 Prozent oder eins zu zwei. Dennoch ist die Wahrscheinlichkeit eben eins zu drei. Hätte die Frage gelautet: Das erstgeborene Kind ist ein Junge, wie hoch ist die Wahrscheinlichkeit, dass auch das zweite ein Junge wird? – dann würde eins zu zwei stimmen. So aber gibt es folgende Konstellationen:

	Erstgeborenes Kind	Zweitgeborenes Kind
1. Möglichkeit	Junge	Junge
2. Möglichkeit	Junge	Mädchen
3. Möglichkeit	Mädchen	Junge

Tabelle 3: Die drei möglichen Geschwisterkombinationen

Es gibt also drei Möglichkeiten, ergo besteht eine Wahrscheinlichkeit von eins zu drei. Allerdings handelt es sich hierbei um ein Paradoxon der Wahrscheinlichkeitsrechnung, das nur auf dem Papier funktioniert, einem Qualitätstest würde es wohl nicht standhalten.

Lösung Denksportaufgabe von Seite 119
Es handelt sich um die Ziffern Eins bis Vier, die gegeneinander gespiegelt abgebildet waren. Und nun kommt also die gedoppelte Fünf.

Abbildung 18: Die merkwürdigen Zeichen

Lösung Denksportaufgabe von Seite 121
Das Schneiden ist gar nicht so schwer, der Trick liegt im richtigen Falten – verfahren Sie, wie in Abbildung 19 dargestellt.

Lösung Denksportaufgabe von Seite 122
Sie werden sich wundern. Es hat über tausend Jahre gedauert, bis das nächste Datum mit nur geraden Zahlen kam. Es war der 2.2.2000. So viel zum gesunden Menschenverstand.

Lösung Denksportaufgabe von Seite 122

Abbildung 19: Die unmögliche Figur

Diesmal haben Sie sich vermutlich verschätzt. Der Miniatureiffelturm würde tatsächlich nur 8 Gramm wiegen. Das Modell wäre nämlich in allen drei Dimensionen (Höhe, Breite und Tiefe) je tausendmal kleiner und somit $1\,000^3$-fach ($1\,000 \times 1\,000 \times 1\,000$) leichter. Sollten Sie sich nicht verschätzt haben: Gratulation. Aber dann drängt sich der Verdacht auf, dass Sie nebenbei gerechnet oder ein Ingenieurstudium absolviert haben.

Lösung Denksportaufgabe von Seite 123

Es stimmt – und es stimmt nicht. Einerseits ist der Mann nun tatsächlich Millionär. Aber: Eine Goldgans ist deutlich schwerer als eine normale Gans, die hauptsächlich aus Wasser besteht. Die Dichte von Gold beträgt 19,32 g/cm^3, die von Wasser nur 0,9998 g/cm^3, weswegen eine Goldgans, die das gleiche Volumen wie eine 6 Kilogramm schwere Gans hat, mehr als 100 Kilogramm wiegt. Was also nicht stimmt, ist, dass der Müllergeselle mit der Gans unter dem Arm nach Hause laufen konnte.

Lösung Denksportaufgaben von Seite 125

Alle Aussagen sind richtig.

Lösung Denksportaufgabe von Seite 126

Es gelangen mehr UV-Strahlen ins Auge als ohne Brille. Wie kommt das? Setzt man eine dunkle Brille auf, gelangt zunächst weniger Licht ins Auge. Darauf reagiert das Auge, indem es die Pupille vergrößert, sodass wieder mehr Licht auf die Netzhaut fallen kann. Da in diesem Fall aber die UV-Strahlen ungehindert die Brillengläser durchdringen können, gelangt durch die Erweiterung der Pupille mehr schädliche UV-Strahlung ins Auge als ohne Brille.

Lösung Denksportaufgaben von Seite 127

- Der Hirnforscher hat heute Geburtstag.
- Da werden Sie sich wundern: Nur 2 Zentimeter hat der Bücherwurm gefressen – tatsächlich nur die zwei Buchdeckel zwischen Band 1 und 2. Warum? Sehen Sie doch einmal nach, wo bei den beiden Büchern die ersten und letzten Buchseiten liegen, wenn sie nebeneinanderstehen.
- 20 Flieger trifft man auf der Reise gen Westen; klar, 10 müssen ja schon in der Luft sein, wenn man die Reise beginnt, und weitere 10 kommen während der zehnstündigen Reise dazu.

Lösung Denksportaufgabe von Seite 133

Das Gefangenendilemma ist ein bekanntes Paradoxon aus der Spieltheorie, einer Teildisziplin der Wirtschaftswissenschaften. Die Situation, in der sich die beiden Gefangenen befinden, wäre leichter, wenn sie gute alte Freunde wären. So jedoch wird jeder für sich eine »rationale« Entscheidung treffen, also den maximalen Verlust möglichst vermeiden. Maximaler Verlust bedeutet: fünf Jahre Knast. Und weil man sich nicht so recht traut (dem anderen also alles zutraut), wählt man lieber den sicheren Kompromiss – beide werden gestehen. Das ist zwar logisch, aber nicht richtig, weil die individuell vernünftigste Entscheidung (zu gestehen) und die kollektiv beste (beide schweigen) auseinanderfallen.

In diesem Auseinanderfallen der möglichen Strategien besteht das Dilemma der Gefangenen. Die vermeintlich rationale, schrittweise Analyse der Situation verleitet beide Gefangenen dazu, zu gestehen, was zu einem schlechten Resultat führt. Dieses Dilemma (dem nicht nur die Gefangenen, sondern auch Wirtschaftsunternehmen weltweit ausgeliefert sind) erklärt, dass bessere Resultate meist durch gemeinsame Kooperationen erreichbar sind. Diese jedoch sind anfällig für Verrat und Vertrauensbrüche.

Lösung Denksportaufgabe von Seite 135
Tatsächlich ist es ganz einfach: Die beiden tauschen einfach ihre Abteilungen und arbeiten dann mit Volldampf an der besten Lösung. Manager A arbeitet mit Abteilung B und umgekehrt. So wird – weil nämlich die schlechtere Abteilung vorne liegt – tatsächlich der Beste gewinnen.

Lösung Denksportaufgabe von Seite 140
Der zweite Fehler ist der, dass der Satz inhaltlich falsch ist, denn es versteckt sich eben nur ein Fehler darin.

Lösung Denksportaufgabe von Seite 141
Fragen Sie einen der beiden: »Wenn ich deinen Begleiter fragen würde, in welcher Richtung es zu mir nachhause geht, was würde er antworten?« Der Lügner würde »links« sagen, wenn es rechts nachhause ginge – der Wahrheitsliebende jedoch auch (denn er weiß ja, dass der andere immer lügt). Mit dieser Frage finden Sie absolut sicher heim: Gehen Sie einfach in die entgegengesetzte Richtung, egal, wer Ihnen geantwortet hat.

Lösung Denksportaufgabe von Seite 143
Adam war der Einzige der Drei, der keinen Bauchnabel hatte – wie Eva übrigens auch.

Lösung Denksportaufgabe von Seite 143
Der Physiker Anders Sandberg vom Royal Institute of Technology in Stockholm nimmt an, dass jeder Engel Masse und wenigstens 1 Bit an Information enthält, nämlich ob er ein gefallener Engel ist oder nicht. Daraus berechnete er die maximale Anzahl mit $8,6766 \times 10^{49}$ Engeln. Für die kritische Engelmasse ergab sich ein Wert von $3,8807 \times 10^{-34}$ Kilogramm. Wie viele nun auf eine durchschnittliche Nadelspitze passen, ergibt sich daraus zwar immer noch nicht, trotzdem weiß man, dass die Engel mit nahezu Lichtgeschwindigkeit tanzen müssen, damit sie einigermaßen Platz haben. Ein berühmter Kollege von Sandberg, der Nobelpreisträger für Physik Wolfgang Pauli, meinte zu der Frage nach einer »wahren Realität« hinter der Quantentheorie: »Ob etwas, worüber man nichts wissen kann, doch existiert, darüber soll man sich doch wohl ebenso wenig den Kopf zerbrechen, wie über die alte Frage, wie viele Engel auf einer Nadelspitze sitzen können.«

Lösung Denksportaufgabe von Seite 143
Zweimal, denn dann hatte er keine Würmer mehr. Aber wie schön, auch diese Frage führt zu einer anderen, nämlich der, warum Noah keine Fische mit an Bord nahm. Stimmt, weil sie nicht ertrinken konnten. Die Arche Noah ist überhaupt eine reichhaltige Fundgrube für Denksport und Grübelei. Christliche Fundamentalisten haben etwa aus theologischen Texten abgeleitet, dass die Arche exakt 137 Meter lang, 23 Meter breit und 13 Meter hoch gewesen sei und Noah 136 560 Lebewesen mitgenommen habe.

Neben den bekannten Tieren wie Kuh, Schaf, Hund und Katze seien auch zwei Stegosaurier mitgenommen worden. Allerdings nur kleine Exemplare. Leider haben dieselben Bibelexperten das Alter der Welt auf 10 000 Jahre festgelegt – und die Dinosaurier sind bekanntermaßen schon vor 250 000 Jahren ausgestorben.

Lösung Denksportaufgabe von Seite 144
Sieben Münzen hat der Bankangestellte verkauft: 3,5 und eine halbe sind vier, Rest drei. Davon wieder die Hälfte (1,5) und eine halbe Münze sind zwei, Rest eins. Davon die Hälfte (0,5) und eine halbe ergeben den letzten der sieben Maria-Theresien-Taler.

Lösung Denksportaufgabe von Seite 145
Der Nachbar bringt die Hinterbliebenen dazu, noch ein Kamel zu kaufen und stellt es dazu. Aus der nun zwölfköpfigen Herde bekommt Ali ein Drittel, also vier Kamele, Omar ein Viertel, also drei, und die Zwillinge je ein Sechstel, also je zwei Kamele. Macht zusammen elf Kamele. Der Nachbar nimmt das zwölfte mit nachhause und freut sich über das gute Geschäft.

Lösung Denksportaufgabe von Seite 146
Dieses scheinbare Paradox erklärt sich aus der Wahrscheinlichkeitsrechnung als normale statistische Größe. Wir wundern uns nur, weil wir uns in der Statistik gerne verschätzen. Da hat der gesunde Menschenverstand auch nichts zu suchen. Wirklich erstaunlich wäre es, wenn zwei *bestimmte* Menschen aus der Gruppe am selben Tag Geburtstag haben: Wir picken uns irgendjemanden aus der Gruppe heraus und suchen nun jemanden, der genau am gleichen Tag Geburtstag hat. Die Wahrscheinlichkeit, so jemanden zu finden, ist tatsächlich ziemlich gering. In unserem Fall aber ist jede Kombination möglich, und je mehr Menschen teilnehmen, desto höher ist die Wahrscheinlichkeit einer Übereinstimmung. Der Grund für diesen großen Unterschied liegt darin, dass es bei n Personen $n \cdot (n-1):2$ verschiedene Paare gibt, die am selben Tag Geburtstag haben könnten. Die Wahrscheinlichkeit für das Zusammentreffen beziehungsweise Kollidieren zweier Geburtstage steigt daher ungefähr mit dem Quadrat der Anzahl *n* an.

Lösung Denksportaufgaben von Seite 154–155
- Man kann sich verschiedene Lösungen vorstellen: Die beiden Affen gucken nicht gleichzeitig durch die Röhre. Es könnte auch Nacht sein, oder die beiden Affen gucken von der gleichen Seite in das Rohr hinein.
- Herr Meier dreht einfach alle Sicherungen raus. Irgendwann wird schon jemand zum Nachsehen kommen.
- Der Gast hatte den Kaffee schon gezuckert, bevor er die Fliege entdeckte.
- Ganz einfach: Sie spielten nicht gegeneinander.
- Der mit dem sauberen Gesicht sieht das des anderen und glaubt, er sehe genauso aus – und der mit dem schmutzigen Gesicht denkt dasselbe.
- Die vier Männer waren Sargträger auf dem Weg zu einer Beerdigung. Der fünfte Mann lag im Sarg.

Lösung Denksportaufgaben von Seite 155–156
- Der Mann war zuvor mit mehreren Leuten in einem Heißluftballon, der abzustürzen drohte, da nicht mehr genügend Gas vorhanden war. Um Gewicht zu verlieren, zogen sich alle aus. Als das nicht half, zogen sie Streichhölzer. Der Mann hatte das kleinste und musste springen.

- Der Mann und sein Spielpartner waren in einem verunglückten U-Boot, und es gab nur einen Taucheranzug. Also spielten sie Schach, um zu entscheiden, wer den Taucheranzug bekam. Der andere hat sich erschossen, um nicht zu ertrinken.
- Der Einbrecher war da, wo er hingehört, im Gefängnis nämlich.
- Es passierte beim Schachspiel: Das Pferd schlug den Bauern.
- Der Mann fuhr in seinem Auto die Straße vor seinem Haus entlang, als er durch das Seitenfenster die hübsche Frau sah, die ihn so sehr ablenkte, dass er einen Unfall verursachte.
- Die Musiker spielten Fußball.
- Da muss man den Text genau lesen. Fritz und Franz haben die DVD nicht abgespielt, sondern nur angeschaut. Sie haben also nicht den Film angeschaut, sondern die DVD selbst, und dabei entdeckte Franz einen dicken Kratzer. Da dieser nicht bis ganz innen ging, wusste er, dass nur der hintere Teil des Films davon betroffen ist.
- Herr Maier selbst war der Geisterfahrer. Er fuhr auf der Autobahn in die falsche Richtung, als ihm ein anderes (richtig fahrendes) Auto entgegenkam. Es kam zum Zusammenstoß, bei dem er aber nur leicht verletzt wurde. Allerdings wurde er in seinem Auto eingeklemmt und konnte erst nach Stunden befreit werden. Dennoch hat er überlebt (denn er war ja nur leicht verletzt). Bei allen diesen Angaben ist also von derselben Person die Rede. Der Fahrer im anderen Auto hatte weniger Glück. Er war sofort tot.

Lösung Denksportaufgabe von Seite 157
Zuerst setzten die beiden Jungen über den Fluss. Der eine blieb am Ufer, und der andere fuhr das Boot zu den Wanderern und stieg aus. In das Boot setzte sich nun ein Erwachsener und fuhr zum anderen Ufer. Darauf fuhr der Junge, der am anderen Ufer geblieben war, das Boot zurück, nahm den anderen Jungen auf, brachte ihn zum anderen Ufer und fuhr erneut zurück und stieg aus. Nun betrat der zweite Wanderer das Boot und setzte über und so weiter.

Lösung Denksportaufgabe von Seite 157
Sie füllten einfach Wasser in die Lampe. Nachdem Öl leichter ist als Wasser und die beiden Flüssigkeiten sich nicht vermischen, schwamm das noch vorhandene Petroleum auf dem Wasser. Der Docht erreichte das Petroleum wieder, die Lampe brannte.

Lösung Denksportaufgabe von Seite 158
Man wird leichter. Und das funktioniert so: Weil weniger Masse unter einem liegt, verringert sich die Erdanziehungskraft, und weil mehr Masse über einem liegt, steigt die Anziehungskraft dieser Masse.

Lösung Denksportaufgabe von Seite 158
Da neben jedem Lügner jemand sitzen muss, der die Wahrheit sagt, muss eine gerade Anzahl von Leuten um den Tisch sitzen. Also lügt der Mann von der Kreditrevision. Da der Chef der Immobilienbewertung ihn als Lügner bezeichnet, spricht er die Wahrheit. Es sitzen also 50 Leute am Tisch.

Lösung Denksportaufgabe von Seite 158
Es gibt sind 99 Lügner. Es kann nämlich nur einer die Wahrheit sagen – nämlich der, der sagte: »Es sind genau 99 Lügner auf der Insel.«

Lösung Denksportaufgabe von Seite 159
Sie sollten sagen: »Ich werde das Batterie-Ladegerät nicht bekommen.« Was bleibt dem Moderator übrig? Wenn er Ihnen den Haartrockner geben will, wäre das eine richtige Antwort, das geht also nicht. Und wenn er Ihnen tatsächlich das Ladegerät aufdrängen will, wäre Ihre Antwort falsch gewesen, geht also auch nicht. Er muss Ihnen also das Auto überlassen – nur dann stimmt's wieder! Sie könnten allerdings auch sagen: »Ich bekomme entweder den Haartrockner oder das Auto.«

Lösung Denksportaufgabe von Seite 159
Er wird den anderen fragen: »Wirst du mir mit ›Nein‹ antworten?«

Lösung Denksportaufgaben von Seite 159
Wenn alle Sätze wahr sind, dann kann es nur einen Schuldigen geben: Robert. Warum? John und Mark sind durch eine Aussage verbunden – sie können nur gemeinsam schuldig oder unschuldig sein, aber nicht einer allein. Also bleibt – nach dem ersten Satz, in dem es heißt, dass Mark unschuldig ist, wenn John der Täter ist – nur eine logische Lösung: Robert war es!

Lösung Denksportaufgaben von Seite 160–162
- Frau Gelb trägt das grüne Kleid. Frau Grün kann das grüne Kleid nicht tragen, sonst wäre ja die Aussage der Dame im grünen Kleid falsch. Da Frau Rot antwortet, muss Frau Gelb den ersten Satz gesagt haben.
- Er ist zum ersten Friseur gegangen, denn wenn es nur zwei Friseure gibt, mussten sie sich wohl gegenseitig die Haare schneiden. Der zweite hatte zwar einen schönen Salon, konnte aber wohl nicht gut Haare schneiden.
- Im Regal stehen nur neun Uhren: 1 2 3 4 5 6 7 8 9.
- Ersten Schalter einschalten, zwei Minuten warten, ersten Schalter ausschalten, zweiten Schalter einschalten, hinaufgehen. Ist die Lampe an, wird sie vom zweiten Schalter geschaltet, ist sie aus und warm, vom ersten Schalter. Ist sie aus und kalt, ist der dritte Schalter zuständig.
- Sie zünden die Zündschnüre an drei Enden gleichzeitig an. Wenn die erste Zündschnur abgebrannt ist (die, die sie an beiden Enden angezündet haben), sind genau 30 Minuten vergangen. Nun zünden sie das vierte Ende an. Wenn die zweite Zündschnur abgebrannt ist, sind genau 45 Minuten vergangen.
- Nur eine der Partybesucherinnen trinkt nicht und raucht auch nicht. Fangen wir mit den vier Damen an, die sowohl rauchen als auch trinken, bleiben also sechs Gesundheitskandidatinnen. Nun trinken aber insgesamt sieben von zehn Frauen Alkohol. Vier von ihnen sind ja schon in der Raucher-Trinker-Fraktion. Es bleiben also drei, die nur trinken, aber nicht rauchen. Da bleiben nur noch drei übrig. Wir haben aber insgesamt sechs Raucherinnen. Vier

von ihnen rauchen und trinken, die beiden anderen rauchen nur, trinken aber nicht. Da bleibt nur noch eine, die ganz gesund lebt.
- Jedes der fünf Räder hat 12 000 Kilometer abgefahren. Die vier Reifen eines Autos legen bei einer Strecke von 15 000 Kilometern insgesamt 60 000 Kilometer zurück. Da Sie aber alle fünf Reifen einsetzen und alle gleichmäßig abnutzen, legt jeder Reifen 60 000 Kilometer geteilt durch fünf zurück – macht also 12 000 Kilometer pro Reifen
- Man glaubt, für eine solche Rechnung zu wenige Anhaltspunkte zu haben, und trotzdem ist sie leicht zu lösen – wenn man sie als mathematische Gleichung schreibt. Was weiß man? Dass man 14 Kilometer gefahren ist, bis der Reifen platzte, und dass man eine unbekannte Strecke weit ins Büro ging. Also kann man schreiben 14 km + x ist der komplette Weg ins Büro. Hin und zurück also (14 km + x) × 2. Davon ging er x Kilometer zu Fuß und 28 + x fuhr er. Er fuhr also 28 Kilometer mehr, als er zu Fuß ging.
- Es müssen noch fünf Maschinen des Typs B eingesetzt werden, damit die Fabrik 6000 Felgen pro Stunde produziert. Wir wissen, dass acht Maschinen des neuen Typs A arbeiten. Sie schaffen pro Stunde zusammen 8 × 500 = 4000 Radfelgen. Die älteren Maschinen müssen also noch 2000 Felgen in der Stunde herstellen. Eine Maschine hat eine Leistung von 400 Radfelgen, es müssen also noch 2000 : 400 = fünf Maschinen des älteren Typs eingesetzt werden.
- Sie wiegen 91,6 Kilogramm. Wenn 60 Prozent Ihres Körpers 55 Kilogramm wiegen, wie viel wiegen 100 Prozent? Berechnen wir zunächst, wie schwer 1 Prozent Ihres Köpergewichts ist. 1 Prozent = 55 Kilogramm : 60 = 0,916 Kilogramm. 100 Prozent sind dann 91,6 Kilogramm.
- Es reichen tatsächlich drei Flugzeuge aus, um einem die komplette Erdumrundung zu ermöglichen. Die Jets »Alpha«, »Bravo« und »Candy« starten gleichzeitig mit vollen Tanks vom Südpol aus und fliegen auf einem Meridian gen Norden. Nach einem Achtel der Strecke füllt »Candy« ein Viertel seiner Tankfüllung in »Bravo« und ein Viertel in »Alpha« und fliegt mit dem restlichen Viertel zurück. Nach einem weiteren Achtel der Strecke füllt »Bravo« ein Viertel seines Tanks bei »Alpha« auf und fliegt mit seinem Rest (halbe Tankfüllung) ebenfalls wieder zurück. Jetzt ist »Alpha« voll aufgetankt, kann also eine halbe Weltumkreisung schaffen. Genau beim letzten Viertel geht ihm der Sprit aus – aber da wartet schon »Bravo« auf ihn, der inzwischen wieder aufgetankt hat und ihm entgegengeflogen ist, spendiert wieder ein Viertel, und beide fliegen weiter bis zum letzten Achtel der Erdumkreisung. Jetzt geht beiden der Sprit aus – aber da ist »Candy«, der jedem ein Viertel seiner Tankfüllung abgibt – und alle drei treffen mit dem letzten Tropfen am Südpol ein.
- Die beiden Langsamsten müssen auf jeden Fall zusammen gehen. Nennen wir den schnellsten Brückengeher A, den zweitschnellsten B, die anderen C und D, dann laufen sie in dieser Reihenfolge: Zuerst gehen A und B hinüber (10 Minuten), A geht zurück (5 Minuten), danach gehen C und D zusammen hinüber (25 Minuten), B geht wieder zurück (10 Minuten), und schließlich gehen A und B zusammen über die Brücke (10 Minuten). Damit haben es alle vier in insgesamt 60 Minuten geschafft.
- Sie nimmt aus der Schachtel mit der Aufschrift »Schoko/Vanille« einen Keks. Denn in dieser Schachtel können ja keine Schokoladen- *und* Vanillekekse sein, sondern nur Schokolade

oder Vanille. Wenn sie einen Schokoladenkeks herauszieht, weiß sie, dass in der Schachtel, auf der »Vanille« steht, die Schoko- und Vanillekekse liegen – und in der Schachtel, auf der »Schoko« steht, müssen also die Vanillekekse sein (und umgekehrt, wenn sie zuerst einen Vanillekeks erwischt).

Lösung Denksportaufgaben von Seite 162–164
- Eine blaue, eine gelbe und 20 rote.
- Zehneinhalb Jahre und ein halbes Jahr.
- Kein Problem, denn als in Spanien der 23. April war, schrieb man in England erst den 13. April. Spanien hatte die Gregorianische Kalenderreform gleich 1582 vollzogen, während dies in England erst 1752 geschah. Shakespeare hätte also durchaus unter Berücksichtigung der damals üblichen Kommunikationsmittel von Cervantes' Tod erfahren können.
- Der Oktober. Er hat 31 Tage plus eine Stunde (wegen der Umstellung von Sommer- auf Winterzeit).
- Fünf Millionen.
- Der Rahmen kostet 75 Cent, das Poster 1,25 Euro.
- Wenn Sie sich an die Herstellerangaben halten, erhalten Sie 5,25 Liter Saft. Nachdem die Anweisung lautet »im Verhältnis eins zu sechs«, heißt das: ein Teil Konzentrat auf sechs Teile Wasser – macht sieben Teile. 1 × 0,75 Liter Konzentrat + 6 × 0,75 Liter Wasser = 5,25 Liter Saft.
- Der Korken kostet 5 Cent.
- Setzen Sie einfach einen Platzhalter x ein, dann lautet die Gleichung so:
2x + x/2 + x/4 + 1 = 100
2x + x/2 + x/4 = 99
11x/4 = 99
x = 36
- Es fehlen 5 Karten; 47 sind im Spiel.
- Auch wenn Sie gedacht haben sollten: »Hauptsache zwei schwarze Socken«, es war deutlich von einem Paar die Rede. Das bedeutet: ein linker und ein rechter Socken. Sie müssen also nicht 50-mal hineingreifen, denn dann haben Sie nur sicher zwei schwarze Socken in Händen, Sie müssen mindestens 55-mal hineingreifen.
- Der Brotvorrat reicht vier Tage. In vier Tagen isst der Mann 4/9 des Brotes, die Frau 4/12 und das Kind 4/18 des Brotes. Das ergibt zusammengerechnet 8/18 + 6/18 + 4/18 = 18/18. Der Brotvorrat ist also nach vier Tagen aufgebraucht.
- Bei einem Wasseranteil von 95 Prozent macht die Trockenmasse des Pilzes 5 Prozent aus und wiegt daher 5 Gramm. Bei einem Wasseranteil von 80 Prozent macht die Trockenmasse der Pilze automatisch 20 Prozent aus, wiegt aber (weil unverändert) immer noch 5 Gramm. 5 Gramm entsprechen 20 Prozent, also entsprechen 25 Gramm 100 Prozent. Die Pilze wiegen also nur noch 25 Gramm.
- 72 Augen.
- Er hat am 31. Dezember Geburtstag.
- Wie es geht, sehen Sie auf Abbildung 20.

Abbildung 20:
Die richtige Anordnung der Stühle

Lösung Denksportaufgabe von Seite 165
Auch hier ist es hilfreich, eine Zeichnung anzufertigen, oder wenigstens drei Bleistifte so aufzustellen, dass man sich die Situation plastisch vorstellen kann. Was sieht nun der hinterste Cowboy? Sähe er zwei weiße Federn vor sich, würde er sofort rufen: »Ich trage eine schwarze Feder!« Das tut er aber nicht, deshalb sieht er mindestens eine schwarze Feder. Diesen Schluss zieht der mittlere Cowboy. Würde der jedoch vor sich eine weiße Feder sehen, könnte er daraus folgern, dass er selbst eine schwarze Feder am Hut tragen müsste. Er sieht also keine weiße Feder, das versteht auch der vorderste Cowboy und kann daraus schließen, dass er selbst eine schwarze Feder am Hut tragen muss. Er ruft deshalb: »Ich trage eine schwarze Feder am Hut!« – und alle drei sind gerettet.

Lösung Denksportaufgabe von Seite 165
Herr Seidenmann nahm die Sekretärin mit ins Büro, zog schnell eines der Kügelchen aus der Schatulle und verschluckte es sofort. Der Personalchef musste ja, gerade vor der Sekretärin, weiterhin so tun, als seien verschiedenfarbige Kugeln in der Schatulle gewesen, und daher diese öffnen, um »nachzusehen«, welche Farbe das verbliebene hatte. Zähneknirschend musste er zugeben, dass Herr Seidenmann wohl die weiße Kugel gezogen habe. Er versuchte diesen Kündigungstrick nie wieder.

Lösung Denksportaufgabe von Seite 166
Die richtige Parole war, die Anzahl der Buchstaben der Zahl zu nennen, die die Professorin sagte. Zu leicht lässt man sich zu rechnerischen Kombinationen verleiten, wobei die Lösung auf einem ganz anderen Feld liegt. Man wird also manipuliert. Der BWL-Student hätte »acht« sagen müssen.

Lösung Denksportaufgaben von Seite 167–168
- Er zieht den Badewannenstöpsel.
- Es waren nur drei Personen, nämlich Großvater, Vater und Sohn, weil der eine Vater als Sohn des Großvaters zählt.
- Die 10 Meter lange Leine hängt 5 Meter durch. Das bedeutet 5 Meter runter und 5 Meter rauf, also 10 Meter in vertikaler Richtung. Es bleibt nichts anderes übrig, als dass die Pfosten sich direkt berühren – Abstand 0 Meter.
- Er hat immerhin verstanden, wohin sie wollte.
- Keine. Sie sind beide am gleichen Punkt.
- Natürlich die Streichhölzer, egal ob Sie anschließend die Bude in die Luft jagen wollen oder ein gemütliches Kaminfeuer im Sinn haben. Gratulation, diese Aufgabe haben Sie auf Anhieb gelöst!

Glossar

Amygdala (auch Mandelkern) Mandelförmiges Organ als Teil des limbischen Systems (siehe »Limbisches System«), hat vielfältige Verknüpfungen mit anderen Gehirnstrukturen und ist zuständig für eine schnelle, automatisierte Verarbeitung der Gefühle bei bedrohlichen oder furcht erregenden Situationen.

Axon Fadenförmiger Auswuchs eines Neurons, der bis in weit entfernte Körperregionen reichen kann und Signale vom Zellkern wegleitet.

Biofeedback Eine in der Verhaltenstherapie angesiedelte Methode, körperliche Vorgänge, für die keine Sinneswahrnehmung möglich ist und die in Zusammenhang mit Stressreaktionen, psychischen und psychosomatischen Krankheiten stehen, computergestützt zu messen, sichtbar oder hörbar zu machen und somit verändern zu können. Beispiele: Herzrate, Aktivität der Schweißdrüsen, Blutdruck, Atmung, Hauttemperatur und selbst Hirnströme (siehe »Neurofeedback«).

Cortex cerebri (Großhirnrinde, oft auch nur Cortex genannt) So nennt man die äußerste Schicht des Großhirns, die besonders reich an Neuronen ist und die »graue Substanz« bildet. Die darunter liegende, erheblich dickere »weiße Substanz« besteht hauptsächlich aus Axonen, die mit einer weißen, isolierenden Fettschicht (Myelin) ummantelt sind.

Dendrit Ausstülpungen einer Nervenzelle, über die Signale von anderen Neuronen ankommen.

EEG (Elektroenzephalogramm) Messung der elektrischen Aktivität, die von den Nervenzellen ausgeht, durch Ableitungen über die Kopfhaut.

Epiphyse (auch Zirbeldrüse) Die E. ist lichtgesteuert und reguliert den Schlaf- und Wachrhythmus durch Ausschüttung des Schlafhormons Melatonin bei Dunkelheit.

fMRI (Functional Magnetic Resonance Imaging) Im Gegensatz zum MRI wird hier die Hirnaktivität während einer spezifischen Tätigkeit gemessen und lokalisiert.

Großhirnrinde siehe Cortex cerebri

Hemisphären Die halbkugeligen Großhirnhälften, die über den Balken (*Corpus callosum*) miteinander verbunden sind. Die beiden auf unterschiedliche Schwerpunkte spezialisierten Gehirnhälften stehen in ständiger enger Zusammenarbeit.

Hippocampus Zentrale Schaltstation des limbischen Systems, eng verbunden mit der Amygdala und zuständig für die Speicherung von Erinnerungen.

Hypophyse (auch Hirnanhangsdrüse) Eine Drüse, die eine wichtige Rolle bei der Regulierung des Hormonsystems im Körper einnimmt.

Hypothalamus Überwacht und kontrolliert emotionale, immunologische und hormonale Funktionen und passt den Körper optimal an die Umgebung an.

Kleinhirn Hinten am Stammhirn aufgesetzte Hirnregion, die hauptsächlich für die Steuerung unserer Motorik zuständig ist.

Limbisches System Gehirnstruktur unter dem Balken (Corpus callosum), deren unterschiedliche Module (Thalamus, Hypothalamus, Hippocampus, Amygdala und Hypophyse) alle eng mit dem Cortex verbunden sind. Hier werden Emotionen erzeugt, ebenso wie überlebenssichernde Triebe und Gelüste.

Mandelkern siehe Amygdala

Mind-Mapping Eine Weiterentwicklung der Baudiagramme, in die man – etwa nach einem Brainstorming – sortierte Informationen und ihre Zusammenhänge einträgt. Die Beziehung zwischen den Begriffen kann mit Ästen oder Pfeilen bezeichnet werden, auch eine Gewichtung und Reihenfolge ist so möglich.

MRI (engl. Magnetic Resonance Imaging) Bildgebendes Verfahren, das mithilfe magnetischer Felder die Darstellung spezifischer Gehirnstrukturen ermöglicht.

Nervenzelle siehe Neuron

Neurofeedback Trainingsmethode, um über eine EEG-Ableitung spezifische, funktionsstörende Hirnfrequenzmuster selbst regulieren zu lernen. Dies geschieht durch eine auditive oder visuelle Rückmeldung des aktuellen Zustands und dessen Veränderung.

Neuron Nervenzelle, die die eigentliche Gehirnaktivität entfaltet, bestehend aus Zellkörper, Dendriten und Axon.

Neurotransmitter Biochemische Stoffe (zum Beispiel Serotonin und Dopamin), die bewirken, dass der synaptische Spalt überwunden wird und eine elektrische Verbindung zwischen Axon und Dendrit entstehen kann.

PET (Positronen-Emissions-Tomografie) Durch eine Zugabe einer radioaktiven Substanz lassen sich Stoffwechsel und Blutfluss in verschiedenen Arealen des Gehirns messen.

Spieltheorie Teilgebiet der Mathematik, in dem Systeme von Interaktionen untersucht werden, die keine »richtigen«, nämlich logisch einwandfreien Entscheidungen haben können, sondern von Konflikten und paradoxen Grundvoraussetzungen geprägt sind.

Stammhirn (auch Hirnstamm oder Reptilienhirn) Verbindung zwischen Rückenmark und Hirnstrukturen. Ist zuständig für grundlegende Überlebensfunktionen wie Herzschlag, Muskelbewegungen, Blutdruck, Atem und Bewusstseinszustände.

Synapse Kontaktstelle zwischen Nervenzelle und anderen Zellen, an der eine Erregungsübertragung auf chemischem oder elektrischem Weg stattfindet.

Thalamus Eingangspforte für Sinneseindrücke und gleichzeitig eine Weiche, die ankommende Informationen an die zuständigen Hirnareale leitet.

zerebral Von *Cerebrum* (lat. Gehirn), »auf das Gehirn bezogen«.

Zirbeldrüse siehe Epiphyse

Literaturverzeichnis

Berrondo, Marie: *Fallgruben für Kopf-Füßler*, Frankfurt: Fischer Taschenbuch, 1989
Bono, Edward de: *Das spielerische Denken*, Reinbek: Rowohlt Taschenbuch, 1982
Calvin, William H.: *Die Sprache des Gehirns*, München: Hanser Verlag, 2000
Carroll, Lewis: *Geschichten mit Knoten*, Frankfurt: Insel Taschenbuch, 1988
Carter, Rita: *Atlas Gehirn*, München: Schneekluth Verlag, 2000
Csikszentmihalyi, Mihaly: *Kreativität*, Stuttgart: Klett-Cotta, 2007
Damasio, Antonio R.: *Descartes' Irrtum*, München: List Verlag, 2004
Damasio, Antonio R.: *Der Spinoza Effekt*, München: List Verlag, 2005
Edelmann, Gerald M.: *Unser Gehirn – ein dynamisches System*, München: Piper Verlag, 1993
Gardner, Martin: *Geometrie mit Taxis, die Köpfe der Hydra*, Basel: Birkhäuser Verlag, 2001
Gardner, Martin: *Wheels, life and other mathematical amusements*, New York: W.H. Freeman & Co, 1983
Goldberg, Elkhonon: *Die Weisheits-Formel*, Reinbek: Rowohlt Verlag, 2007
Goldberg, Elkhonon: *Die Regie im Gehirn*, Freiburg: VAK Verlag, 2002
Herschkowitz, Norbert: *Das Gehirn*, Freiburg: Herder Verlag, 2007
Kandel, Eric R.: *Psychiatrie, Psychoanalyse und die neue Biologie des Geistes*, Frankfurt: Suhrkamp Verlag, 2006
Kandel, Eric R.: *Auf der Suche nach dem Gedächtnis*, München: Siedler Verlag, 2006
Kast, Bas: *Wie der Bauch dem Kopf beim Denken hilft*, Frankfurt: Fischer Verlag, 2007
Kotulak, Ronald: *Die Reise ins Innere des Gehirns*, Paderborn: Jungfermann Verlag, 1998
Lévi-Strauss, Claude: *Das wilde Denken*, Frankfurt: Suhrkamp Taschenbuch Wissenschaft, 2004
Lévi-Strauss, Claude: *Sehen, Hören, Lesen*, Frankfurt: Suhrkamp Taschenbuch Wissenschaft, 2004
Olivastro, Dominic: *Das Chinesische Dreieck*, München: Droemersche Verlagsanstalt, 2000
Peat, F. David: *Synchronizität*, München: Goldmann Verlag, 1992
Pöppel, Ernst: *Der Rahmen*, München: Hanser Verlag, 2006
Ramachandran, Vilayanur: *Eine kurze Reise durch Geist und Gehirn*, Reinbek: Rowohlt Verlag, 2005

Roth G./Spitzer, M./Caspary, R.: *Lernen und Gehirn*, Freiburg: Herder Verlag, 2006
Sacks, Oliver: *Eine Anthropologin auf dem Mars*, Reinbek: Rowohlt Verlag, 2003
Sacks, Oliver: *Der Mann, der seine Frau mit einem Hut verwechselte*, Reinbek: Rowohlt Verlag, 2001
Sacks, Oliver: *Stumme Stimmen*, Reinbek: Rowohlt Verlag, 1990
Schönberger, Angela: *Simulation und Wirklichkeit*, Köln: DuMont Buchverlag, 1988
Singer, Wolf: *Der Beobachter im Gehirn*, Frankfurt: Suhrkamp, 2002
Singer, Wolf: *Vom Gehirn zum Bewusstsein*, Frankfurt: Suhrkamp, 2006
Smullyan, Raymond M.: *Wie heißt dieses Buch?*, Wiesbaden: Vieweg Verlag, 1985
Smullyan, Raymond M.: *Spottdrosseln und Metavögel*, Frankfurt: Fischer Verlag, 1989
Spitzer, Manfred: *Selbstbestimmen*, Heidelberg: Spektrum Verlag, 2004
Spitzer, Manfred: *Lernen, Gehirnforschung und die Schule des Lebens*, Heidelberg: Spektrum Verlag, 2006
Tschernjak, Jurij B.: *Die Hühnchen von Minsk*, Reinbek: Rowohlt Taschenbuch, 2002
Vester, Frederic: *Denken, Lernen, Vergessen*, München: Deutscher Taschenbuchverlag, 2001
Wise, Anna: *Power Mind Training*, Paderborn: Junfermann Verlag, 1998

Register

Abc-Spiel 78
Aktionspotenzial 29
Altes Testament 96, 100, 143
Alzheimer-Krankheit 9, 42, 81
Amygdala 20, 32, 43, 62, 185 f.
Anagramm 84 f., 169
Angst/Ängste 20, 25, 28, 51, 63 f., 69, 73, 89, 136
Angstkern 64
Angstsystem 62
Archimedes 111 f., 172
Aristoteles 11, 132
Assoziation 32, 41, 44, 52, 55, 67, 72 f., 79, 153
–, freie 79
Assoziationsfeld 49
Assoziationsgeflecht 50
Assoziationsnetzwerk 72 f.
Assoziationssperren 53
Aufmerksamkeit 12, 45, 62 f., 77 f., 83, 85, 89, 92
Aufnahmevermögen 63
Außenkontakt 37
Axon 28, 185 f.

Balken 17, 22, 42, 185 f.

Bauchgehirn 32
Bequemlichkeit 82
Bewusstsein 10, 19, 51
Bewusstseinszustände 187
Biofeedback 84, 185
Botenstoffe 29 f.
Braingames 77
Brain-Map 15, 51
Brainstorming 78, 167, 186
Broca-Zentrum 44

Charakter 13, 147
Charakterzüge 13
Computer 32 f., 52, 56–58, 83, 138 f., 159
Computerberechnungen 15 f.
Computersimulation 64
Cortex (cerebri) 17, 19, 21, 36, 43 f., 185 f.
–, auditiver 44
–, präfrontaler 36, 43
–, visueller 43 f.

Demenz 9, 51, 81
Dendrit 28, 185 f.
Dendritendornen 29
Denkblockaden 53, 93
Denken 10–12, 14, 19, 22 f., 25, 29 f., 32, 36, 40, 42, 51, 62, 68, 78, 81, 87, 92, 94, 111, 115 f., 118, 129, 144, 156 f., 164, 166
–, abendländisches 145, 148
–, analytisches 22
–, zielgerichtetes 11
–, entspanntes 92
–, kreatives 10, 110, 146–148, 167
–, laterales 10, 152 f., 155
–, logisches 19, 21 f., 137, 156
–, nichtlineares 152
–, paradoxes 138, 152
–, praktisches 11
–, rationales 22
–, spiegelverkehrtes 125
–, spielerisches 148
–, vertikales 153
Denkfehler 84, 115
Denkschleife 66 f., 120, 142, 146
Denksportaufgabe 10, 24, 95, 97 f., 101, 103, 105–108, 112–114, 140, 146 f., 150, 155, 157–159, 164, 169–181, 183 f.

Drei-Sekunden-Fenster 30 f.
Einfühlungsvermögen 31
Einweihungsritual 98
Elektroenzephalogramm
 (EEG) 14 f., 185 f.
-, quantitatives (qEEG) 15
E-Mail-Coach 10
Emotionen 19 f., 32, 49, 64–
 66, 186
Epiphyse 21, 185, 187
Erinnerung 21, 24, 28, 39,
 46–49, 51, 57, 65 f., 70–
 72, 74, 185
Erinnerungsquote 57
Erinnerungsspeicher 48, 72
Erinnerungsverschiebung,
 kollektive 70
Escher, M.C. 120, 139 f.
Eye Movement Desensitization and Reprocessing
 (EMDR) 23

Frontalhirn 37, 42, 72, 159
Funktionelle Magnetresonanztomografie (fMRT)
 15, 185

Gedächtnis 38 f., 44, 47,
 51 f., 60, 63–65, 67 f.,
 70–72, 77–83, 92
-, emotionales 65 f.
Gedächtnismoleküle 28
Gedächtnisschwäche 93
Gedächtnisspiele 77
Gedächtnisspur 66
Gedächtnisstörungen 20
Gedächtnisstützen 50 f.
Gefangenendilemma 132 f.,
 137, 177
Gehirnhälfte(n) 17, 22–24,
 41 f., 65, 91, 185

Gehirntraining 82
Großhirn 12, 20–22
Großhirnrinde *siehe* Cortex

Hemisphären 21–25, 35, 42,
 185
Herzraten-Variabilitätstraining (HRV-Training) 92
Hippocampus 20 f., 72,
 185 f.
Hirnforschung 9, 11–14, 21,
 30 f., 64, 72
Hirnstamm 17–19, 187
Hirnstrukturen 12, 185–187
Hirntäuschung 121
Hörsystem 44
Humor 149, 166 f.
Hypophyse 17, 186
Hypothalamus 17, 20, 35,
 186

Input 29, 37, 39
Intelligenz 11 f., 19, 22, 24,
 77
Intuition 25, 107, 148
Irrationalität 129

Kleinhirn 12, 17 f., 186
Kognitive Prozesse 18
Konzentration 20, 25, 27,
 51, 77, 83, 88–90
Konzentrationstraining 45
Konzentrationsübungen 78
Konzentrationsverstärker 50
Körpergedächtnis 20
Krankheit 20, 42, 73 f., 185
Kurzzeitgedächtnis 21

Langzeitgedächtnis 70
Learning by doing 59, 64
Lernen 30 f., 35, 38, 42, 51,
 53–56, 59, 61–64, 82, 87

-, falsches 52
-, ganzheitliches 48
-, richtiges 52
Lernhilfen 50, 52, 58 f.
Lernphasen 41
Lernprozess 54, 57, 59 f., 72
Lernstoff 57, 59 f., 64
Lerntricks 55
Lerntyp 55, 57–59
-, auditiver 58, 60
-, kommunikativer 59 f.
-, motorischer 59 f.
-, visueller 58 f.
Limbisches System 19 f.,
 137, 185 f.
Links-rechts-Gefühl 24
Logik 41, 109, 126–128,
 151, 156–158, 162, 164,
 166
-, Aufgaben 24
-, Symbole 162
Lösungsdenken 147
Lüge 140, 158

Magnetic Resonance Imaging (MRI) 186
Magnetoenzephalografie
 (MEG) 15
Mandelkern *siehe* Amygdala
Märchen 56, 98, 102, 122
Mathematik 64, 103 f., 114,
 116 f., 127, 129, 134,
 166, 169 f., 186
Mind-Map 50 f., 58 f., 186
Möbiusband 118
Motorik 18, 35, 37, 186
Mozart-Effekt 62
Musik 20, 22, 29, 35, 58,
 60, 62 f., 65

Nachahmung 31
Neocortex 21

Anhang **191**

Nervenzellen *siehe* Neuronen
Neues Testament 100
Neurofeedback 186
Neurologie 13
Neuronen 13 f., 16, 21, 28–32, 34 f., 37 f., 42 f., 47 f., 65 f., 89 f., 121, 152, 185-187
Neuronale Netze 47, 61
Neuronentheorie 13
Neurotransmitter 186

Optische Täuschung 118–120
Output 28, 37

Paradoxon 97, 139–143, 149–152, 169, 177
Parasympathikus 92
Peak-Performance-Training 83
PET-Scan 15
Phrenologie 13
Platon 132, 157
Positronen-Emissions-Tomografie (PET) 15, 186
Posttraumatische Belastungsstörung (PTBS) 72
Pyramidensysteme 135

Querdenken 107, 149

Rätsel 82, 84, 94, 96–103, 107, 110, 114, 137, 139, 147, 154 f., 157–160, 165, 170
Reptiliengehirn *siehe* Stammhirn
Rückenmark 13, 17, 187

Säugetierhirn *siehe* Limbisches System
Schaltkreise 46
Scheingefecht 125, 144
Schlaf-Wach-Zentrum 17
Schneeballsystem 136 f.
Schocklernen 64
Schubladendenken 65
Schwarzmeerküste 34, 40 f., 55
Selbstvertrauen 107
Sensorik 37
Single Photon Emission Computed Tomography (SPECT) 15
Sinneskörper 29
Spiegelfechterei 125, 127
Spiegelneuronen 31
Spieltheorie 127 f., 130–134, 177, 186

Sprachcortex 44
Stammhirn 17–19, 70, 186 f.
Stressdenken 25 f.
Stroop-Test 44
Sympathie 19 f., 48
Sympathikus 92
Synapse 13, 29 f., 35 f., 47, 53, 86, 187
Synapsenbildung 35, 42, 47

Thalamus 17, 20, 43, 186 f.
Topografische EEG-Diagramme 15

Überforderung 76
Übungsdenken 146
Unterbewusstsein 51

Vestibuläres System 54
Volksmärchen 100

Wahrnehmungstäuschungen 119
Wernicke-Zentrum 44
Wiederholung 29, 38, 83, 97
Wortspiele 86

Zeitdruck 26, 58
Zirbeldrüse *siehe* Epiphyse